QuaRisk – Risikomanagement für Lieferketten neu gedacht

Maik Ebersoll • Matthias Meyer
Mark Schmidt • Achim Tschauder

QuaRisk – Risikomanagement für Lieferketten neu gedacht

Quantifizierung von Menschenrechts- und Umweltrisiken entlang der Lieferkette im Rahmen von LkSG und CSDDD

Springer Gabler

Maik Ebersoll
Robert Bosch GmbH
München, Deutschland

Matthias Meyer
Hamburg University of Technology
Hamburg, Deutschland

Mark Schmidt
Metroplan Holding
Hamburg, Deutschland

Achim Tschauder
Legal Operations Company
Wiesbaden, Deutschland

ISBN 978-3-658-51438-9 ISBN 978-3-658-51439-6 (eBook)
https://doi.org/10.1007/978-3-658-51439-6

Die Deutsche Nationalbibliothek verzeichnet diese Publikation in der Deutschen Nationalbibliografie; detaillierte bibliografische Daten sind im Internet über https://portal.dnb.de abrufbar.

Springer Gabler ist ein Imprint der eingetragenen Gesellschaft Springer Fachmedien Wiesbaden GmbH und ist ein Teil von Springer Nature.
Die Anschrift der Gesellschaft ist: Abraham-Lincoln-Str. 46, 65189 Wiesbaden, Germany

Inhaltsverzeichnis

1 Einleitung . . . 1
- 1.1 Motivation . . . 1
- 1.2 Fallstudie . . . 5
- 1.3 Wie wurde das ermöglicht? Überblick über die Methode . . . 16

2 Vorüberlegungen zur Risikomessung . . . 21
- 2.1 Systematisch, nachvollziehbar, angemessen . . . 21
- 2.2 Regelmäßig vs. anlassbezogen . . . 21
- 2.3 Zielobjekt der Risikoanalyse (DO_i) . . . 22
- 2.4 Scope der Risikoanalyse . . . 25
- 2.5 Das Maß $w_{§5II}$ zur Gewichtung und Priorisierung von DO_i . . . 26
- 2.6 Die Kenngrößen h_{ki} bzw. e_{ki} . . . 27
  - 2.6.1 Einflussvermögen des Unternehmens auf den unmittelbaren Verursacher eines Risikos oder der Verletzung einer Pflicht (Einflussvermögen AI) . . . 28
  - 2.6.2 Art und Umfang der Geschäftstätigkeit des Unternehmens (Geschäftstätigkeit BA) . . . 30
  - 2.6.3 Typischerweise zu erwartende Schwere und Wahrscheinlichkeit (Schwere S) . . . 31
  - 2.6.4 Art des Verursachungsbeitrags des Unternehmens (Verursachungsbeitrag CC) . . . 34
  - 2.6.5 Zusammenführung von BA, AI, S sowie CC . . . 34
- 2.7 Risikoeintrittswahrscheinlichkeit und Risikoauswirkung . . . 35
  - 2.7.1 Risikoauswirkungen auf die von den Rechtspositionen zu schützenden Individuen (I1) . . . 38
  - 2.7.2 Auswirkungen auf das Unternehmen (I2) . . . 41
- 2.8 Skalenniveau . . . 41

3 Operationalisierungsansätze für Hk_i und Ek_i . . . 43
3.1 Kategoriespezifische Indikatoren . . . 44
3.1.1 Gedanken zu Länderindikatoren . . . 44
3.1.2 Materialgruppenspezifische Risiken und Indikatoren . . . 47
3.1.3 Lieferantenspezifische Risiken und Indikatoren . . . 50
3.1.4 Branchenspezifische Risiken und Indikatoren . . . 57
3.2 Methodische Hinweise . . . 59
3.3 Menschenrechtliche Risiken gem. § 2 Abs. 2 LkSG . . . 60
3.3.1 Kinderarbeit < 15 J. (H1) . . . 60
3.3.2 Kinderarbeit < 18 J. (H2) . . . 66
3.3.3 Zwangsarbeit (H3) . . . 67
3.3.4 Sklaverei (H4) . . . 68
3.3.5 Arbeitsschutz (H5) . . . 69
3.3.6 Koalitionsfreiheit (H6) . . . 70
3.3.7 Ungleichbehandlung (H7) . . . 72
3.3.8 Entlohnung (H8) . . . 72
3.3.9 Durch Umweltschädigungen betroffene Grundbedürfnisse (H9) . . . 75
3.3.10 Widerrechtliche Zwangsräumung (H10) . . . 77
3.3.11 Nutzung privater oder öffentlicher Sicherheitskräfte (H11) . . . 78
3.3.12 Andere Beeinträchtigungen (H12) . . . 79
3.4 Umweltbezogene Risiken gem. § 2 Abs. 3 LkSG . . . 80
3.4.1 Herstellung von mit Quecksilber versetzten Produkten (E1) . . . 80
3.4.2 Verwendung von Quecksilber (E2) . . . 81
3.4.3 Quecksilberabfälle (E3) . . . 81
3.4.4 Chemikalien (E4) . . . 82
3.4.5 Abfälle (E5) . . . 83
3.4.6 Ausfuhr gefährlicher Abfälle gem. Artikel 1 des Basler Übereinkommens (E6) . . . 83
3.4.7 Ausfuhr gefährlicher Abfälle gem. Anlage VII des Basler Übereinkommens (E7) . . . 85
3.4.8 Einfuhr gefährlicher Abfälle (E8) . . . 85

4 Aggregierte, I1-basierte Risikomaße . . . 87
4.1 Gesamtrisikomaße . . . 88
4.1.1 Das Gesamtrisiko für DO_i . . . 88
4.1.2 Das Gesamtrisiko für einen Lieferanten $DO_{Lieferant}$ . . . 92
4.1.3 Das Gesamtrisiko für eine Materialgruppe DO_C . . . 94
4.1.4 Das Gesamtrisiko für ein Herkunftsland DO_{Land} . . . 95
4.1.5 Das Gesamtrisiko DO_{Hk} bzw. DO_{Ek} . . . 97
4.1.6 Das Gesamtrisiko über alle Lieferbeziehungen DO . . . 98

4.2 Mittlere Wahrscheinlichkeitsmaße ... 99
4.2.1 Die mittlere Risikoeintrittswahrscheinlichkeit p_{DOi} ... 99
4.2.2 Die mittlere Risikoeintrittswahrscheinlichkeit der Lieferbeziehungen eines Lieferanten $p_{Lieferant}$ ... 100
4.2.3 Die mittlere Risikoeintrittswahrscheinlichkeit einer Materialgruppe p_C ... 100
4.2.4 Die mittlere Risikoeintrittswahrscheinlichkeit p ... 101
4.3 Gewichtung und Priorisierung von DO_i mit Hilfe des Maßes $w_{\S 5II}$ ... 103

5 Ansätze zur Operationalisierung von I2 ... 107
5.1 Kostensteigerungen der Lieferbeziehung $I2_{DO}$ ... 108
5.2 Kostensteigerungen beim Lieferanten $I2_{Lieferant}$ ... 109
5.3 Effekte auf die Kapitalbeschaffung $I2_{FK}$ ... 110
5.4 Kompensierbare Lieferausfälle $I2_{comp}$ ... 111
5.5 Nicht kompensierbare Lieferausfälle $I2_{nocomp}$ ... 113
5.6 Effekte auf die Personalbeschaffung $I2_{pers}$ ... 113
5.7 Effekte durch direkt betroffene Umsätze $I2_{das}$ ... 114
5.8 Effekte durch peripher betroffene Umsätze $I2_{ias}$ ... 115
5.9 Bußgelder auf Basis des LkSG $I2_{fine}$ ... 115
5.10 Bußgelder wegen menschen- und umweltrechtlicher Verstöße $I2_{fine}$ ... 115
5.11 Der Intensitätsfaktor I1* ... 116
5.12 Aggregierte Risikomaße auf Basis von I2 ... 119

6 Simulationen ... 121

7 CSDDD und Ausblick ... 125

8 Anhang ... 129
8.1 Skalenniveaus ... 129
8.2 Messung ... 130
8.3 Alternative Abschätzung der Mitarbeiterzahl Emp ... 133
8.3.1 Abschätzung durch das Unternehmen ... 133
8.3.2 Unternehmensdatenbanken ... 133
8.3.3 UNIDO-Datenbank ... 134
8.4 Alternative Abschätzung des Gesamtumsatzes eines Lieferanten über UNIDO ... 135
8.5 Datenmodell inkl. Risikoregister, Priorisierung, Gewichtung ... 136
8.5.1 User Input: Datentabelle Lieferant ... 136
8.5.2 User Input: Datentabelle Lieferverpflichtungen ... 136
8.5.3 User Input: Daten zum Unternehmen ... 137
8.5.4 Quarisk Input: Datentabelle Länder ... 137
8.5.5 Quarisk Input: Datentabelle Materialgruppen ... 139
8.5.6 Quarisk Input: Datentabelle Zeitfunktion ILO ... 140
8.5.7 Quarisk Input: Datentabelle LoG ... 140

8.5.8 Quarisk Input: Datentabelle Population Density 140
8.5.9 Quarisk Input: Datentabelle I1-I2 140
8.5.10 Input Berechnung: H_1 bis H12 und E1 bis E8 140
8.5.11 Output: Priorisierung 141
8.5.12 Output: Simulation. 141
8.5.13 Output: Hx_aggregated 141
8.5.14 Output: Kontinent_aggregated. 141
8.5.15 Output: Country_aggregated 142
8.5.16 Output: Lieferant_aggregated 142
8.5.17 Output: Chapter_aggregated 142
8.5.18 Output: DO_i 143
8.5.19 Output: I2. 144

Literatur. 145

Abkürzungsverzeichnis

[x,y]	geschlossenes Intervall
]x,y[	offenes Intervall
Abs	Absatz
Add_Inf	Additional Supplier Information
Sub_A	Subjective Assessment
AI	Einflussvermögen (ability to influence)
AI1	Subindikator 1 für das Einflussvermögen: Abhängigkeit vom Marktanteil auf dem Absatzmarkt
AI2	Subindikator 2 für das Einflussvermögen: Abhängigkeit vom Marktanteil auf dem Beschaffungsmarkt
AI3	Subindikator 3 für das Einflussvermögen: Abhängigkeit des Lieferanten
AI4	Subindikator 4 für das Einflussvermögen: Nähe zum Risiko
AktG	Aktiengesetz
AltR	Alternative Regelung
Aud	Variable für Lieferantenaudits
BA	Art und Umfang der Geschäftstätigkeit (business activity)
BC	Basler Übereinkommen
BV	Variable für lieferantenspezifische Meldungen im Beschwerdeverfahren
BZ	Betroffenenzahl
C	Chapter des HS
CC	Verursachungsbeitrag (causal contribution)
CLI	Child Labour Index der Unicef
CN	Faktor für die kulturelle Nähe
CoC	Code of Conduct
CPA	Europäische Güterklassifikation in Verbindung mit den Wirtschaftszweigen (classification of products by activity)
CPC	Central Product Classification
CSDDD	Corporate Sustainability Due Diligence Directive
CSRD	Corporate Sustainability Reporting Directive

DO	Lieferverpflichtung (Delivery Obligation) bzw. Risikowert einer Lieferverpflichtung, die einzelnen Lieferverpflichtungen werden jeweils mit einem Subskript identifiziert: DO_i
E	Umweltrisiko (environment)
E1	Herstellung von mit Quecksilber versetzten Produkten
E2	Verwendung von Quecksilber
E3	Quecksilberabfälle
E4	Chemikalien
E5	Abfälle
E6	Ausfuhr gefährlicher Abfälle gem. Artikel 1 des Basler Übereinkommens
E7	Ausfuhr gefährlicher Abfälle gem. Anlage VII des Basler Übereinkommens
E8	Einfuhr gefährlicher Abfälle
Ek	allgemeines Symbol für ein beliebiges Umweltrisiko
ek	spezifischer Gewichtungsfaktor für ein Umweltrisiko
Emp	Employees
EPI	Environmental Performance Index
EUR	Euro, wird in einigen Funktionen als Symbol für in Euro bewertetes Liefervolumen genutzt
f	Funktion
FK	Fremdkapital
GSI	Global Slavery Index
H	menschenrechtliches Risiko (human)
H1	Kinderarbeit gem. ILO 138
H2	Kinderarbeit gem. ILO 182
H3	Zwangsarbeit
H4	Sklaverei
H5	Arbeitsschutz
H6	Koalitionsfreiheit
H7	Ungleichbehandlung
H8	Entlohnung
H9	durch Umweltschädigungen betroffene Grundbedürfnisse
H10	widerrechtliche Zwangsräumung
H11	Nutzung privater oder öffentlicher Sicherheitskräfte
H12	andere Beeinträchtigungen
Hk	allgemeines Symbol für ein beliebiges menschenrechtliches Risiko
hk	spezifischer Gewichtungsfaktor für ein menschenrechtliches Risiko
HS	Harmonized Commodity Description and Coding System der World Customs Organization
HSI	Global Health Security Index
I	Risikoauswirkung (Impact)
i	Index, meist als Subskript genutzt, um eine bestimmte Lieferverpflichtung zu identifizieren

I1	Risikoauswirkung der Art 1: Auswirkungen auf die von den Rechtspositionen zu schützenden Individuen
I1*	reputationsgetriebener Intensitätsfaktor
I2	Risikoauswirkung der Art 2: Auswirkungen auf das Unternehmen
$I2_{DO}$	Kostensteigerungen der Lieferbeziehung
$I2_{Lieferant}$	Kostensteigerungen beim Lieferanten
$I2_{FK}$	Effekte auf die Kapitalbeschaffung
$I2_{comp}$	Kompensierbare Lieferausfälle
$I2_{nocomp}$	Nicht kompensierbare Lieferausfälle
$I2_{pers}$	Effekte auf die Personalbeschaffung
$I2_{das}$	Effekte durch direkt betroffene Umsätze
$I2_{ias}$	Effekte durch peripher betroffene Umsätze
$I2_{fineLkSG}$	Bußgelder auf Basis des LkSG
$I2_{fine}$	Bußgelder wegen menschen- und umweltrechtlicher Verstöße
ILO	International Labour Organisation
Ind	Indikator
IPL	international poverty lines
ISIC	internationale Standardklassifikation der Wirtschaftszweige der Vereinten Nationen
KN	Kombinierte Nomenklatur, europäische Warensystematik für die Außenhandelsstatistik
LkSG	Lieferkettensorgfaltspflichtengesetz
LoG	List of Goods Produced by Child Labor or Forced Labor
MCM	Minamata Convention on Mercury
Mit	Mitigation
MS1	Marktanteil (market share) des Unternehmens in der eigenen Branche
MS2	Marktanteil (market share) des eigenen Beschaffungsvolumens auf dem relevanten Beschaffungsmarkt
MS3	Auftragsvolumen des Unternehmens mit diesem Lieferanten im Vergleich zum Gesamtumsatz des Lieferanten
NACE	Nomenclature générale des Activités économiques dans les Communautés Européennes
p	Wahrscheinlichkeit
PK	Personalkosten
POP	Stockholmer Übereinkommen über persistente organische Schadstoffe
PPP	purchasing power parities
Prev	Prävention (prevention)
RL	Rule of Law
RP	Wohnbevölkerung (residential population)
RPD	Wohnbevölkerungsdichte (residential population density)
S	Schwere (severness)
SR	Supplier Rating

UNSTAT	Statistische Kommission der UN
VFE	Vermögens-, Finanz- und Ertragslage
Vol	Volumen
w	Gewichtungsfaktor (weight); falls es sich um einen bestimmten Gewichtungsfaktor handelt, wird dies mit einem Subskript gekennzeichnet
$w_{\S 5II}$	Gewichtungsmaß gem. LkSG § 5 Abs. 2
x	allgemeine Variable für einen beliebigen Wert

Abbildungsverzeichnis

Abb. 1.1 Gesamtrisikoexposition Bochum Chemie KG gemessen an der Anzahl aller potenzieller Verletzungen 6
Abb. 1.2 Potenzielle Verletzung pro Million Euro Einkaufsvolumen 7
Abb. 1.3 Finanzielle Auswirkungen durch Lieferkettenrisiken 8
Abb. 1.4 Aufteilung der erwarteten menschenrechtlichen Verletzungen in Risikoklassen 9
Abb. 1.5 Aufteilung der erwarteten umweltbezogenen Verletzungen in Risikoklassen 10
Abb. 1.6 Streudiagramm zur Unterteilung von Eintrittswahrscheinlichkeit (vertikale Achse) und Auswirkung der einzelnen Risikoklassen (horizontale Achse) 10
Abb. 1.7 Unterteilung der erwarteten Verletzungen in Material- und Serviceklassen 11
Abb. 1.8 Geografische Übersicht der Lieferkettenrisiken 12
Abb. 1.9 Streudiagramm auf der Ebene der 50 risikoreichsten Lieferverpflichtungen 12
Abb. 1.10 Aufschlüsselung der Verletzungen einer Lieferverpflichtung 13
Abb. 1.11 Aufschlüsselung der Eintrittswahrscheinlichkeit einer Lieferverpflichtung 14
Abb. 1.12 Effekte auf die finanziellen Auswirkungen der BCK 15
Abb. 1.13 Funktionsweise der QuaRisk-Methode 16
Abb. 1.14 Bottom-up-Ansatz der QuaRisk-Methode 17
Abb. 1.15 Basismodell und benutzerdefinierte Einstellung der Methode 18
Abb. 1.16 Schwerpunkte der vorgestellten Methode (grau schattiert) 18
Abb. 2.1 Berechnungsvarianten für S 32
Abb. 2.2 Beispielhafte Histogramme für die S-Varianten 33
Abb. 2.3 Approximation des räumlichen Risikoauswirkungsbereichs 40
Abb. 3.1 Zeitfunktion für ILO-Normen 46
Abb. 3.2 Supplier Ratings für zwei beispielhafte Lieferanten 58
Abb. 3.3 Transformationsfunktion für p 64

Abb. 4.1 Gewichtete und ungewichtete Risikokenngrößen 90
Abb. 4.2 Häufigkeitsverteilung der DOi-Werte 91
Abb. 4.3 DO-Werte beispielhafter Lieferverpflichtungen 91
Abb. 4.4 Risikopotenzial der mittleren Lieferung eines Lieferanten 93
Abb. 4.5 Anteil der Top10-Liefanten an der Gesamtrisikoexposition 94
Abb. 4.6 Mittleres, wertgewichtetes Risiko einer Materialgruppe 95
Abb. 4.7 Mittleres, wertgewichtetes Risiko eines Herkunftslandes 96
Abb. 4.8 Mittlere und gesamte Risikoexposition eines Herkunftslandes 96
Abb. 4.9 Volumen- und Risikoanteil verschiedener Herkunftskontinente 97
Abb. 4.10 Risikowerte einzelner Teilrisiken 98
Abb. 4.11 Risikoexposition im Unternehmensvergleich 99
Abb. 4.12 Mittlere Risikohöhe und -wahrscheinlichkeit ausgewählter Lieferanten ... 101
Abb. 4.13 Mittlere Risikohöhe und -wahrscheinlichkeit ausgewählter Warengruppen 102
Abb. 4.14 Die mittlere Risikoeintrittswahrscheinlichkeit p 102
Abb. 4.15 Das Priorisierungsmaß w§5II 104
Abb. 4.16 Aggregierte und mittlere w§5II-Werte ausgewählter Länder 105
Abb. 5.1 Der Intensitätsfaktor $I1^*_{BZ}$ 117
Abb. 5.2 Risikowerte je Kontinent 118
Abb. 5.3 Optionen für die Verknüpfung der Risikokenngrößen 118
Abb. 5.4 Optionen für die Verknüpfung der Risikokenngrößen in 3D 119
Abb. 5.5 Risikowerte der I2-Kategorien 120
Abb. 6.1 Verteilung der Simulationsergebnisse 123

Tabellenverzeichnis

Tab. 1.1 Überblick über die Bochum Chemie KG 5
Tab. 3.1 Beispielhafte CH- und CE-Kombinationen 48
Tab. 4.1 Gewichtungsfaktoren menschenrechtlicher und umweltbezogener Risiken 90
Tab. 4.2 20 Lieferbeziehungen mit den höchsten $w_{§5II}$-Werten für das Beispielunternehmen 104
Tab. 4.3 Chapter, Länder, und Lieferanten mit den höchsten $w_{§5II}$-Werten für das Beispielunternehmen 105

Einleitung 1

1.1 Motivation

In den letzten Jahren haben sich nationale und internationale Gesetzgeber verstärkt mit der Frage auseinandergesetzt, wie Nachhaltigkeit und Menschenrechte in globalen Lieferketten verankert werden können. Diese Diskussionen haben zu wesentlichen regulatorischen Entwicklungen geführt, darunter das deutsche Gesetz über unternehmerische Sorgfaltspflichten (LkSG, auch: Lieferkettensorgfaltspflichten- oder Lieferkettengesetz)[1] und die europäische Richtlinie zu unternehmerischer Sorgfaltspflicht im Bereich der Nachhaltigkeit (Corporate Sustainability Due Diligence Directive, CSDDD). Seit 2023 gilt das LkSG für Unternehmen in Deutschland mit mehr als 1000 Beschäftigten – das betrifft rund 2900 Unternehmen.[2] Die europäische CSDDD wird voraussichtlich auf etwa 6000 Unternehmen in Europa, einschließlich Deutschland, Anwendung finden.[3] Beide Regelwerke streben an, den Schutz von Menschenrechten und Umwelt entlang der Lieferketten entscheidend zu verbessern. Sie verpflichten Unternehmen, ein systematisches und transparentes Lieferkettenmanagement zu implementieren, das darauf abzielt, Risiken für Menschenrechte und Umwelt frühzeitig zu identifizieren, abzumildern und zu verhindern. Darüber hinaus sollen wirksame Mechanismen zur Meldung und Bearbeitung von Missständen etabliert werden.

[1] Wenn im Folgenden bestimmte Gesetzestexte oder Teile hiervon zitiert werden, so ist immer das LkSG gemeint, sofern nicht explizit ein anderes Gesetz genannt wird.

[2] Debevoise & Plimpton (2021): https://www.debevoise.com/insights/publications/2021/04/germany-mandatory-human-rights-due-diligence (Abgerufen: 13.06.2025).

[3] Europäische Kommission (2025): https://commission.europa.eu/business-economy-euro/doing-business-eu/sustainability-due-diligence-responsible-business/corporate-sustainability-due-diligence_en (Abgerufen: 13.06.2025).

M. Ebersoll et al., *QuaRisk – Risikomanagement für Lieferketten neu gedacht*,
https://doi.org/10.1007/978-3-658-51439-6_1

Gleichzeitig ergeben sich bei der Umsetzung dieser regulatorischen Anforderungen erhebliche Herausforderungen – zwei davon stechen besonders hervor. Zum einen wird in der Praxis der hohe Umsetzungsaufwand kritisiert; die entsprechenden Regularien gelten vielen Unternehmen als Sinnbild für eine wachsende bürokratische Belastung. Zum anderen herrscht große Unsicherheit hinsichtlich der konkreten Ausgestaltung und Umsetzung. Idealerweise stünde den Unternehmen eine einheitliche Methode zur Verfügung, um die Vorgaben verlässlich zu erfüllen. Ein branchen-, länder- und warengruppenübergreifend standardisierter Ansatz würde nicht nur Orientierung bieten, sondern auch die Vergleichbarkeit über Unternehmensgrenzen hinweg erheblich erleichtern.

Die aktuell in der Öffentlichkeit geführte Diskussion und Aussagen von verantwortlichen Politikern deuten darauf hin, dass weder das LkSG noch die CSDDD in der aktuell vorliegenden Form umgesetzt werden bzw. bestehen bleiben. Die im vorherigen Abschnitt genannten Punkte – ebenso wie grundlegende Veränderungen in der internationalen politischen Großwetterlage – dürften maßgeblich zu dieser Entwicklung beigetragen haben. Gleichwohl sind wir überzeugt, dass der Schutz von Menschenrechten und Umwelt entlang globaler Lieferketten ein hochrelevantes Thema bleibt. Die aktuelle Atempause eröffnet Unternehmen die Möglichkeit, ihre Prozesse proaktiv zu verbessern, sich frühzeitig auf neue regulatorische Anforderungen einzustellen und daraus nachhaltige Wettbewerbsvorteile zu entwickeln.

Aus den vom Gesetzgeber verfolgten Intentionen und den von Unternehmen aufgezeigten Herausforderungen ergibt sich eine zentrale Fragestellung: Welche Ansätze eignen sich, um die bislang vorherrschenden qualitativen Einschätzungen durch standardisierte, messbare und vorrangig datenbasierte Verfahren zur Risikoquantifizierung zu ersetzen? Die Relevanz dieser Fragestellung bleibt bestehen – unabhängig von Art und Zeitpunkt regulatorischer Anpassungen. Dies gilt insbesondere dann, wenn die Erfassung und Steuerung menschenrechtlicher und umweltbezogener Risiken als strategische Aufgabe mit erheblichen wirtschaftlichen Implikationen verstanden wird, die über reine Compliance hinausreicht. Wie im weiteren Verlauf des Buches gezeigt wird, können Umweltverschmutzung und Menschenrechtsverletzungen neben ihren gesamtgesellschaftlichen Implikationen auch auf betriebswirtschaftlicher Ebene zu signifikanten ökonomischen Schäden führen – etwa durch erschwerte Personalgewinnung und -bindung, steigende Beschaffungskosten oder Reputationsverluste bei Kunden und anderen Anspruchsgruppen. Moral wird damit zu einem Produktionsfaktor, worauf die unternehmensethische Literatur zunehmend hinweist.[4] Auch ist es sehr wahrscheinlich, dass perspektivisch ein gewisses Mindestmaß an Compliance von Unternehmen erwartet wird, das entsprechend nachvollziehbar zu dokumentieren ist.

Vor diesem Hintergrund entwickelt dieses Buch eine automatisierbare, datenbasierte Methodik zur Quantifizierung der Risiken von Menschenrechtsverletzungen und negati-

---

[4] Pies et al. (2009).

ven Umweltauswirkungen in Lieferketten (QuaRisk).[5] Nachfolgend wird dies zunächst am Beispiel des LkSG aufgezeigt, wobei die Überlegungen von der Grundidee auch auf verwandte Regularien wie CSDDD übertragen werden können und am Ende des Buches auch skizziert wird, wie dies aussehen könnte. Das Buch sieht sich als ein expliziter Beitrag, der es ermöglichen soll, die Ziele und Anforderungen der Regulatorik zu realisieren und Unternehmen unterstützen möchte, diese möglichst aufwandsarm umzusetzen. Mit der entwickelten QuaRisk-Methode lassen sich konsistente Risikokennzahlen ermitteln, die die Wahrscheinlichkeiten und mögliche Auswirkungen von Risiken entlang einzelner Lieferungen, Lieferanten, Länder, Materialgruppen und der gesamten Lieferkette abbilden. Dadurch wird eine gezielte und wirksame Risikomessung und -steuerung ermöglicht.

Gleichzeitig soll aus der Pflicht eine Tugend gemacht werden, indem das LkSG mit dem Risikomanagement gemäß § 91 AktG verknüpft wird. Der Ansatz ermöglicht die unmittelbare Einbindung in das unternehmerische Risikomanagement, indem über die Anforderungen des LkSG und dessen menschenrechtlichen und umweltrechtlichen Fokus auf die Risikobetroffenen hinausgehend auch risikobedingte monetäre Einflüsse auf das eigene Unternehmen abgeleitet werden. Die in diesem Buch entwickelte QuaRisk-Methode ermöglicht es Unternehmen, simulationsbasierte Kennzahlen zu erzeugen, mit denen sich wirtschaftliche Auswirkungen präzise bewerten, steuern und strategisch in Entscheidungen einbinden lassen. So wird nicht nur die Einhaltung regulatorischer Vorgaben sichergestellt – vielmehr gewinnen Unternehmen ein leistungsfähiges Steuerungsinstrument, um Risiken frühzeitig zu erkennen, resilienter auf externe Schocks zu reagieren und ihre Lieferketten gezielt nachhaltiger auszurichten.

Grundlage dafür ist ein bewusst weiterentwickelter methodischer Ansatz: Anstelle weitgehend subjektiver Einschätzungen und vereinfachter Ampelbewertungen kommen verhältnisskalierte Kenngrößen zum Einsatz, die eine differenzierte und belastbare Risikobewertung ermöglichen. Statt Risiken lediglich in Ampelfarben zu kategorisieren, sollen diese anhand einer objektiv nachvollziehbaren Methodik quantifiziert werden. Diese neuartigen Risikobewertungen beziehen sowohl Eintrittswahrscheinlichkeiten als auch potenzielle Auswirkungen ein – auf Ebene einzelner Lieferungen, Lieferanten, Länder, Materialgruppen oder ganzer Lieferketten. Unternehmen erhalten damit ein betriebswirtschaftliches Werkzeug, das nicht nur zur Pflichterfüllung, sondern auch zur strategischen Risikovorsorge und nachhaltigen Unternehmensführung beiträgt.

Im Ergebnis steht damit eine standardisierte, aufwandsarme Methodik zur systematischen Gewichtung und Priorisierung von Lieferkettenrisiken zur Verfügung, die Unternehmen einen Weg aufzeigt, wie sie die Herausforderungen eines nachhaltigen Lieferkettenrisikomanagements nicht nur meistern, sondern als Chance nutzen können.

Bei der Entwicklung der Methodik wurden folgende Anforderungen zu Grunde gelegt: Leitgedanke ist zunächst, dass es letztlich um eine Messung risikorelevanter Sachverhalte geht. Dabei wird eine Operationalisierung möglichst „nah am Gesetz" angestrebt, insbe-

[5] Die Arbeit an diesem Buch wurde unterstützt durch die BWFGB, unter der Fördernummer C4t824. Wir danken dem Fördermittelgeber für die großzügige Unterstützung, die diese Forschung ermöglicht hat.

sondere von § 5 LkSG. Unter Bezugnahme auf die im Gesetz genannten Kriterien besteht das Ziel in der Quantifizierung von Risikopotenzialen über eine konsistente und sauber dokumentierte Methodik, welche in ihren grundlegenden Annahmen und methodischen Überlegungen transparent dargelegt wird, um auch externen Dritten Nachvollziehbarkeit zu ermöglichen sowie den Ansatz der wissenschaftlichen, sachlichen Kritik zu öffnen und eine Weiterentwicklung zu ermöglichen. Zudem werden etablierte externe Datenquellen und die Empfehlung von Behörden wie dem BAFA berücksichtigt, um die Akzeptanz der Ergebnisse zu gewährleisten.

Mit Blick auf die Effizienz soll das Modell initial mit Standardparametern und -annahmen ausgestattet sein, zugleich aber flexibel angepasst, erweitert und wiederverwendet werden können. Im Sinne der Effizienz wird versucht, die zwingenden Inputfaktoren auf solche zu reduzieren, welche typischerweise in jedem Unternehmen vorliegen bzw. in öffentlichen Quellen zur Verfügung stehen und mit vertretbarem Aufwand ermittelt werden können. Dieses Aufsetzen auf mit großer Wahrscheinlichkeit in vielen Unternehmen verfügbaren Daten ermöglicht es Unternehmen, relativ schnell zu einer ersten Einschätzung zu kommen, welche die gestellten Anforderungen erfüllt und gleichzeitig auch auf unternehmensspezifische Bedarfe und auch Datenverfügbarkeiten angepasst werden kann.

Der Anspruch des Grundmodells besteht jedoch darin, dass auch ohne eine solche Feinjustierung, dann auf Basis der initialen Vorschlagswerte, relevante Risikoaussagen resultieren und die im Gesetz geforderte Bewertung und Priorisierung von Risikopositionen ermöglicht werden. Über diesen weitestgehend standardisierten und an Effizienz ausgerichteten Ansatz und seine resultierenden Risikoaussagen wird auch das Risikomanagement unterstützt, da insbesondere bei der Mitigation von konkreten Risiken sowie dem gesamten Management der Lieferketten ein zielgerichteter Einsatz aufwändiger, manueller Methoden ermöglicht wird und insbesondere die Fokussierung auf Hochrisikobereiche sowie Verdachtsfälle unterstützt wird.[6]

Für die beschriebenen Zwecke wurde ganz bewusst ein qualitativ begründeter, aber gleichzeitig quantifizierbarer Ansatz gewählt.[7] Dieser verzichtet weitestgehend auf die alleinige Nutzung einer schwammigen, oft mehrdeutigen Alltagssprache und ergänzt stattdessen die verbalen, qualitativen Erläuterungen um einen mathematischen Formalismus, welcher die genutzten Kenngrößen und deren Beziehungen zueinander transparent in expliziter Form darlegt und diesbezügliche Interpretationsspielräume auf ein Mindestmaß reduziert. Gleichzeitig vermeidet der Ansatz stark subjektive und intersubjektiv schwer nachvollziehbare Risikoeinschätzungen und erzeugt dort – wo diese Vermeidung nicht vollständig möglich

[6] Vgl. hierzu auch Ebersoll (2012) und Ebersoll und Stork (2016).

[7] Hierbei stellt sich dem Leser evtl. die zunächst trivial erscheinende Frage: Was ist qualitativ/quantitativ? Letztlich ist hiermit das Niveau einer Messskala Ω angesprochen und die Frage, wie das Messverfahren ein Merkmal α auf einen Skalenwert von Ω abbildet. Siehe hierzu „Anhang zu Skalenniveaus". Es geht also keineswegs um einen oft unterschwellig postulierten und letztlich unzutreffenden Gegensatz von „qualitativ" und „quantitativ", sondern vielmehr um die bestmögliche Konkretisierung und trennscharfe Formulierung vorhandenen Wissens und möglichst weitgehende Nutzbarmachung der methodischen Werkzeuge, welche auf den verschiedenen Skalenniveaus möglich sind.

ist –zumindest die volle Transparenz über alle genutzten Datenquellen, Parameter und Annahmen, sodass diese konkret diskutiert und weiter optimiert werden können.[8] Rein qualitative Ansätze bleiben diesbezüglich hinter ihren quantifizierbaren Pendants zurück, da die dort vorhandenen Unschärfen entweder gar nicht erst erkannt werden oder leichter unter wohlklingenden Formulierungen verborgen werden können.

Zur Verbesserung der Anschaulichkeit werden die folgenden Überlegungen zur Risikomessung von einem fiktiven Fallbeispiel begleitet, welches teils für Erläuterungen oder Abbildungen herangezogen wird. Die Charakteristika des Beispielunternehmens und seiner Lieferkette werden im Laufe der Untersuchungen deutlich.[9]

1.2 Fallstudie

Betrachtet wird das fiktive Unternehmen, die Bochum Chemie GmbH & Co. KG (im Folgenden als Bochum Chemie KG oder kurz BCK bezeichnet). Die BCK stellt chemische Erzeugnisse für verschiedene Gebräuche her. Im vergangenen Geschäftsjahr bezog die BCK Güter, Rohstoffe oder Dienstleistungen aus 508 Lieferverpflichtungen von 184 Lieferanten. Etwa zwei Drittel der Lieferanten beliefern die BCK aus Asien. Die restlichen Lieferanten sind verteilt auf Europa, Amerika und Ozeanien. Der Großteil der eingekauften Waren und Dienstleistungen besteht aus chemischen Vorerzeugnissen aus Asien. Relevante Kennzahlen für die nachfolgende Quantifizierung der Lieferkettenrisiken und die grobe Struktur des fiktiven Unternehmens können Tab. 1.1 entnommen werden.

Das Einkaufsvolumen der BCK beträgt für das betrachtete Geschäftsjahr insgesamt knapp 197 Mio. €/J an Waren und Dienstleistungen. Die 184 Lieferanten bergen jedoch ein latentes Potenzial für versteckte menschenrechtliche und umweltbezogene Risiken, welches mit der in diesem Buch vorzustellenden QuaRisk-Methode systematisch bewertet

Tab. 1.1 Überblick über die Bochum Chemie KG

Kennzahl	Bochum Chemie KG
Umsatz	459.305.600 €/J
Gesamtumsatz in der Branche des Unternehmens	220.000.000.000 €/J
Einkaufsvolumen	196.845.257 €/J
Marktanteil des Unternehmens in der eigenen Branche	0,21 %
Bilanzsumme des Unternehmens	511.797.669 €
Eigenkapitalquote des Unternehmens	45 %
Personalkosten des Unternehmens	74.801.197 €/J

[8] Dieses Vorgehen unterscheidet sich von der Bestimmung von Risiken vorrangig durch Experten, etwa durch Risikoworkshops (vgl. Harten et al. 2022). Während Ergebnisse von Risikoworkshops durch die vorherrschende Risikokultur beeinflusst werden können (Bellora-Bienengräber et al. 2023), bieten Experteneinschätzungen Einfallstore für Verzerrungen (vgl. Meyer et al. 2011).

[9] Kurzdarstellungen des Ansatzes finden sich unter Ebersoll et al. (2024a, b).

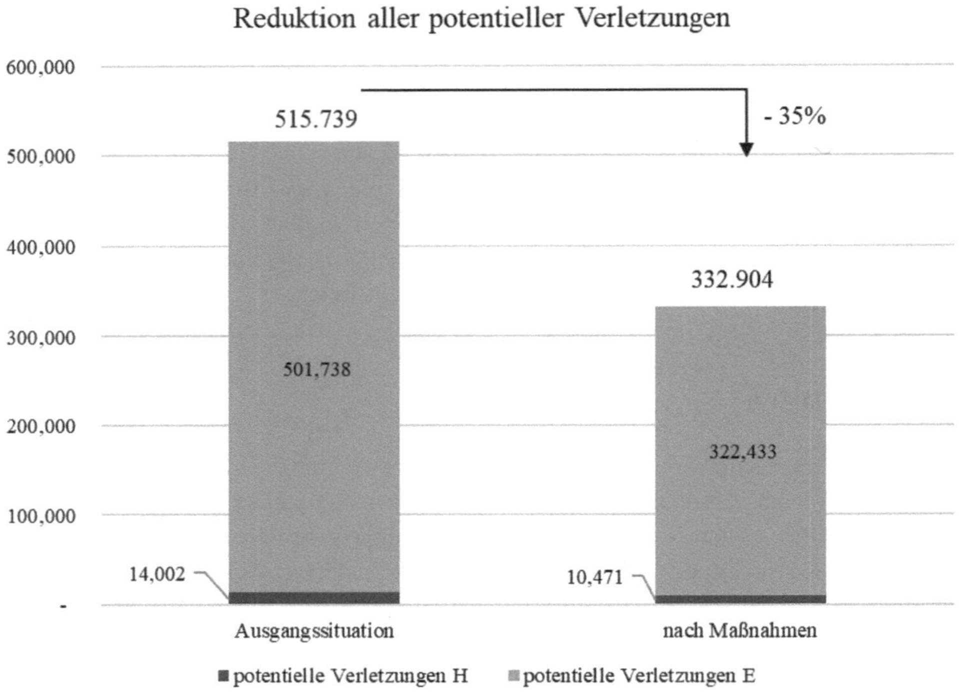

Abb. 1.1 Gesamtrisikoexposition Bochum Chemie KG gemessen an der Anzahl aller potenzieller Verletzungen

wurde. Abb. 1.1 zeigt die ermittelte Gesamtrisikoexposition der Lieferkette der BCK, mit zunächst insgesamt 515.739 potenziellen menschenrechtlichen (H) und umweltbezogenen (E) Verletzungen im Sinne des LkSG.[10] Der Großteil beruht auf umweltbezogenen Risiken (501.738).

Der zweite Balken in der Abbildung zeigt die möglichen Effekte des vorgeschlagenen Risikomanagements. Mit der in dieser Arbeit vorgestellten QuaRisk-Methode zur Quantifizierung von Lieferkettenrisiken und den daraus abgeleiteten Maßnahmen konnte das Lieferkettenmanagement gezielt unterstützt werden.[11] Dadurch ließ sich die erwartete Gesamtzahl an Verletzungen um 35 % auf 332.904 senken. Die Methode ermöglicht somit nicht nur die Identifikation und Priorisierung von Maßnahmen, sondern auch die Quantifizierung ihrer Wirkung und ihres Nutzens.

[10] Die Berechnung dieser Zahlenwerte wird später erläutert. Zu diesem frühen Zeitpunkt soll nur betont werden, dass dieser Wert nicht für konkrete Rechtsverstöße des Unternehmens steht, sondern als abstraktes Risikomaß verstanden werden muss, welches sonst „im Dunkeln" bleibende Risiken methodisch sichtbar macht und diese mit einem konsistenten Maßstab bewertet.

[11] Im weiteren Verlauf des Abschnitts werden die Maßnahmen detaillierter erläutert. Zum Einstieg in das Fallbeispiel werden in den Abbildungen vorrangig die Situationen vor und nach ihrer Umsetzung gegenübergestellt.

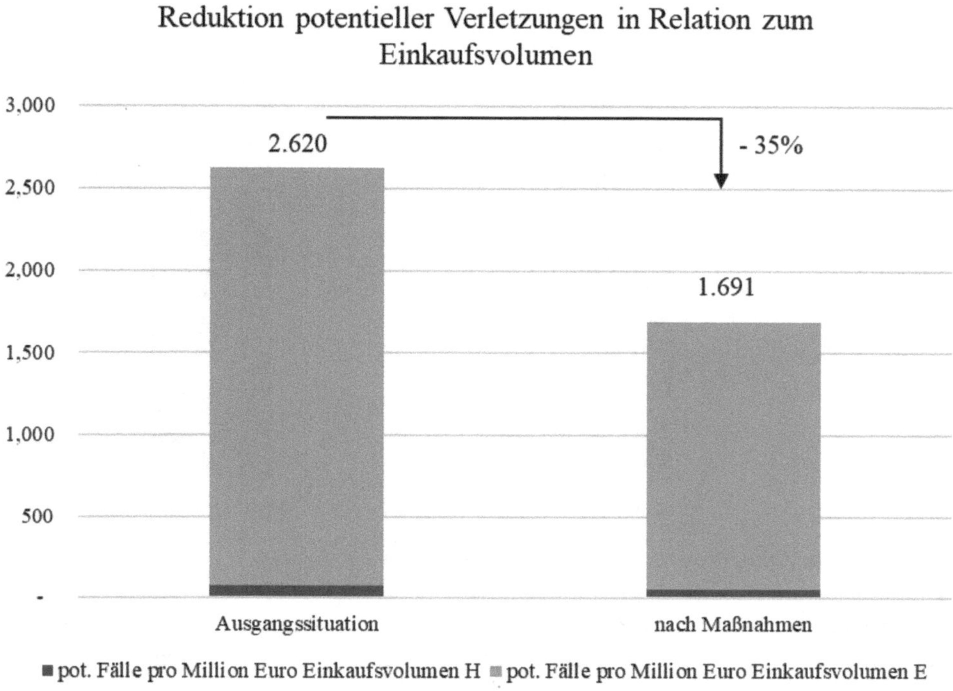

Abb. 1.2 Potenzielle Verletzung pro Million Euro Einkaufsvolumen

Absolute Werte hängen naturgemäß von Art und Größe der Lieferkette und des belieferten Unternehmens ab, weshalb es sich für Vergleiche der BCK mit anderen Unternehmen oder Branchen anbietet, auf relative Werte wie beispielsweise die potenziellen Fälle pro einer Million Euro Einkaufsvolumen zu fokussieren. Dieser normierte Vergleichswert liegt für die BCK bei rund 2620 Fällen, wie Abb. 1.2 zeigt.

Diese Kenngrößen müssen vor dem Hintergrund verstanden werden, dass das LkSG auf die betroffenen Personen fokussiert, welche von potenziellen menschenrechtlichen oder umweltrechtlichen Verletzungen betroffen sind. Die Werte sind daher nicht mit Personen gleichzusetzen, sondern als abstrakte, wahrscheinlichkeitsbehaftete Kenngrößen zu verstehen, welche auch den Umstand berücksichtigen, dass ein und dieselbe Person (z. B. die bei einem Zulieferer beschäftigte Person) von mehreren Rechtsverletzungen unterschiedlicher Eintrittswahrscheinlichkeit betroffen sein kann.[12]

Neben dieser Perspektive auf potenziell Betroffene, existiert eine weitere – im LkSG nicht direkt angesprochene – Perspektive auf die zusätzlichen, finanziellen Risikofolgen für das Unternehmen. Enthalten sind verschiedene finanzielle Auswirkungen, etwa

[12] Dies können bspw. zeitgleich stattfindende Problemstellungen im Bereich der Arbeitssicherheit und Koalitionsfreiheit sein, die auf ein und dieselbe Person wirken. Diese Person kann zudem auch noch von Umwelteinflüssen betroffen sein, die innerhalb eines Werkes oder gar auf den in der Nähe der Fabrik befindlichen Wohnort wirken.

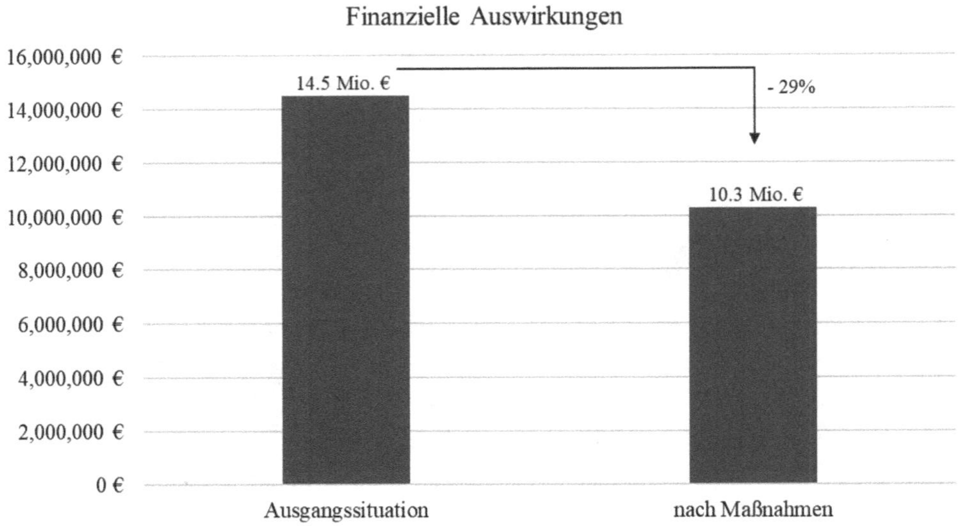

Abb. 1.3 Finanzielle Auswirkungen durch Lieferkettenrisiken

Kostensteigerungen bei Lieferanten, Lieferausfälle oder Reputationsfolgen gegenüber Kunden, Banken und Beschäftigten.[13] In der Ausgangssituation konnte diese mit 14,5 Mio. € beziffert werden (siehe Abb. 1.3).

Durch zielgerichtetes Lieferkettenmanagement reduzierte sich auch diese finanzielle Exposition der BCK um mehr als 4,2 Mio. €. Dies verdeutlicht, dass sich die Anwendung der Methode nicht nur positiv auf die von menschenrechtlichen und umweltrechtlichen Risiken bedrohten Personen auswirkt, sondern darüber hinaus finanziellen Nutzen für die BCK stiftet.

Die möglichen finanziellen Folgen aus Lieferkettenrisiken waren dem Unternehmen vor Einsatz der Methode zwar grundsätzlich und ganz abstrakt bekannt, allerdings waren diese nie systematisch quantifiziert und daher auch nie im „klassischen" unternehmerischen Risikomanagement analog zu § 91 AktG berücksichtigt worden.[14]

Die Anwendung der QuaRisk-Methodik erlaubte im ersten Schritt eine systematische Bewertung der Lieferkettenrisiken, welche sich in der Ausgangssituation auf einen Gesamtwert von 2620 potenziellen Fällen pro Million Euro Einkaufsvolumen mit einer mittleren Eintrittswahrscheinlichkeit von 13,3 % beliefen. Für das Risikomanagement ungleich wertvoller als solche Makrokenngrößen ist jedoch die gewonnene Transparenz über einzelne Risikotreiber, denn aufgrund der mehrdimensional angelegten Methodik lassen sich unmittelbar die besonders betroffenen Risikokategorien – Länder, Materialgruppen,

[13] Für die genaue Ableitung und ökonomische Fundierung vgl. hierzu Kap. 5. Weiterführend vgl. hierzu auch Hirsch und Meyer (2010) für eine ökonomische Betrachtung von Lieferantenbeziehungen.

[14] Als GmbH & Co. KG fällt die BCK zwar nominell nicht unmittelbar in den Anwendungsbereich des Aktiengesetzes, sie ist jedoch gem. Gesetz zur Stabilisierung und Restrukturierung von Unternehmen (StaRUG) als haftungsbeschränkte Gesellschaftsform dennoch betroffen. Unabhängig von derartigen juristischen Erwägungen hatte sich die Unternehmensführung jedoch ohnehin bereits zur Einrichtung eines Risikomanagementsystems bekannt, um mögliche Gefährdungen für das Unternehmen frühzeitig zu erkennen und darauf reagieren zu können.

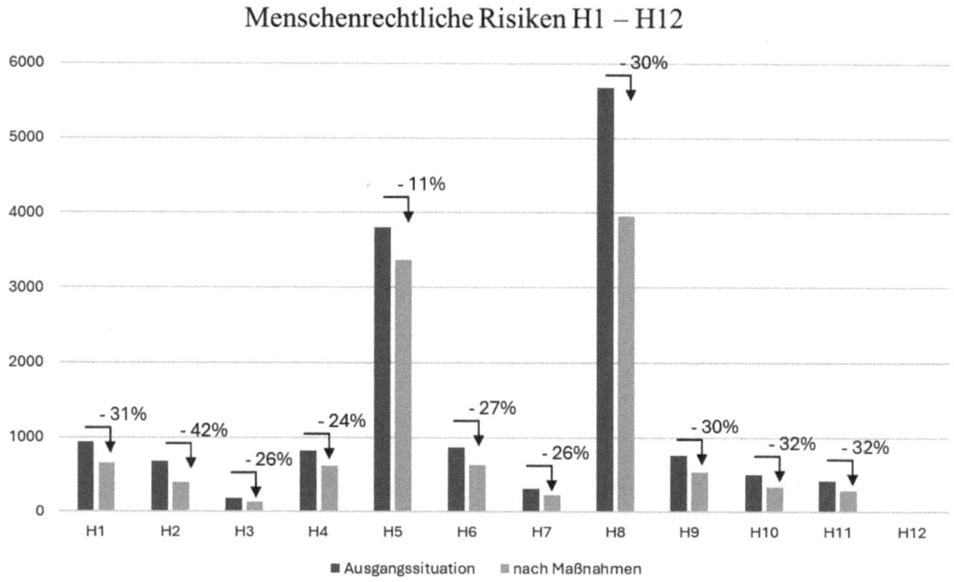

Abb. 1.4 Aufteilung der erwarteten menschenrechtlichen Verletzungen in Risikoklassen

Lieferanten – bis hin zu einzelnen Lieferverpflichtungen identifizieren. So lässt sich die Gesamtrisikoexposition gemessen an der Anzahl erwarteter Verletzungen in die einzelnen, im LkSG aufgeführten, Risikoklassen unterteilen.

Abb. 1.4 und 1.5 zeigen diese Aufteilung und die Reduktion der Verletzungen in den einzelnen Risikoklassen für Menschenrechte und Umwelt. Einerseits lässt sich so aufschlüsseln, welche Risiken in der Lieferkette der BCK besonders vorherrschend sind und gleichzeitig auch, wie die Maßnahmen auf die jeweiligen Risikoklassen wirken. Insgesamt ist zu erkennen, dass die umweltbezogenen Risiken wesentlich mehr potenzielle Verletzungen beinhalten als die menschenrechtlichen Risiken. Inhaltlich lässt sich dies durch die Lieferkettenstruktur mit einem Großteil der Lieferungen an chemischen Vorerzeugnissen aus dem asiatischen Raum erklären.

Umweltbezogene Risiken zeichnen sich dadurch aus, dass die Anzahl der Verletzungen sich deutlich erhöhen kann, wenn die Bevölkerungszahl rund um den räumlichen Wirkungskreis eines Risikos hoch ist. Ein Beispiel hierfür wäre etwa ein Chemieunfall. Eine Aufteilung in Eintrittswahrscheinlichkeit und Gesamtanzahl an möglichen Verletzungen (i. S. betroffener Individuen) kann daher sinnvoll sein, um zu unterscheiden, ob die Eintrittswahrscheinlichkeit oder die möglicherweise hohe Anzahl an Personen, die betroffen sein können (z. B. durch hohe Bevölkerungszahl) das Risiko treiben. Abb. 1.6 zeigt eine solche Aufteilung und bestätigt, dass umweltbezogenen Risiken (E) besonders hohe Auswirkungen haben können (z. B. eine breite geografische Ausdehnung von Luft- oder Wasserkontaminierungen), jedoch auch geringere Eintrittswahrscheinlichkeiten.

Als weitere Unterteilung bietet es sich an, die Lieferungen nach Material- und Serviceklassen zu trennen. Hier ist zu erwähnen, dass zu einzelnen Lieferanten auch mehrere Lieferverpflichtungen bestehen können und demnach Lieferanten auch unterschiedliche

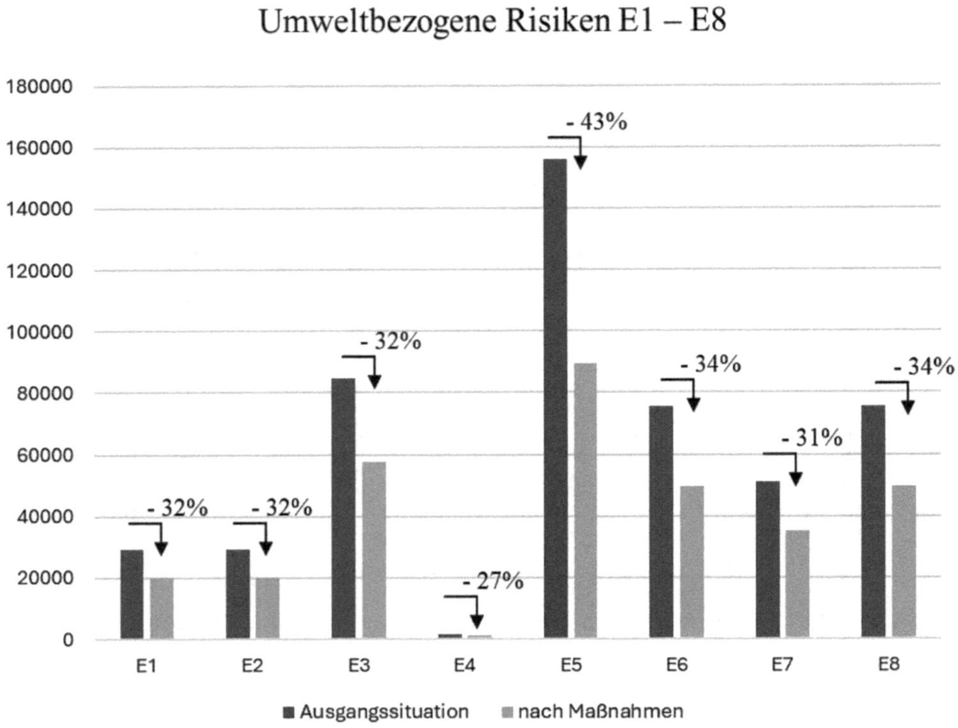

Abb. 1.5 Aufteilung der erwarteten umweltbezogenen Verletzungen in Risikoklassen

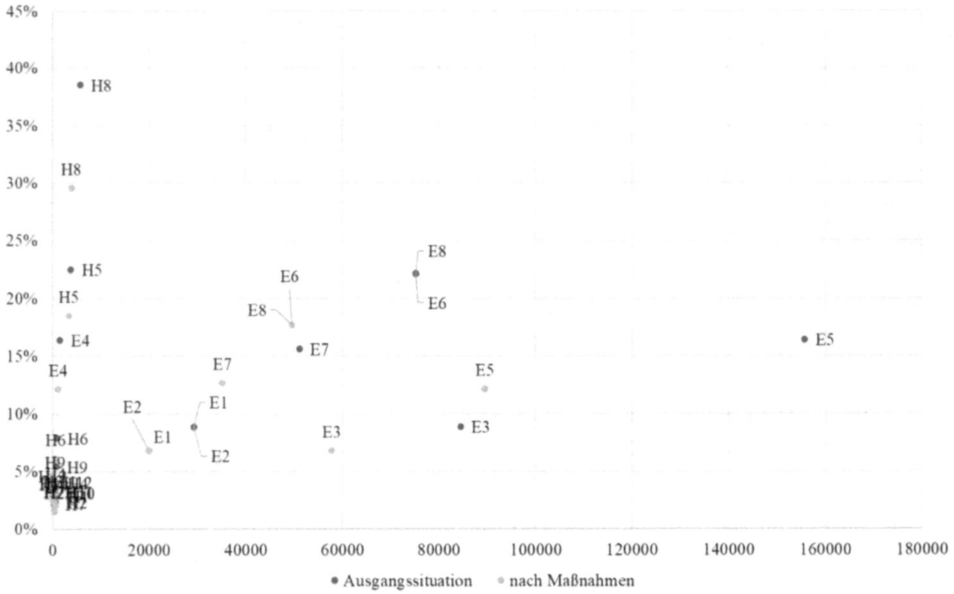

Abb. 1.6 Streudiagramm zur Unterteilung von Eintrittswahrscheinlichkeit (vertikale Achse) und Auswirkung der einzelnen Risikoklassen (horizontale Achse)

Material- und Dienstleistungsklassen liefern können. Um diese zu unterteilen, nutzt unsere Methode internationale Klassifizierungsstandards. Für die BCK entstehen die Risiken in der Lieferkette vor allem in der Beschaffung von organischen Chemikalien (siehe Abb. 1.7).

Darüber hinaus lässt sich das Lieferkettenrisiko geografisch aufzeigen. Durch den Fokus der Lieferkette auf den asiatischen Raum sind auch dortige Länder die größten Schwerpunkte von potenziell erwarteten Verletzungen (siehe Abb. 1.8).

Schließlich, auf der detailliertesten Ebene, lassen sich die potenziellen Verletzungen auf die einzelnen Lieferverpflichtungen (DO) zurückführen. Auch hier ist eine Unterteilung in Eintrittswahrscheinlichkeit und Auswirkung pro Lieferverpflichtung möglich, um diejenigen Lieferverpflichtungen zu identifizieren, bei denen ein Risiko sich am wahrscheinlichsten materialisiert. Abb. 1.9 zeigt diese Unterteilung für die Ausgangssituation der BCK für die 50 risikoreichsten Lieferverpflichtungen.

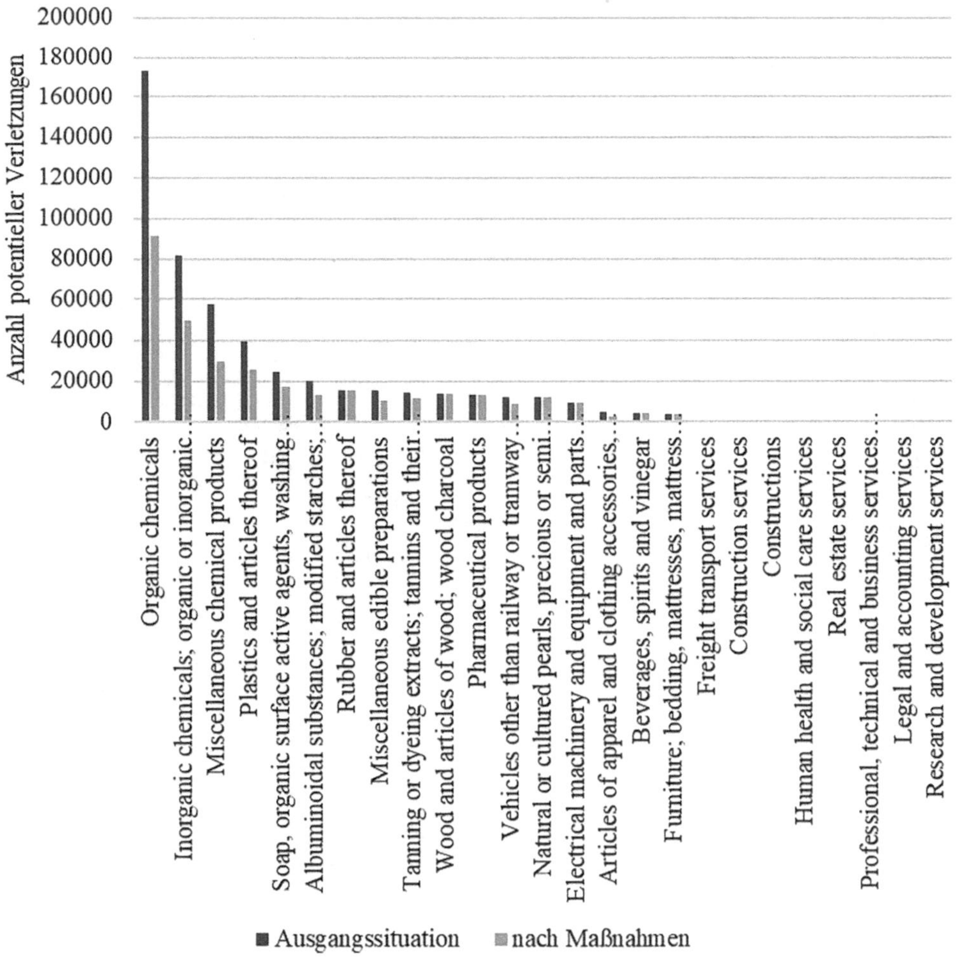

Abb. 1.7 Unterteilung der erwarteten Verletzungen in Material- und Serviceklassen

Abb. 1.8 Geografische Übersicht der Lieferkettenrisiken

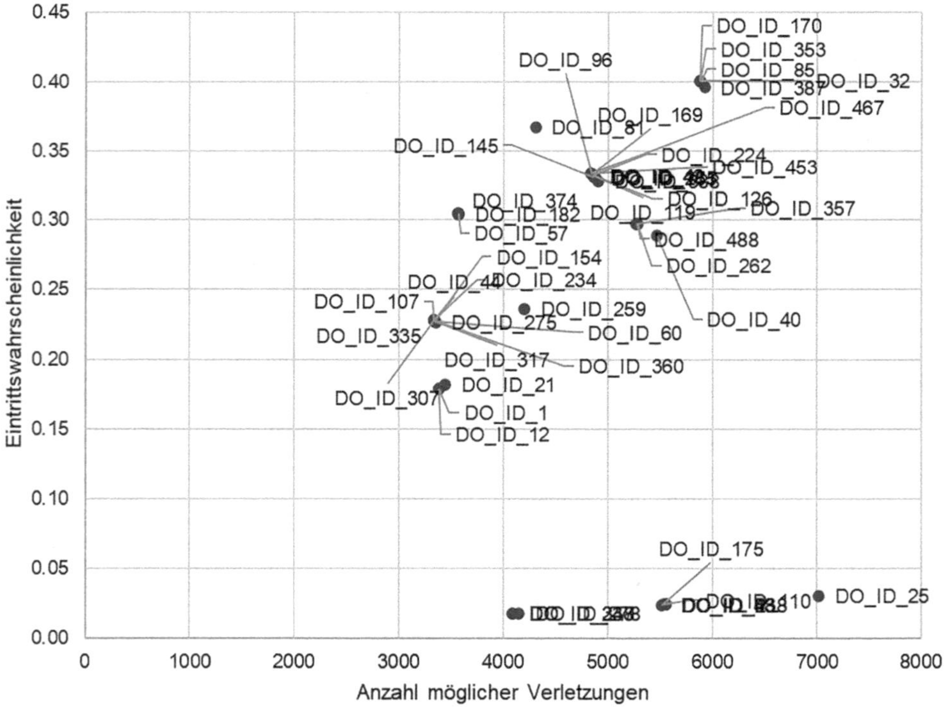

Abb. 1.9 Streudiagramm auf der Ebene der 50 risikoreichsten Lieferverpflichtungen

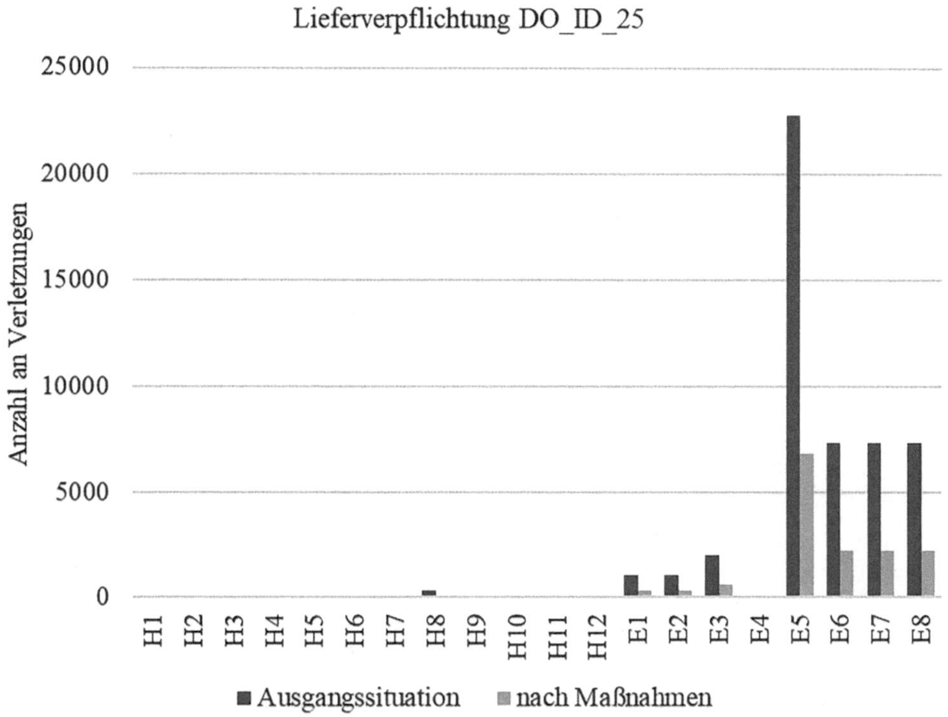

Abb. 1.10 Aufschlüsselung der Verletzungen einer Lieferverpflichtung

Darauf aufbauend, lassen sich schließlich die so identifizierten riskantesten Lieferverpflichtungen im Detail analysieren. Als Beispiel soll hier die Lieferverpflichtung 25 (DO_ID_25) herangezogen werden. Hier wird deutlich, dass bei Lieferverpflichtung 25 vor allem Risiken im Zusammenhang mit gefährlichen Abfällen (E5) mögliche Verletzungen hervorrufen können (siehe Abb. 1.10). Gleichzeitig wird erneut sichtbar, dass durch eine gezielte Maßnahmensteuerung diese Verletzungen erheblich reduziert werden können.[15]

Zusätzlich kann auch analysiert werden, welches Einzelrisiko am wahrscheinlichsten eintritt, unabhängig von der Anzahl an möglichen Verletzungen (siehe Abb. 1.11). So ist es sehr wahrscheinlich, dass die Lieferverpflichtung 25 ein Entlohnungsrisiko beinhaltet (H8). Auch dieses ließe sich – nach der hier erfolgten Identifikation des Risikos – durch entsprechende Maßnahmen deutlich senken.

Auf Basis dieser Risikoidentifikation lassen sich nun konkrete Handlungsfelder ableiten. Im Folgenden werden exemplarisch drei Maßnahmen dargestellt:

Maßnahme 1: Als Sofortmaßnahme wurden Audits bei den 19 Lieferanten veranlasst, welche in der initialen Risikobewertung die höchsten Werte aufwiesen. Diese Top 10 % der Lieferanten stehen zwar nur für ca. 14,7 % aller Einzellieferungen und ca. 15,7 % des mo-

[15] Die Maßnahmen werden im Folgenden erläutert.

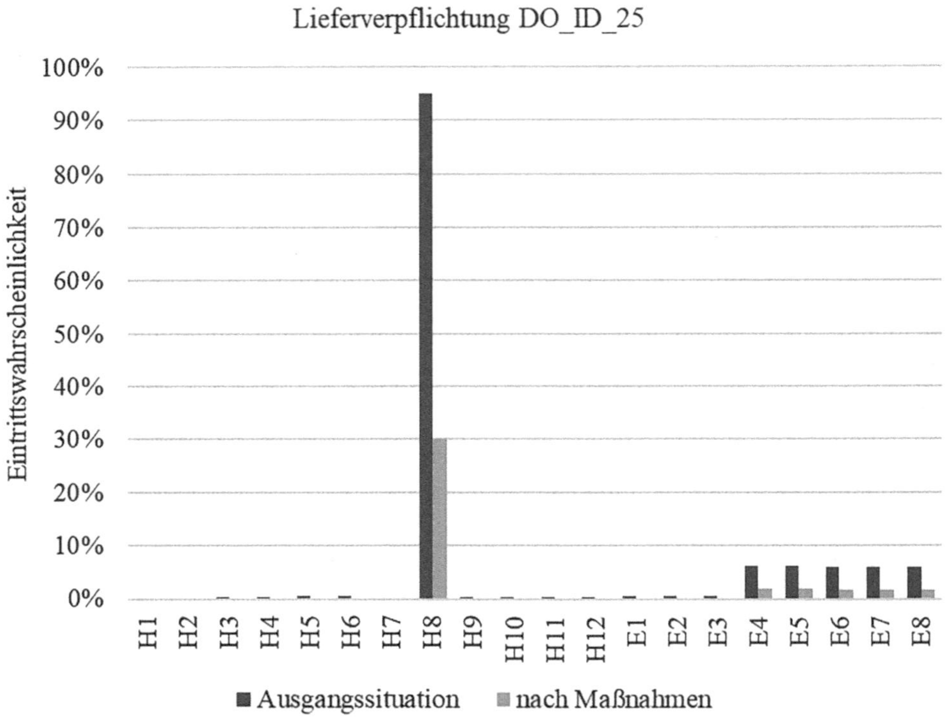

Abb. 1.11 Aufschlüsselung der Eintrittswahrscheinlichkeit einer Lieferverpflichtung

netären Einkaufsvolumens, allerdings machen sie ca. 49 % des gesamten Risikopotenzials aus. Die Methode unterstützt insofern unmittelbar die in § 5 LkSG geforderte Risikoanalyse, insbesondere die „angemessene Gewichtung und Priorisierung" von Risiken.

Maßnahme 2: Als kritischste Warengruppe erweisen sich in der Ausgangssituation die Lieferungen, die dem Kapitel 29,[16] bezogen auf das Harmonisierte System (HS) zur Bezeichnung und Codierung von Waren, zugeordnet sind. Trotz eines Anteils von nur 15 % an allen Lieferungen entfällt auf sie rund ein Drittel des gesamten Risikopotenzials. Hierbei offenbart die Analyse, dass über 90 % des Risikopotenzials auf Lieferungen aus asiatischen Ländern zurückzuführen ist, was nicht nur aus Sicht der menschen- und umweltrechtlichen Risiken, sondern vor dem Hintergrund des Wunsches nach resilienteren Lieferketten zu adressieren war. Vor diesem Hintergrund entschied sich die BCK, die Lieferketten im Kapitel 29 stärker international zu diversifizieren. Beispielsweise wurden einige Lieferverträge mit bestimmten Lieferanten in Malaysia, Laos, Kambodscha nicht verlängert und stattdessen die Lieferverträge mit kanadischen Geschäftspartnern ausgebaut.

[16] Vgl. https://www.wcoomd.org/en/topics/nomenclature/overview/what-is-the-harmonized-system.aspx, 26.09.2023 sowie die Ausführungen in Abschn. 3.1.2.

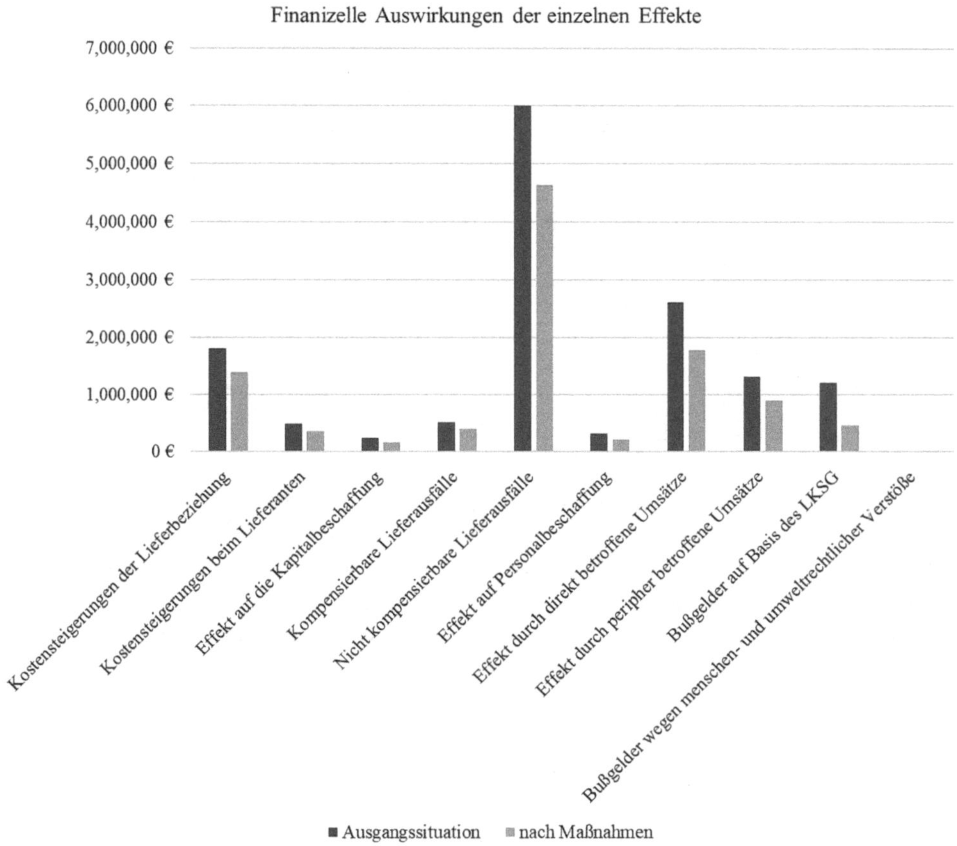

Abb. 1.12 Effekte auf die finanziellen Auswirkungen der BCK

Maßnahme 3: Lieferant 182 war in unserer Due Diligence auffällig und darüber hinaus auch unwillig, in eine Kommunikation über LkSG-Risiken einzutreten. Als weitere Maßnahme wurde das Liefervolumen daher auf den Lieferanten 71 umgeleitet.

Insgesamt ließ sich die Risikoexposition durch die Implementierung dieser drei beispielhaft geschilderten Maßnahmen deutlich reduzieren (siehe hierzu insbesondere Abb. 1.13 und 1.3). Dies betrifft nicht nur LkSG-relevante Aspekte, sondern auch die finanziellen Auswirkungen, die für das unternehmerische Risikomanagement von zentraler Bedeutung sind. Abb. 1.12 vertieft diese Betrachtung, indem die bereits in Abb. 1.3 dargestellten finanziellen Auswirkungen für die BCK differenziert aufgeschlüsselt werden. Dabei werden zehn spezifische Effekte unterschieden,[17] unter denen im Fall der BCK insbesondere das Risiko nicht kompensierbarer Lieferausfälle hervortritt.

[17] Für eine Ableitung der Effekte ist nochmal auf das Kap. 5 verwiesen.

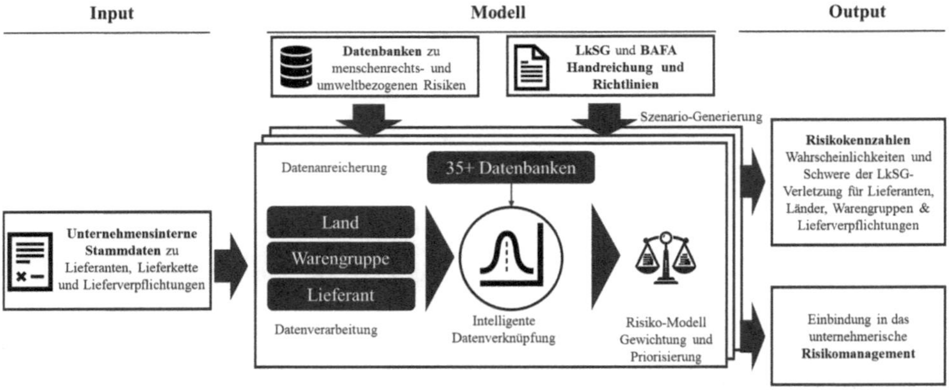

Abb. 1.13 Funktionsweise der QuaRisk-Methode

Die Fallstudie zur BCK verdeutlicht, wie mit der QuaRisk-Methode Transparenz über komplexe Lieferkettenrisiken geschaffen und darauf aufbauend konkrete Maßnahmen zur Reduktion identifiziert werden können. Die Ergebnisse zeigen, dass sich auf dieser Basis sowohl menschenrechtliche und umweltbezogene Risiken als auch finanzielle Belastungen systematisch senken lassen. Im folgenden Abschnitt wird überblicksartig erläutert, wie diese Resultate methodisch berechnet und aufbereitet wurden.

1.3 Wie wurde das ermöglicht? Überblick über die Methode

Die QuaRisk-Methode basiert darauf, unternehmensinterne Informationen, z. B. Daten aus der Lieferkette, mit externen, bestehen Datenbanken zu Risikoinformationen, zu kombinieren und daraus ein konsistentes Risikomodell zu entwickeln. Mit diesem Risikomodell lassen sich dann sowohl die LkSG-relevanten als auch finanziell bedeutsamen Risikokennzahlen erstellen. Abb. 1.13 fasst die Funktionsweise der Methode im Gesamtüberblick zusammen.

Aus den unternehmensinternen Stammdaten werden Informationen zu Land (Herstellort), Warengruppe und Lieferant einzelner Lieferverpflichtungen entnommen. Diese bilden die Grundlage für die Quantifizierung der Risikopotenziale. Öffentliche Daten aus verschiedenen Datenbanken zu den drei Domänen (Land, Warengruppe, Lieferant) werden dann der einzelnen Lieferverpflichtung entsprechend zugeordnet. Diese Datenbanken folgen zum Teil den Empfehlungen des Bundesamts für Wirtschaft und Ausfuhrkontrolle (BAFA) und umfassen hauptsächlich länder- und warengruppenspezifische Kennzahlen, wie den Rule of Law (RoL), ILO-Normen, Konventionen (z. B. Minamata-Konvention) oder die *List of Goods Produced by Child Labor or Forced Labor* (LoG). Neben den vom BAFA genannten Datenquellen werden auch weitere Quellen herangezogen. Beispielsweise lassen sich aus Mindestlohndatenbanken gekoppelt mit Statistiken zu Armutsgrenzen die Wahrscheinlichkeitsindikatoren von unfairer Entlohnung (H8) ermitteln. Die

Abb. 1.14 Bottom-up-Ansatz der QuaRisk-Methode

Kapitel des nachfolgenden Haupttexts widmen sich im Detail den einzelnen Risikoklassen und beschreiben umfassend, welche Daten jeweils verwendet wurden.

Durch die Nutzung etablierter mathematischer Verfahren werden die verschiedenen Kennzahlen standardisiert und zu einem Indexwert kombiniert, um darauf aufbauend mithilfe geeigneter Transformationsfunktionen Schätzungen für die jeweilige Eintrittswahrscheinlichkeit abzuleiten. Die Anwendung von Simulation unterstützt diesen Ansatz, um aus einer Punktschätzung eine Verteilungsfunktion zu generieren. Dieser standardisierte Ansatz ermöglich zudem eine unternehmensübergreifende Vergleichbarkeit der Lieferkettenrisiken.

Eine zentrale Charakteristik der QuaRisk-Methode ist der Bottom-up-Ansatz. Das Risiko einer menschenrechtlichen oder umweltbezogenen Verletzung wird auf dem kleinsten Element – der einzelnen Lieferverpflichtung – berechnet. Jede Lieferverpflichtung wird einzeln und für jedes Einzelrisiko (H1–H12 und E1–E8) separat bewertet. Zudem ist jede Lieferverpflichtung gekennzeichnet durch Zugehörigkeit zu einem Lieferanten, einer Materialgruppe, einem Land, einem Liefervolumen und anderen Eigenschaften, was spätere Aggregationen und konsistente, übergreifende Analysen ermöglicht. Abb. 1.14 verdeutlicht diesen Bottom-up-Ansatz.

Sämtliche Risikoberechnungen einzelner Lieferverpflichtungen lassen sich durch diese disaggregierte Herangehensweise anpassen und bei Bedarf verfeinern. So stellt die Methode ein Basismodell bereit, welches für die Anwendung im Regelfall geeignet ist. Dieses Basismodell kann jedoch sukzessive angepasst werden („customizing"). Liegen dem Unternehmen beispielsweise spezifischere Informationen zu einzelnen Ländern, Warengruppen, Lieferanten etc. vor, so können diese Informationen in die Risikoquantifizierung einfließen (siehe Abb. 1.15). Beispiele hierfür wären Informationen aus einem Audit, individuellen Lieferantenklassifikationen oder einem speziellen Kooperationscontrolling.[18]

[18] Vgl. Weber et al. (2004) und Hirsch und Meyer (2010).

Schnelles Screening

Ermöglicht das **schnelle Screening** von Lieferanten mit **Voreinstellungen** zu allen Risiken und Gewichtungen.

Benutzerdefinierte Einstellungen

Einbindung **unternehmensspezifischer Einstellungen**:
- Individuelle Lieferantenklassifikationen
- „historische" Beziehung zu Lieferanten
- Risikoappetit des Unternehmens
- Individuelle Einschätzungen für jede der 20 einzelnen Risikoklassen

Abb. 1.15 Basismodell und benutzerdefinierte Einstellung der Methode

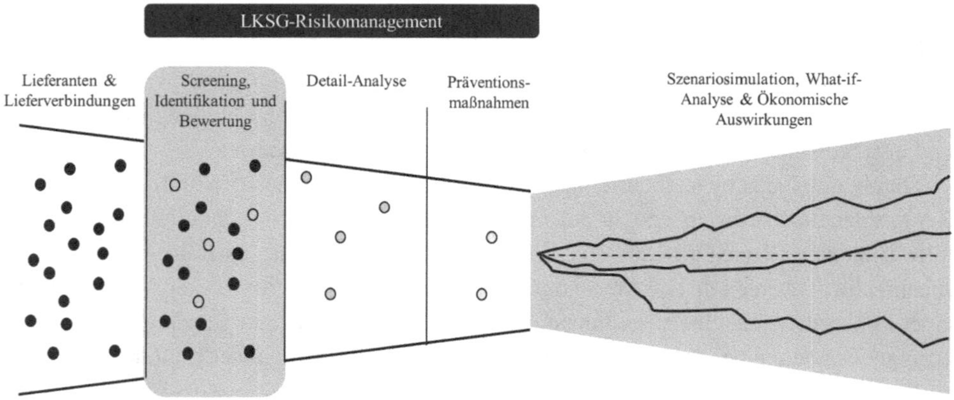

Abb. 1.16 Schwerpunkte der vorgestellten Methode (grau schattiert)

Dank des Customizings lassen sich die Ergebnisse des Basismodells gezielt verfeinern und anpassen. Risikotreiber und wesentliche Stellhebel sowie deren Sensitivitäten können besser identifiziert und für das Risikomanagement genutzt werden.

Nach diesem knappen Überblick über die QuaRisk-Methode, soll abschließend eine Verortung des Ansatzes im Rahmen des LkSG-Risikomanagements erfolgen. Abb. 1.16 verdeutlicht diesen Zusammenhang grafisch. Links dargestellt ist die Vielzahl an Lieferanten und Lieferverpflichtungen, die im ersten Schritt durch ein systematisches und zugleich ressourcenschonendes Screening erfasst werden. In dieser Phase stehen die Identifikation und Bewertung der relevanten Risiken im Mittelpunkt (grau hervorgehoben). Das Modell schafft hier Transparenz und ermöglicht eine fundierte Priorisierung der wesentlichen Risikotreiber.

Darauf aufbauend zeigt die Grafik die nachgelagerten Anwendungsmöglichkeiten: vertiefende Detailanalysen, die Ausarbeitung und Umsetzung präventiver Maßnahmen sowie schließlich Szenariosimulationen und What-if-Analysen, die auch die finanziellen Auswirkungen unterschiedlicher Risikoverläufe abbilden. So wird deutlich, dass der Ansatz nicht auf eine Momentaufnahme beschränkt bleibt, sondern Unternehmen befähigt, proaktiv verschiedene Handlungsoptionen und ihre Konsequenzen zu prüfen.

Für die Praxis bedeutet dies, dass die QuaRisk-Methode weit über eine reine regulatorische Erfüllung der LkSG-Anforderungen hinausgeht. Sie verbindet die risikoorientierte Steuerung der Lieferkette mit einer systematischen Bewertung finanzieller Auswirkungen und liefert damit einen wirtschaftlichen Mehrwert. Risikoanalyse, Compliance und strategisches Unternehmensrisikomanagement werden integrativ miteinander verbunden. Darüber hinaus trägt die Methode dazu bei, bislang oft getrennt arbeitende Funktionen – etwa Rechtsabteilungen, Risikomanagement oder Controlling – zusammenzuführen und ihre Sichtweisen in eine gemeinsame, betriebswirtschaftlich anschlussfähige Sprache zu übersetzen (Weißenberger und Angelkort 2011). Auf diese Weise entsteht ein kohärenter, abteilungsübergreifender Ansatz für das Lieferketten- und Unternehmensrisikomanagement.

Außer für die anwendenden Unternehmen selbst kann die QuaRisk-Methode auch für externe Stakeholder von erheblichem Interesse sein. Beispiele wären Kapitalmarktakteure, Aufsichtsbehörden oder andere Institutionen, die Transparenz über Lieferkettenrisiken benötigen. Der besondere Vorteil liegt darin, dass sich Unternehmen vergleichbar und weitgehend automatisiert analysieren lassen, ohne dass dazu tiefgreifende interne Daten preisgegeben werden müssen. Dadurch entsteht eine standardisierte Grundlage, die nicht nur innerbetriebliche Risikoanalysen erleichtert, sondern auch den branchenübergreifenden Vergleich von Lieferkettenrisiken ermöglicht.

Gerade für den Kapitalmarkt eröffnet dies neue Perspektiven: Investoren könnten auf Basis solcher Analysen Unternehmen systematisch nach ihrem Risiko-Exposure in menschenrechtlicher und ökologischer Hinsicht bewerten und dies in ihre Anlageentscheidungen einbeziehen. Ebenso ließe sich für Aufsichtsbehörden ein nachvollziehbarer Maßstab schaffen, um die Einhaltung regulatorischer Anforderungen effizient zu prüfen. In der Summe weist die QuaRisk-Methode somit das Potenzial auf, als Quasi-Standard für die risikobasierte Bewertung von Lieferketten zu dienen – mit hoher Anschlussfähigkeit sowohl an regulatorische Vorgaben als auch an die Anforderungen externer Stakeholder.

Die weiteren Kapitel werden die Methode im Detail entwickeln und vorstellen. Im folgenden zweiten Kapitel werden zunächst wesentliche Vorüberlegungen zur Risikomessung erläutert und damit die Grundlagen für die im dritten Kapitel darzustellende Operationalisierung der Einzelrisiken gelegt. Darauf aufbauend leitet das vierte Kapitel wesentliche (aggregierte) Risikomaße aus Sicht des LkSG her, welche im fünften Kapitel durch betriebswirtschaftliche Risikobetrachtungen ergänzt werden. Mit Hilfe dieses quantitativen Instrumentariums lassen sich detaillierte Simulationen durchführen, was im sechsten Kapitel beispielhaft skizziert wird.

Vorüberlegungen zur Risikomessung 2

2.1 Systematisch, nachvollziehbar, angemessen

In einem ersten Schritt entwickelt dieses Kapitel zunächst einige Grundüberlegungen bezüglich der QuaRisk-Methode. Hierbei wird möglichst nah am Gesetz argumentiert. Erste Vorgaben für die Risikomessung gibt die Handreichung des Bundesamtes für Wirtschaft und Ausfuhrkontrolle. Diese fordert vor dem Hintergrund des LkSG „… systematische und nachvollziehbare Prozesse zur Ermittlung, Gewichtung und Priorisierung von Risiken …". Dabei wird jedoch „… ein gewisser Ermessensspielraum hinsichtlich Ausgestaltung und Methodenwahl …"[1] zugestanden.

Insbesondere wird ein „Vorbehalt der Zumutbarkeit" erwähnt, welcher auch im Sinne eines ökonomischen Kriteriums verstanden werden kann, das auf ein angemessenes Verhältnis von Aufwänden für die Risikoanalyse und den damit gewonnenen Erkenntnissen und deren Folgen abzielt.

Dies leitet sich aus gesetzlichen Forderungen nach einer angemessenen Beachtung der Sorgfaltspflichten (§ 3 Abs. 1), einem angemessenen Risikomanagement (§ 4 Abs. 1), einer angemessenen Risikoanalyse (§ 5 Abs. 1) ab.

2.2 Regelmäßig vs. anlassbezogen

Die Risikoanalyse im eigenen Geschäftsbereich sowie bei den unmittelbaren Zulieferern muss gem. § 5 Abs. 1 i. V. m. Abs. 4 „… einmal im Jahr sowie anlassbezogen …" erfolgen, wobei Anlässe dann gesehen werden, wenn

[1] Handreichung (2023, S. 6).

M. Ebersoll et al., *QuaRisk – Risikomanagement für Lieferketten neu gedacht*,
https://doi.org/10.1007/978-3-658-51439-6_2

- „… das Unternehmen mit einer wesentlich veränderten oder wesentlich erweiterten Risikolage in der Lieferkette rechnen muss, etwa durch die Einführung neuer Produkte, Projekte oder eines neuen Geschäftsfeldes“,
- wenn das Beschwerdeverfahren gem. § 8 entsprechende Erkenntnisse zutage fördert.

Auf spezifischen Erkenntnissen des Beschwerdeverfahrens beruhende, anlassbezogene Risikoanalysen müssen sich naturgemäß am jeweiligen Fall orientieren. Daher kann nicht a priori davon ausgegangen werden, dass das zu entwickelnde Risikoquantifizierungsmodell diese Fälle vollumfänglich erfassen wird. Vielmehr werden in Reaktion auf solche Erkenntnisse gesonderte und evtl. auch vom bisherigen Vorgehen abweichende Betrachtungen notwendig sein, was sich logischerweise auch dadurch ergibt, dass Erkenntnisse aus dem Beschwerdeverfahren nicht immer abstrakte Risikopositionen betreffen werden, sondern auf (vermeintlich) bereits materialisierte Risiken abzielen können.

Ziel unseres Ansatzes ist die Risikoquantifizierung für die regelmäßige Risikoanalyse, auch ohne das Vorliegen konkreter Beschwerden.

2.3 Zielobjekt der Risikoanalyse (DO_i)

§ 3 Abs. 1 verpflichtet Unternehmen dazu, in ihren Lieferketten[2] bestimmte menschenrechtliche und umweltbezogene Sorgfaltspflichten zu beachten, wobei auch die Einrichtung eines Risikomanagements gefordert wird, welches wiederum gemäß § 5 eine jährliche sowie anlassbezogen (§ 5 Abs. 4) durchzuführende Risikoanalyse umfasst (§ 5 Abs. 1).

Die in § 5 Abs. 1 angesprochene Risikoanalyse umfasst den eigenen Geschäftsbereich sowie die unmittelbaren Zulieferer, welche in § 2 Abs. 7 als „… Partner eines Vertrages über die Lieferung von Waren oder die Erbringung von Dienstleistungen …“ umschrieben werden.

Lieferverträge definieren den Inhalt der Lieferbeziehung zwischen den Vertragsparteien und können durchaus mehrere und heterogene Lieferverpflichtungen beinhalten. Die von einem Vertrag umfassten Lieferverpflichtungen können sich in Bezug auf die gelieferten Waren/Dienstleistungs(-gruppen), Start- und Endpunkte des Warentransports sowie weitere Kriterien unterscheiden und daher auch sehr heterogene Risikopositionen umfassen.

Dies bietet drei prinzipielle Ansatzpunkte für die Risikomessung: (i) auf Ebene des Vertragspartners, (ii) auf einzelvertraglicher Ebene sowie (iii) auf Ebene einzelner Lieferverpflichtungen.[3] Die letztgenannte Alternative bietet die größte Detailtiefe bei gleichzeitig

[2] In § 2 Abs. 5 wird ein sehr breiter und weit gefasster Begriff Lieferkette postuliert, welcher „… alle Schritte im In- und Ausland, die zur Herstellung der Produkte und zur Erbringung der Dienstleistungen …“ umfasst und ausdrücklich alle mittelbaren und unmittelbaren Zulieferer einschließt.

[3] Sollten Verträge lediglich eine Lieferverpflichtung umfassen, so fallen beide Ebenen zusammen. Analog gilt für Vertragspartner mit lediglich einem einzigen Liefervertrag, dass die ersten beiden Ebenen zusammenfallen.

höheren Anforderungen an die erforderliche Datenqualität und erforderlichen Datenmengen. Wenn es gelingt ein Quantifizierungsmodell zu entwickeln, welches hinreichend standardisiert ist, um an unternehmensinterne IT-Systeme angebunden zu werden, so fällt dieser Nachteil geringer aus.

Im Sinne der Allgemeingültigkeit und um nicht von vornherein unnötige Beschränkungen des Quantifizierungsmodells zu verursachen, wird für die Zwecke dieses Beitrags daher die Risikobewertung einzelner Lieferverpflichtungen als Ziel festgelegt. Erst wenn spezifische sachliche Erwägungen dies für bestimmte Teilaspekte nahelegen, soll für diese Teilaspekte auf eine höher aggregierte Ebene ausgewichen werden.

Wir definieren die Variable DO (delivery obligation), welche den Risikowert für die Lieferverpflichtung symbolisiert. Da ein Unternehmen n-viele Lieferverpflichtungen[4] haben kann, versehen wir DO mit einem Subskript,[5] welches die jeweils betroffene Verpflichtung identifiziert:

$$DO_1, DO_2, \ldots, DO_i, \ldots, DO_n$$

Das arithmetische Mittel über alle Risikowerte definieren wir mit:

$$\overline{DO} = \frac{1}{n} \sum_{i=1}^{n} DO_i$$

Jede Lieferverpflichtung lässt sich durch bestimmte Eigenschaften näher beschreiben, zu denen beispielsweise Informationen über den Lieferanten, über die betroffene Waren- oder Dienstleistungsgruppe, Beschaffungsländer, Auftragsvolumen gehören. Weitere Eigenschaften nennt die Handreichung 2023, S. 10. Für die hier verfolgten Ziele ist keine umfassende Auflistung aller theoretisch möglichen Eigenschaften erforderlich, sondern es kann eine Begrenzung auf diejenigen mit LkSG-Relevanz erfolgen.

Um diesen Abschnitt nicht zu überfrachten, soll zunächst von folgenden relevanten Eigenschaften ausgegangen werden, wobei die Liste im weiteren Verlauf der Untersuchung angepasst werden kann, wenn sich entsprechende Erkenntnisse ergeben:

- Lieferant; Identifikation des Lieferanten, z. B. anhand von Unternehmensname, Rechtsform, D-U-N-S Identifikationsnummer.
- Empfänger der Lieferung/Vertragspartner innerhalb des eigenen Unternehmensbereichs.[6]

[4] Die Begriffe Lieferverpflichtung und Lieferbeziehung werden teils synonym verwendet.

[5] Aus redaktionellen Gründen wird die Schreibweise mit Subskript ohne Veränderung der Bedeutung durch die Schreibweise mit Unterstrich ersetzt; z. B. DO_1 statt DO_1. Dies gilt nicht nur für DO, sondern auch für andere Größen.

[6] Insbesondere bei Unternehmen mit mehreren Tochtergesellschaften kann hier der Vertragspartner im eigenen Geschäftsbereich identifiziert werden. Im Fall von Einzelunternehmen kann die Angabe naturgemäß entfallen.

- Materialgruppe der zu liefernden Waren/Dienstleistungen; hierbei ist keineswegs zwingend eine detaillierte Definition erforderlich, sondern die Waren/Dienstleistungen dürfen in „LkSG-homogenen" Gruppen[7] zusammengefasst werden.
- Herkunftsland der Lieferung
- Datum
- Liefervolumen; dieses könnte in Geldeinheiten pro Jahr oder physikalischen Mengeneinheiten pro Jahr quantifiziert werden, wobei im Folgenden zunächst die erstere Variante gewählt werden wird.

Mathematisch ausgedrückt, wird die Menge aller Lieferverpflichtungen abgebildet auf die Menge aller Materialgruppen, wobei jedem DO_i zwingend eine Materialgruppe zugeordnet wird, während die Umkehrung nicht gilt. Dieser Satz gilt analog für die Mengen der Herkunftsländer, Liefervolumen, Lieferanten. Um die Lesbarkeit nicht durch den mathematischen Formalismus zu erschweren, werden im Folgenden vereinfachend hinter den einzelnen DO_i die Ausprägungen der Eigenschaften geschrieben. Zum Beispiel:

$$DO_{12} : \textit{Muster GmbH}; \textit{Textilien}; \textit{Deutschland}; 2019, 50.000\, \textit{EUR} / \textit{Jahr} \text{ oder allgemein formuliert :}$$

$$DO_i : \textit{Lieferant von } DO_i; \textit{Materialgruppe von } DO_i; \textit{Herkunftsland von } DO_i; \textit{Lieferdatum}, \textit{Liefervolumen von } DO_i.$$

Sofern sich verschiedene Lieferbeziehungen in allen (!) diesen Eigenschaften gleichen, können sie als Cluster zusammengefasst werden, deren Risikopotential dann gemeinschaftlich ermittelt wird. Selbst in Konstellation mit nur einer gemeinsamen und sonst verschiedenen Eigenschaften könnte eine gemeinschaftliche Abschätzung von (Teil-)Risikopotentialen erfolgen, wenn die spezifischen (Teil-)Risiken ausschließlich von dieser gemeinsamen Eigenschaft determiniert werden.

§ 2 LkSG zielt auf zwölf Typen menschenrechtlicher und acht Typen umweltbezogener Risiken ab. Unter Anwendung des englischen Sprachgebrauchs symbolisieren wir erstere im Folgenden mit H („human") und letztere mit E („environment").

Da die Risikoanalyse alle diese zwanzig Risikotypen einzeln, separat berücksichtigen muss, soll DO_i zunächst als Tupel mit zwanzig Elementen definiert werden:[8]

---

[7] Hiermit sind solche Gruppierungen gemeint, welche bzgl. der vom LkSG angesprochenen Risikocharakteristik in sich homogen sind.

[8] Mit dem Begriff Tupel beziehen wir uns hier auf eine Menge von Objekten.

$$DO_i = \begin{pmatrix} H1_i \\ \vdots \\ Hk_i \\ \vdots \\ H12_i \\ E1_i \\ \vdots \\ Ek_i \\ \vdots \\ E8_i \end{pmatrix}$$

Jedes Element des Tupels symbolisiert den Risikowert für einen der zwanzig Risikotypen in der Lieferbeziehung i. Soweit im Folgenden kein spezielles Element des Tupels angesprochen werden soll, wird generisch immer von Hk_i oder Ek_i die Rede sein.

An späterer Stelle können Überlegungen zur Vereinfachung und Aggregation der Elemente angestellt werden. Zunächst sollen diese im Sinne der Transparenz und Detailtiefe jedoch jeweils einzeln betrachtet werden.

2.4 Scope der Risikoanalyse

Die Risikoanalyse umfasst gem. § 5 Abs. 1 den eigenen Geschäftsbereich sowie die unmittelbaren Zulieferer, d. h. gemäß § 2 Abs. 7 die „… Partner eines Vertrages über die Lieferung von Waren oder die Erbringung von Dienstleistungen …"

Die zunächst recht klare Eingrenzung des § 5 Abs. 1 auf den eigenen Geschäftsbereich und unmittelbare Zulieferer wird durch § 3 indirekt ausgeweitet, welcher stattdessen auf den Begriff der Lieferkette abstellt, die auch mittelbare Zulieferer umfasst. Für diese Lieferkette seien bestimmte Sorgfaltspflichten „… in angemessener Weise …" zu beachten. Letztlich muss daher im Einzelfall anhand der Kriterien des § 3 Abs. 2 beantwortet werden, ob und wie mittelbare Zulieferbeziehungen in der Risikoanalyse berücksichtigt werden müssen.[9]

Daraus folgt, dass parallel zur Quantifizierung der einzelnen Risikopositionen (DO_i) auch ein Gewichtungsmaß (w_i) entwickelt werden muss, welches die Kriterien des § 3 Abs. 2 für die jeweilige Lieferverpflichtung berücksichtigt.

[9] Diese „… bestimmt sich nach 1. Art und Umfang der Geschäftstätigkeit des Unternehmens, 2. dem Einflussvermögen des Unternehmens auf den unmittelbaren Verursacher eines … Risikos oder der Verletzung einer … Pflicht, 3. der typischerweise zu erwartenden Schwere der Verletzung, der Umkehrbarkeit der Verletzung und der Wahrscheinlichkeit der Verletzung einer … Pflicht sowie 4. nach der Art des Verursachungsbeitrages des Unternehmens …" § 3 Abs. 2.

Das Maß w_i kann dann bei der Entscheidung unterstützen, ob für bestimmte Lieferverpflichtungen über den engeren Scope des § 5 Abs. 1 (eigener Geschäftsbereich sowie die unmittelbaren Zulieferer) hinausgehende Betrachtungen erforderlich sind oder ob diese aufgrund eines marginalen Wertes von w_i unterbleiben können.

2.5 Das Maß $w_{§5II}$ zur Gewichtung und Priorisierung von DO_i

§ 5 Abs. 2 fordert eine Gewichtung und Priorisierung der Risiken (insbesondere) anhand der Kriterien des § 3 Abs. 2:

1. „Art und Umfang der Geschäftstätigkeit des Unternehmens,
2. … Einflussvermögen des Unternehmens auf den unmittelbaren Verursacher eines … Risikos oder der Verletzung einer … Pflicht,
3. … typischerweise zu erwartenden Schwere der Verletzung, der Umkehrbarkeit der Verletzung und der Wahrscheinlichkeit der Verletzung einer … Pflicht sowie
4. … der Art des Verursachungsbeitrages des Unternehmens …"

Um dem nachkommen zu können, wird für jede Lieferverpflichtung DO_i ein Gewichtungstupel $w_{§5II\_i}$ definiert, welches für die einzelnen Risikopositionen Hk_i und Ek_i die spezifischen Gewichtungsfaktoren hk_i oder ek_i widerspiegelt. Um Verwechslungen mit anderen Gewichtungsfaktoren zu vermeiden, werden dem Symbol w („weight") zwei Subskripte zugeordnet: i zur Identifizierung der jeweiligen Lieferbeziehung und „§ 5II" zum Verweis auf das LkSG. Im Sinne einer leichteren Zuordnung werden die Faktoren mit dem jeweiligen Kleinbuchstaben symbolisiert.

$$w_{§5II\_i} = \begin{pmatrix} h1_i \\ \vdots \\ hk_i \\ \vdots \\ h12_i \\ e1_i \\ \vdots \\ ek_i \\ \vdots \\ e8_i \end{pmatrix}$$

Im Rahmen der weiteren Ausführungen wird zu klären sein, wie $w_{§5II}$ konsistent und ggf. überschneidungsfrei konstruiert werden kann. Einige der vier Kriterien des § 3 Abs. 2 betreffen unmittelbar die Eintrittswahrscheinlichkeit und potenziellen Risikoauswirkungen und könnten daher sinnvollerweise bereits in den Einzelwerten H und E berücksichtigt werden. Dies spricht nicht zwingend gegen eine zusätzliche Berücksichtigung im Rahmen der Priorisierung, d. h. in $w_{§5II}$. Jedoch sollte bei etwaigen rechnerischen Verknüpfungen der betroffenen Risikokenngrößen stets überdacht werden, ob diese „doppelte Berücksichtigung" ein und desselben Aspektes der Realität die gewünschte Aussagekraft übermäßig verzerrt.

Darüber hinaus erscheint es für die Priorisierung hilfreich, auch aggregierte Maße $w_{§5II}$ auf Ebene der Lieferbeziehungen, der Lieferanten, Materialgruppen und Herkunftsländer zu bilden, wodurch sich das oben dargestellte Tupel stark vereinfacht. Dies ist sicherlich auch dem Vorgehen in vielen Unternehmen zuträglich, da diese wohl eher selten alle Teilrisiken aktiv und separat auf Ebene einzelner Lieferungen steuern können und wollen, sondern in den meisten Fällen einem pragmatischen Ansatz folgen dürften, welcher von der Beeinflussung einzelner Lieferbeziehungen, über die Beeinflussung bestimmter Lieferanten (-gruppen) bis hin zu einem strategischen Lieferkettenmanagement reicht, in dem auch Aspekte wie Materialgruppen und Herkunftsländer zur Disposition stehen.

Daher werden solche aggregierten Maße im vierten Kapitel aufgegriffen.

2.6 Die Kenngrößen h_{ki} bzw. e_{ki}

In den folgenden Abschnitten werden für jedes Angemessenheitskriterium des § 3 Abs. 2 LkSG jeweils ein oder mehrere Indikatoren und zugehörige Operationalisierungsansätze vorgeschlagen.

Jedes h_{ki} (analog für e_{ki}) ergibt sich daher in Abhängigkeit der unten noch darzustellenden Indikatorwerte für Art und Umfang der Geschäftstätigkeit („business activity") BA (Abschn. 2.6.2), Einflussvermögen („ability to influence") AI (Abschn. 2.6.1), zu erwartende Schwere („severness") S (Abschn. 2.6.2) sowie Verursachungsbeitrag („causal contribution") CC (Abschn. 2.6.4).[10]

$$h_{ki} = h_{ki}\left(BA, AI, S, CC\right),\ analog\ für\ e_{ki}$$

[10] Oben wurde bereits angesprochen, dass die Ermittlung von $w_{§5II}$ auch auf Ebene der Lieferverpflichtung und anderen Aggregationsebenen erfolgen kann. Für diese Fälle ist die Symbolik h_{ki} eher missverständlich, da sie an die Teilrisiken H_i anknüpft und eben nicht an das Gesamtrisiko einer Lieferverpflichtung. Wir bleiben dennoch im Sinne der besseren Lesbarkeit bei dieser Symbolik. Die Methoden sind analog anzuwenden.

2.6.1 Einflussvermögen des Unternehmens auf den unmittelbaren Verursacher eines Risikos oder der Verletzung einer Pflicht (Einflussvermögen AI)

Indikator AI1: Marktanteil

Eine hohe Bedeutung des Unternehmens innerhalb seiner Branche spricht für hohes Einflussvermögen.

Als Indikator wird der Marktanteil des Unternehmens in der eigenen Branche herangezogen (MS1). „Allerdings kann nicht davon ausgegangen werden, dass das Risiko mit steigendem Marktanteil synchron und linear zunimmt. Vielmehr ist davon auszugehen, dass das Risiko unterhalb einer bestimmten Marktanteilsschwelle zunächst geringer ist, während es ab dieser Schwelle überproportional ansteigt. ... Dieser Verlauf lässt sich über eine Transformationsfunktion ... herbeiführen.“[11] Als initiale Abschätzung erscheint bis zum Vorliegen besserer Erkenntnisse eine Anlehnung an kartellrechtliche Überlegungen plausibel: „Die Funktion sollte monoton ansteigen, wobei im Bereich von 20–25 % Marktanteil ein progressiver Funktionsverlauf einsetzen sollte. Spätestens ab 50 % sollte der Funktionswert nahe dem Maximalwert liegen und sich diesem degressiv wachsend annähern. Dieser Verlauf kann über die folgende Funktion approximiert werden:“[12]

$$AI1 = 1/\left(1+e^{-12\cdot(MS1-0{,}3)}\right)[/].$$

Mit Transformation resultiert eine Kenngröße im Werteintervall von 0 (kein erkennbares Indiz für Einflussvermögen) bis 1 (sehr hohe Wahrscheinlichkeit für Einflussvermögen). Dieser Wert gilt für alle Lieferbeziehungen unabhängig von der Materialgruppe, d. h. er gilt für h_{ki} und e_{ki} für alle k und alle i.

Indikator AI2: Marktanteil Zuliefermarkt

Eine hohe Bedeutung des Unternehmens innerhalb der für die Lieferverpflichtung relevanten Branche spricht für hohes Einflussvermögen.

Als Indikator soll der Marktanteil des eigenen Beschaffungsvolumens auf dem Beschaffungsmarkt (MS2), d. h. in der Branche des Lieferanten herangezogen werden und analog zu obigem Vorgehen auch transformiert werden.

$$AI2 = 1/\left(1+e^{-12\cdot(MS2-0{,}3)}\right)[/].$$

Dieser Wert bleibt über alle Lieferverpflichtungen in dieser Warengruppe konstant. Sofern ein geographisch begrenzter Markt vorliegt (beispielsweise auf ein Land), so gilt für alle Lieferanten innerhalb dieses geographisch abgegrenzten Marktes (Landes) derselbe

[11] Ebersoll (2012, S. 43).

[12] Ebersoll (2012, S. 43). Zur Interpretation und Herleitung siehe auch ebd., S. 41 ff.

Wert von AI2. Analog gilt für globale Märkte derselbe Wert AI2 für alle global existierenden Lieferanten dieser Materialgruppe.

Indikator AI3: Abhängigkeit des Lieferanten

Ist der Lieferant in signifikantem Maße von den Lieferaufträgen des Unternehmens abhängig, so spricht dies für eine hohe Beeinflussungsmöglichkeit.

Als Indikator soll das Auftragsvolumen des Unternehmens mit diesem Lieferanten im Vergleich zum Gesamtumsatz des Lieferanten[13]

$$MS3 = \frac{Auftragsvolumen\, des\, Unternehmens}{Gesamtumsatz\, des\, Lieferanten} [/]$$

herangezogen und ebenfalls transformiert werden:

$$AI3 = 1/\left(1 + e^{-12 \cdot (MS3 - 0,3)}\right)[/].$$

Indikator AI4: Verursachungsbeitrag

Das Einflussvermögen dürfte bei Beibehaltung aller anderen Kriterien umso geringer ausfallen, desto schwächer der Verursacher über rechtliche Pflichten an das Unternehmen gebunden ist.

Diese „rechtliche Nähe" zum Risikoverursacher lässt sich über eine Gruppierung möglicher Risikoverursacher erreichen, welche analog zu den anderen Indikatoren ebenfalls auf ein Messintervall von null bis eins abgebildet werden soll.

Befindet sich der mögliche Verursacher im eigenen Unternehmensbereich, so sollte der Maximalwert von eins angesetzt werden, da hier aufgrund von Konzernverflechtungen und entsprechenden gesellschaftsrechtlichen Regelungen von einer direkten Beeinflussbarkeit und oft auch Zurechenbarkeit ausgegangen werden kann. Der Wert für unmittelbare Zulieferer wird mangels widersprechender Erkenntnisse mit einem Initialwert von 0,5 belegt, während für mittelbare Vertragspartner zunächst ein Zahlenwert von 0,2 angenommen wird.

$$AI4 = \begin{pmatrix} 1, & im\, eigenen\, Unternehmensbereich \\ 0,5, & bei\, unmittelbaren\, Zulieferern \\ 0,2, & bei\, mittelbaren\, Zulieferern \end{pmatrix} [/]$$

Die Art des Verursachungsbeitrags hängt naturgemäß von der konkreten Charakteristik der Risikopotentiale ab. Eine Abschätzung über gesellschaftsrechtliche Einfluss-,

[13] Dieses sollte über einen repräsentativen Zeitraum ermittelt werden. Bis zum Vorliegen anderweitiger Erkenntnisse wird zunächst ein Zeitraum von einem Jahr vorgeschlagen. Sofern die entsprechenden Informationen nicht oder nicht vollständig vorliegen, können alternative Abschätzungen vorgenommen werden. Diese werden im Anhang „8.4 Alternative Abschätzung des Gesamtumsatzes eines Lieferanten über UNIDO" vorgestellt.

Weisungsmöglichkeiten bzw. über die Gestaltungsmöglichkeiten vertraglicher Beziehungen ist daher nur ein Hilfskonstrukt, welches in der weiteren Forschung betrachtet werden sollte. Die Durchsetzungsfähigkeit der Parteien im Rahmen derartiger vertraglicher Konstrukte wird auch wesentlich von kommerziellen Bedingungen und gegenseitigen wirtschaftlichen Abhängigkeiten determiniert. Dieser Gedankengang zur Abschätzung überlappt sich also potenziell mit der Kernaussage der obigen Indikatoren AI1, AI2, AI3.

Herleitung von AI

Die Indikatoren AI1 bis AI4 liefern aus vier verschiedenen Perspektiven quantitative Abschätzungen für das Einflussvermögen des Unternehmens. Als Aggregationsvorschrift für AI wird bis zum Vorliegen besserer Erkenntnisse ein gewichteter Mittelwert vorgeschlagen. Da zum aktuellen Zeitpunkt jedoch keine Erkenntnisse über die erforderlichen Gewichtungsfaktoren der Einzelindikatoren vorliegen, wird zunächst von einer Gleichgewichtung ausgegangen, weshalb ein arithmetisches Mittel resultiert:

$$AI = \frac{1}{4}(AI1 + AI2 + AI3 + AI4)[/]$$

2.6.2 Art und Umfang der Geschäftstätigkeit des Unternehmens (Geschäftstätigkeit BA)

Art und Umfang der eigenen Geschäftstätigkeit lassen sich anhand diverser Indikatoren charakterisieren. Zu diesen zählen etwa die

- Waren- und Dienstleistungsgruppen
- Anzahl der Mitarbeiter
- Zahlen über das Absatzvolumen in Euro pro Jahr
- Marktanteile
- Zahlen über das Einkaufsvolumen in Euro pro Jahr
- Art und Anzahl Zulieferer
- Art und Anzahl Kunden
- Art und Anzahl in der Lieferkette eingebundenen Länder
- usw.

Hohe Mitarbeiterzahlen, hoher Umsatz, hoher Gewinn und analoge Kenngrößen werden von der Allgemeinheit typischerweise als Indiz für Größe und Prosperität des Unternehmens gesehen, was in der Außenwahrnehmung typischerweise auch höhere Erwartungen an den Ressourceneinsatz des Unternehmens in das Management seiner Lieferketten implizieren. Die Schwelle dessen, was in der Öffentlichkeit als noch angemessener Ressourceneinsatz angesehen wird, dürfte hier also höher liegen.

Da sich die Geschäftstätigkeit des Unternehmens typischerweise nicht auf ein einziges Produkt und eine einzige Zulieferbeziehungen beschränkt, kann eine Aufgliederung nach unternehmerischen Geschäftsbereichen und weiteren Kriterien hilfreich sein:

- Art der vertriebenen Produkte/Dienstleistungen im Geschäftsbereich
  - jeweiliger Umsatz
  - jeweilige Anzahl Beschäftigte
  - jeweilige Marktanteile in den zugehörigen Märkten[14] (dies entspricht der bereits oben definierten Größe MS1)
- Art der eingekauften/zugelieferten Produkte/Dienstleistungen (Materialgruppen) im Geschäftsbereich
  - jeweilige Einkaufsvolumen der Materialgruppe
  - jeweilige Marktanteile auf den zugehörigen Zuliefermärkten: (dies entspricht der bereits oben definierten Größe MS2)

Im Ergebnis einer solchen Unterteilung entstehen dann Anteile, für welche eine jeweils eigene Risikoanalyse mit ganz eigenen Rahmenbedingungen und Parametern sowie einer spezifischen Ausprägung von BA durchgeführt werden kann. Wird das Unternehmen für die Zwecke der Risikoanalyse nicht in solche unterschiedlichen Teilbereiche gegliedert, so können sich auch keine unterschiedlichen BA-Ausprägungen ergeben. BA könnte dann auch im Gesamtwert h_{ki} neutralisiert werden, da es für alle Lieferbeziehungen des Unternehmens konstant wäre und daher nicht zur Priorisierung beitrüge.

2.6.3 Typischerweise zu erwartende Schwere und Wahrscheinlichkeit (Schwere S)

Die typische Eintrittswahrscheinlichkeit eines Risikos und seine Auswirkungen/Schwere bilden den Kern der eigentlichen Risikoquantifizierung, welche im Folgekapitel erarbeitet werden soll. Für diesen Abschnitt verbleibt aktuell nur die Feststellung, dass das LkSG hier implizit und durchaus plausibel eine Priorisierung höher bewerteter Risiken fordert.

Sofern später das Ziel bestehen sollte, die Größe S in einer solchen Art zu verarbeiten, welche analog zu AI einen Zahlenwert im geschlossenen Intervall [0,1] umfasst, so ließe sich das über eine Normierung, auf die in der eigentlichen Risikoquantifizierung ermittelten maximalen Risikowerte aller H_{ki} und E_{ki} erreichen:

---

[14] Marktabgrenzungen/-definitionen werden typischerweise nach sachlichen und räumlich-geographischen Kriterien vorgenommen. Für die sachliche Abgrenzung kann vereinfachend die Frage gestellt werden, ob das jeweilige Produkt aus Kundensicht hinsichtlich seiner Eigenschaften und Einsatzmöglichkeit mit anderen Produkten ausgetauscht bzw. durch diese ersetzt werden kann. Falls ja, spricht dies dafür, dass diese „Austauschprodukte" demselben sachlichen Markt zuzurechnen sind. Testkriterium für räumliche Marktabgrenzung ist hingegen die Frage, ob der Kunde kurzfristig auf Anbieter aus anderen Regionen/Standorten zurückgreifen kann.

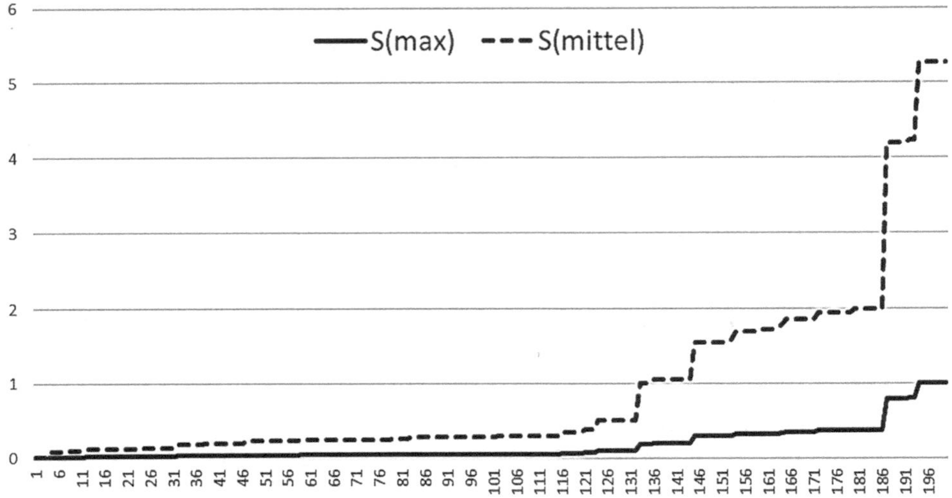

Abb. 2.1 Berechnungsvarianten für S

$$S_i = \frac{H_{ki}}{\max\left(H_{ki}, E_{ki}\right)} bzw. \frac{E_{ki}}{\max\left(H_{ki}, E_{ki}\right)} [/]$$

Auf diesem Weg wird dem kleinsten ermittelten Risikowert aus der Menge aller H_{ki} und E_{ki} ein kleiner Wert S_i (vermutlich nahe null) zugewiesen, sowie dem größten der Wert $S_i = 1$. Zur Vermeidung von Missverständnissen sei darauf hingewiesen, dass ein Wert $S_i = 0$ keinesfalls so interpretiert werden darf, dass hier kein Risiko vorliegt. Dies gilt nur dann, wenn gleichzeitig auch das zugehörige H_{ki} bzw. E_{ki} den Wert 0 annimmt. Andernfalls ist $S_i = 0$ lediglich so zu interpretieren, dass hier die niedrigstmögliche Priorisierung vorliegt.

Die oben dargestellte Herangehensweise erlaubt eine S_i-Einschätzung auf Basis der zwanzig Einzelrisiken. Dieser Detailierungsgrad dürfte in der Praxis oft nicht erforderlich und stattdessen eine Bewertung auf Basis des Gesamtrisikos DO_i der Lieferverpflichtung ausreichend sein. Daher bieten sich die Berechnungsalternativen mithilfe des Maximums:

$$S_i = \frac{DO_i}{\max\left(DO_i\right)} [/]$$

… oder des Durchschnittswerts $\overline{DO_i}$ an:

$$S_i = \frac{DO_i}{\overline{DO}} [/]$$

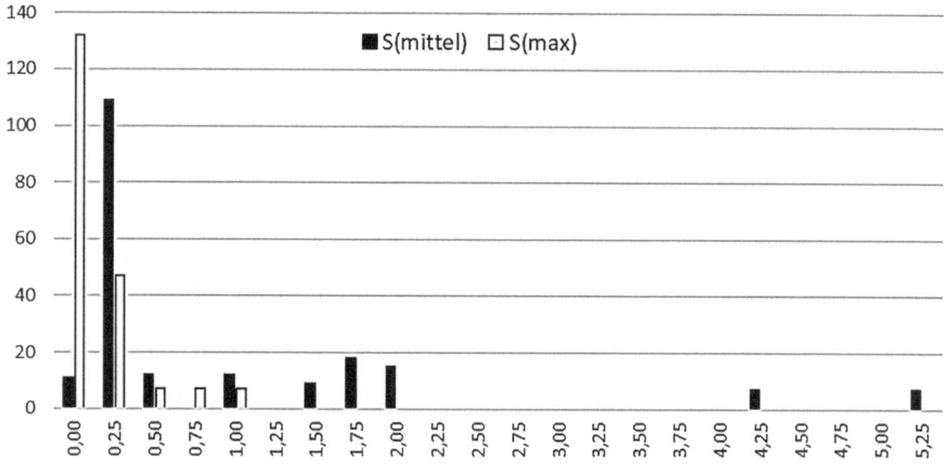

Abb. 2.2 Beispielhafte Histogramme für die S-Varianten

Beide Berechnungsvarianten weisen dieselbe Volatilität auf und unterscheiden sich lediglich darin, dass die durchschnittsbasierte Variante keine feste Obergrenze des Wertebereichs aufweist (siehe Abb. 2.1).

Zudem zeigt Abb. 2.2, dass sich die mittelwertbasierten S-Werte breiter über die Skala verteilen, während die maximumbasierte Variante eine signifikante Häufung von Werten im Intervall [0, 0,25] aufweist.

Diese Unterschiede müssen auch vor dem Hintergrund bewertet werden, dass S im Zusammenhang mit anderen Variablen verarbeitet wird und die Indikatoreigenschaft von h_{ki} bzw. e_{ki} erhalten bleiben muss. Diesbezüglich kann sich die durchschnittsbasierte Variante als vorteilhaft erweisen, da sie Risiken mit vergleichsweise hohem Erwartungswert in der Aggregation mit ansonsten auf das Intervall von (0,1) begrenzten Größen ein besonderes Gewicht beimisst. Dies erscheint auch sachlich angemessen, zumal dieser Erwartungswert bzw. der daraus abgeleitete Wert S den eigentlichen Kern der Risikobewertung darstellt und auch die Priorisierung des Risikomanagements dominieren darf.

Soll hingegen ganz auf die Modifikation von S_i in einem nach unten und/oder nach oben begrenzten Wertebereich verzichtet und gleichzeitig keine gesonderte Rücksicht auf die Kompatibilität mit den anderen Größen AI, BA, und CC genommen werden, so bietet sich an:

$$S_i = DO_i$$

Wir wählen bis auf Weiteres und bis zum Vorliegen entgegensprechender Erkenntnisse die Variante:

$$S_i = \frac{DO_i}{\overline{DO}} \, [/]$$

2.6.4 Art des Verursachungsbeitrags des Unternehmens (Verursachungsbeitrag CC)

In der Handreichung (2023, S. 19) werden folgende Hilfestellungen zur Einschätzung der Art des Verursachungsbeitrags des Unternehmens gegeben:

„Das Unternehmen trägt ganz überwiegend zum Risiko bei oder verursacht es unmittelbar (allein); Beitragen/(mit)verursachen bedeutet, dass die Auswirkung das Ergebnis einer Handlung eines Dritten ist. Das Unternehmen „leistet einen Beitrag", wenn die Handlung oder auch Unterlassung des Unternehmens in irgendeiner Weise die Verletzung einer konkreten Pflicht erlaubt, ermöglicht oder motiviert."

Hierunter könnten mannigfaltige Fallkonstellationen subsumiert werden, welche sich oft erst a posteriori als solche erkennen lassen. Für den hier verfolgten Zweck ist es jedoch nur begrenzt hilfreich, einzelne, konkrete Vorfälle der Vergangenheit auf solche Verursachungsbeiträge zu untersuchen. Vielmehr soll das zu entwickelnde Messinstrumentarium die typische unternehmerische Tätigkeit und die zugehörige Lieferkette vor dem Hintergrund der identifizierten Risikopotentiale bewerten und im Sinne eines Frühwarninstrumentariums notwendige Schwerpunktsetzungen aufzeigen.

Ein geeigneter Indikator für CC muss hohe Werte annehmen, wenn das Unternehmen das Risiko selbst verursacht und geringe Werte, wenn ein kleiner oder nur geringer Verursachungsbeitrag vorliegt. Als erste Näherung für den Indikator CC wird daher ein Rückgriff auf AI4 vorgeschlagen.

2.6.5 Zusammenführung von BA, AI, S sowie CC

Um die Gewichtung und Priorisierung der Einzelrisiken H_{ki} und E_{ki} bzw. DO_i zu ermöglichen, muss eine entsprechende Methodik entwickelt werden. Beispielsweise könnte die entsprechende Vorschrift lauten:

1. Ermittle für jedes Risiko einen gewichteten Mittelwert über BA, AI, S, CC.
2. Sortiere die Mittelwerte absteigend, um die Priorisierungsreihenfolge zu erhalten.

Der gewichtete Mittelwert könnte wie folgt konstruiert werden:

$$h_{ki} = \frac{w_{BA} \cdot \mathrm{BA} + w_{AI} \cdot \mathrm{AI} + w_S \cdot \mathrm{S} + w_{CC} \cdot \mathrm{CC}}{w_{BA} + w_{AI} + w_S + w_{CC}} [/]; \quad \text{analog für } e_{ki}$$

Sollen die Indikatoren BA, AI, S, CC auf eine solche Art aggregiert werden, so ist eine vorherige Harmonisierung der Operationalisierungsmethoden wünschenswert, wenn auch nicht zwingend (z. B. gleiche Werteintervalle, Dimensionen, etc.). Dies ist hier unproblematisch gegeben.

Während ein solches, pragmatisches Vorgehen sicherlich robuste Ergebnisse hervorbringt, können in besonderen Fallkonstellationen auch die Nachteile der Mittelwertbildung durchschlagen, wenn etwa besonders hohe (oder niedrige) Werte eines Einzelindikators auf sonst sehr niedrige (oder hohe) Indikatorwerte treffen. Die entsprechende Signalwirkung des einen Indikators ginge dann verloren.

Um dies zu vermeiden, können komplexere Priorisierungsvorschriften entworfen werden. Neben Einzelrisiken mit hohen Werten für e_{ki} und h_{ki}, könnten etwa auch solche Fälle als prioritär betrachten werden, die sich in Bezug auf nur einen Indikator aus der Gruppe BA, AI, S, CC in der Spitzengruppe befinden. Beispielsweise könnten immer die oberen fünf Prozent aller BA-Werte (analog für die anderen) als priorisiert betrachtet werden. Alternativ könnten für BA, AI, S, CC Schwellenwerte definiert werden, deren Überschreiten direkt zu einer Einstufung als „priorisiert“ führt.

Eine so differenziertere Vorgehensweise käme auch den Erwartungen des LkSG entgegen, dass Unternehmen/Geschäftsbereiche mit höheren Werten (wie bereits in Abschn. 2.6.2 angemerkt) höhere Anstrengungen für das Risikomanagement unternehmen müssen, was indirekt auch für die Risikoanalyse gilt.

Unternehmen mit großen Zahlen unterschiedlicher Lieferbeziehungen, eingekaufter Materialgruppen, involvierter Länder müssten ihre Aufmerksamkeit gleichzeitig auf viele Teilbereiche fokussieren, was einen erheblichen Ressourceneinsatz erfordert. Das in § 3 Abs. 2 beschriebene Angemessenheitskriterium lässt sich nun anhand der obigen Kriterien näher eingrenzen.

2.7 Risikoeintrittswahrscheinlichkeit und Risikoauswirkung

Im Rahmen der Risikomessung wird typischerweise eine Betrachtung von Risikoeintrittswahrscheinlichkeit und Risikoauswirkung vorgenommen, um „kleine“ und „große“ Risiken entsprechend quantifizieren und gewichten zu können.

Für spätere Kurzschreibweisen und Formeldarstellungen definieren wir p („probability“) für die Eintrittswahrscheinlichkeit und I („impact“) für die Risikoauswirkungen. Für jeden Risikowert E_{ki} (und analog für H_{ki}) existiert eine eigene Kombination von I_{Eki} sowie p_{Eki}.

Eintrittswahrscheinlichkeiten werden oft in Form sogenannter Binomialverteilungen angegeben. Derartige Binomialverteilungen unterstellen implizit, dass das Risiko zu einem bestimmten Betrachtungszeitpunkt ausbleibt oder aber sich einmalig realisieren kann. Spielt man gedanklich n-viele Perioden durch, in denen sich das Risiko k-mal realisiert, so kann die Eintrittswahrscheinlichkeit mit $p = k/n$ abgeschätzt werden.

Das unternehmerische Risikomanagement wird in den seltensten Fällen solche theoretischen Zeitpunktbetrachtungen unterstellen, sondern häufig auf andere Zeiträume, wie etwa das Geschäftsjahr als relevante Periode zurückgreifen. Diese Wahl der zeitlichen Periode muss bei der Messung der Wahrscheinlichkeit berücksichtigt werden, da reale

Risikosituationen mehrfach[15] pro Geschäftsjahr auftreten können. Derartige „Eintrittswahrscheinlichkeiten pro Betrachtungszeitraum" werden gelegentlich auch in Form ihres Kehrwerts dargestellt, welcher aussagt, nach welcher Zeitdauer (z. B. nach wie vielen Jahren) sich das Risiko typischerweise realisiert; beide Angaben sind äquivalent.[16] Falls genauere Kenntnisse über die Eintrittswahrscheinlichkeit und deren Wahrscheinlichkeitsverteilungen vorliegen, sollten diese genutzt werden.

Vor dem Hintergrund der hier verfolgten Ziele müssen die Risikoauswirkungen aus zwei verschiedenen Perspektiven betrachtet werden.

Die vom LkSG in § 2 aufgeführten menschenrechtlichen und umweltrechtlichen Risiken betreffen in ihrer Zielrichtung explizit solche Rechtspositionen, welche menschliche Individuen oder deren natürliche Umwelt schützen sollen. Sie beabsichtigen also die Implementierung von Schutzbereichen, welche sich nicht in erster Linie auf bestimmte Individuen oder Gruppen beziehen, sondern vielmehr auf die gesamte menschliche Gesellschaft und ihre natürliche Umwelt gerichtet sind. Dies schließt naturgemäß die Möglichkeit ein, dass auch das Unternehmen selbst von entsprechenden Schutzvorschriften profitiert bzw. bei der Verletzung negative Auswirkungen erleiden muss. Eine Folgenabschätzung für den Fall der Risikorealisierung muss daher mit Blick auf diese Gesamtheit der Betroffenen erfolgen, deren geschützte Rechtsposition verletzt wurde.

Neben dieser ersten Kategorie von möglichen Risikoauswirkungen können sich aus solchen Risiken weitere Auswirkungen ergeben, welche das Unternehmen selbst und seine (un-)mittelbaren Zulieferer betreffen.

Um das hier zu entwickelnde Modell in seiner Allgemeingültigkeit nicht unnötig zu beschränken, sollen beide Kategorien von Auswirkungen einbezogen werden. Jedes Risiko muss also zwingend eine Aussage über die spezifische Eintrittswahrscheinlichkeit und die Risikoauswirkungen aus beiden Perspektiven enthalten. Dementsprechend gliedern sich die Auswirkungen des Risikos a in zwei Kategorien I1 und I2:

$$I_{Eki} = I_{Eki}\left(I1_{Eki}, I2_{Eki}\right) sowie$$

[15] Hiermit sind explizit auch Bruchteile von eins angesprochen, welche einem Risiko entsprechen, welches sich seltener als jährlich realisiert.

[16] „Ein Risikoereignis mit der Eintrittswahrscheinlichkeit „alle drei Jahre" wird sich innerhalb von drei Jahren sicher realisieren und entspricht daher in dieser Periode der Wahrscheinlichkeit von 100 %; ein zweites Ereignis mit der Einschätzung „alle einhundert Jahre" entspricht [im Betrachtungszeitraum von 3 Jahren] dem Wert 3 %. Falls nun im Risikomanagementsystem ein Referenzzeitraum von einem Jahr festgelegt ist, so entspricht das erste Ereignis einer Eintrittswahrscheinlichkeit von ca. 33 % bzw. das zweite Ereignis dem Wert 1 %. Dieser Beispielfall unterstellt mangels anderer Erkenntnisse implizit eine Gleichverteilung der Wahrscheinlichkeit über den Referenzzeitraum und kann qualitativ verbessert werden, wenn etwa zusätzliche Erkenntnisse vorliegen. Bei technischen Verschleißprozessen mag es realistischer sein, statt einer Gleichverteilung eine am zeitlichen Materialverschleiß- bzw. an der Betriebs-/Nutzungszeit ausgerichtete Verteilungsfunktion zu nutzen, in welcher dann zwar ebenfalls 100 % pro 100 Jahren gilt, aber in den ersten 80 Jahren bspw. nur 2 % der Wahrscheinlichkeitsmasse liegen und die restlichen 98 % erst auf die restlichen zwanzig Folgejahre verteilt sind" (Ebersoll und Stork 2023, S. 637).

$$I_{Hki} = I_{Hki}\left(I1_{Hki}, I2_{Hki}\right)$$

Beide Ausprägungen können auch unterschiedliche Dimensionen tragen, also z. B. könnten Risikoauswirkungen I2 in monetären Größen gemessen werden, während I1 die Anzahl und Intensität von Betroffenen oder Rechtsverstößen benennt. Hierzu später mehr.

Obwohl alle diese Typen von Auswirkung (d. h. für alle Risikotypen k und gleichzeitig für alle Lieferverpflichtungen i) prinzipiell existieren, muss sich in der späteren Operationalisierung noch zeigen, ob diese auch auf diesem Detailierungsgrad gemessen werden können oder stattdessen Messungen auf höherer, aggregierter Ebene notwendig sind.

Ähnlich wie bei den Eintrittswahrscheinlichkeiten gilt auch für die potenziellen Auswirkungen, dass sich diese keinesfalls zwingend immer in einer vorab bestimmbaren Höhe ergeben. Vielmehr können diese variieren und sollten daher besser in Form von statistischen Verteilungsfunktionen oder zumindest Bandbreiten beschrieben werden. Wo entsprechende Informationen nicht bekannt sind, stellt die Punktschätzung eines typischen Wertes allerdings eine robuste und praxistaugliche Alternative dar.

Für die spätere Operationalisierung wird grundsätzlich eine risikokonservative Herangehensweise empfohlen, welche darauf abzielt in Zweifelsfällen eher geringfügig überschätzte als unterschätzte Risikowerte auszuweisen. Zuweilen kann dies sogar dazu führen, dass die Methodik für Einzelfälle bestimmte Risikopotentiale ausweist, welche in der Realität nicht oder nicht derart intensiv vorhanden sind. Es werden also bewusst Fehler der zweiten Art in Kauf genommen, während Fehler der ersten Art weitestmöglich vermieden werden sollen.[17] Die Begründung ergibt sich aus der Motivation des Gesetzgebers für die Implementierung des LkSG, welche vornehmlich auf den Schutz bestimmter Rechtspositionen und Individuen abzielt, während die hierfür erforderlichen ökonomische Aufwände den betroffenen Unternehmen zugewiesen werden.

Ganz konkret sind daher in solchen Situationen, in denen keine ausreichenden oder nur unsichere Daten vorliegen, die möglichen Unsicherheitsgrade immer so auszulegen, dass mangels besserer Erkenntnisse zunächst der schlechtestmögliche Wert unterstellt wird. Diese (meist anfänglichen) Unsicherheiten im Rahmen der initialen Risikoabschätzung können natürlich im Rahmen von späteren Einzelfallprüfungen durch besser validierte und plausibler erscheinende Werte ersetzt werden.[18]

---

[17] Vgl. zu beiden Fehlerarten (Fahrmeir et al. 2001, S. 405). Im vorliegenden Fall wird die Nullhypothese „es läge ein Risiko vor“ beibehalten, obwohl dies nicht zutrifft.

[18] Siehe in diesem Zusammenhang auch (Gleißner 2023, S. 264): „Als Fazit ist also festzuhalten, dass Unsicherheiten über den Umfang eines Risikos und Defizite bei der verfügbaren Datengrundlage zur Risikoquantifizierung selbst im Entscheidungskalkül zu erfassen sind. Eine schlechte Datenqualität wirkt selbst risikoerhöhend. Weder Unsicherheit über die Höhe des Risikos (einer Wahrscheinlichkeitsverteilung) noch schlechte Daten sind jedoch ein Argument, auf eine Risikoquantifizierung zu verzichten.“

Es könnten im Einzelfall Argumente gefunden werden, dass die Verknüpfung eines Wahrscheinlichkeitsmaßes mit einem Faktor für die Größenordnung der Auswirkungen zu einer Verwässerung der gewünschten Risikoaussage führt, wenn z. B. große Wahrscheinlichkeiten in kleinen Wirkungsbereichen vorliegen oder umgekehrt. Schließlich sollen durch das LkSG bzw. die darin genannten Rechtspositionen auch einzelne Individuen vor derartigen Regelverstößen geschützt werden und die Schutzwirkung soll nicht erst dann eintreten, wenn eine bestimmte Größenordnung von potenziell Betroffenen überschritten wird. Daher wird neben Betrachtungen des Produkts aus p und I1 immer auch eine Einzelbetrachtung von I1 empfohlen.

2.7.1 Risikoauswirkungen auf die von den Rechtspositionen zu schützenden Individuen (I1)

Die Absätze 2 und 3 des § 2 definieren fast wortgleich: „Ein … Risiko im Sinne dieses Gesetzes ist ein Zustand, bei dem aufgrund tatsächlicher Umstände mit hinreichender Wahrscheinlichkeit ein Verstoß gegen eines der folgenden Verbote droht …“

Hiermit wird zunächst unabhängig von potenziellen Risikoauswirkungen an den Regelverstoß als solchen angeknüpft, welcher zunächst unabhängig von der Anzahl der Betroffenen[19] gedacht werden kann. Würde nun für jedes der Risiken lediglich der reine Regelverstoß als relevante Risikofolge angesehen, so ließe sich argumentieren, dass die Messung der Wahrscheinlichkeit eines Regelverstoßes für die hier verfolgten Zwecke ausreicht.

Gleichzeitig fordert jedoch § 3 Abs. 2 Ziffer 3 ausdrücklich die Berücksichtigung von Risikoauswirkungen zum Zwecke der Risikogewichtung und -priorisierung und beschränkt sich dabei nicht auf den Regelverstoß als solchen, sondern bezieht explizit dessen Folgenschwere für die betroffenen Individuen und ihre natürliche Umwelt ein.

Für die Abschätzung von I1 sind daher Betrachtungen erforderlich, welche an die Menge, Intensität, Dauer, Häufigkeit und Reversibilität der Folgen von Rechtsverstößen anknüpfen können.

Zur Beurteilung der Intensität kann etwa die Anzahl betroffener Individuen herangezogen werden und die Frage, wie schwer die entsprechenden Risikofolgen deren bisherigen Zustand verschlechtern. Die Dauer der Auswirkungen kann in Zeiteinheiten gemessen werden, und sie endet naturgemäß dann, wenn die Einschränkungen beseitigt wurden.

Auf Basis dieser Ausführungen könnte an Indikatoren gedacht werden wie beispielsweise die Mitarbeiteranzahl des Lieferanten, um etwa im Sinne der Risiken H1 bis H8 abzuschätzen, welche Personenzahl betroffen ist. Bei Risiken wie H9 bis H12 oder auch E1 bis E8 können die potenziellen Risikoauswirkungen leicht über den Kreis der Mitarbeiter („employees“, Emp) hinausgehen und auch die Wohnbevölkerung im Umkreis betreffen. Je nach Art und Intensität des materialisierten Risikos müssen hier unter Umständen un-

[19] Für diese Anzahl gilt sinnvollerweise eine Mindestgröße 1.

terschiedlich große Areale und deren Wohnbevölkerung („residential population", RP) rund um das Zentrum der Risikomaterialisierung einbezogen werden. Wenn beispielsweise konzentrische Kreise verschiedener Radien von 5, 10 und 20 km als räumlicher Auswirkungsbereich angesehen werden, so lässt sich die dort ansässige Wohnbevölkerung über die Wohnbevölkerungsdichte (RPD) grob abschätzen.[20]

$$RP_5 = \pi \cdot 5^2 \cdot RPD$$

$$RP_{10} = \pi \cdot 10^2 \cdot RPD$$

$$RP_{20} = \pi \cdot 20^2 \cdot RPD$$

Die typischerweise mit zunehmender Entfernung vom Zentrum der potenziellen Risikomaterialisierung abnehmende Auswirkungsintensität, lässt sich über entsprechende Intensitätsfaktoren w_{RP} berücksichtigen, welche z. B. 100 % der Bevölkerung im Umkreis von 5 km, 30 % der Bevölkerung im Umkreis von 10 km und 10 % im Umkreis von 20 km betragen könnte. Demzufolge wäre $w_{RP5} = 1$, $w_{RP10} = 0{,}3$ und $w_{RP20} = 0{,}1$. Derartige Radien und Intensitätsfaktoren können risikospezifisch definiert werden. Abb. 2.3 veranschaulicht das Konzept in graphischer Form, wobei die Faktoren w_{WB} horizontal abgetragen wurden.[21]

Als Grundlage für die Ermittlung derartiger Zahlen bietet sich die durchschnittliche Bevölkerungsdichte (RPD) im jeweiligen Land an. Insbesondere bei (Stadt-)Staaten mit geringer Fläche können sich rein rechnerisch Werte innerhalb des definierten Kreises ergeben, welche über der Gesamtbevölkerungszahl des jeweiligen Landes liegen (z. B. $RP_{10} > RP_{country}$). Dies kann in gewissem Maße im Sinne der Indikatoreigenschaft als unkritisch angesehen werden, wenn z. B. bei kleinen (Stadt-)Staaten berücksichtigt werden soll, dass die Auswirkungen einer möglichen Risikomaterialisierung auch die Bevölkerung der umliegenden Nachbarstaaten betreffen können. Ist dies in bestimmten Konstellationen ganz oder zumindest zum Teil unerwünscht, können die rechnerischen Werte auf die Gesamtbevölkerung des Landes (oder ein zu definierendes Vielfaches) als Obergrenze gekappt werden. Unter der Annahme, dass die Bevölkerungsdichte um einen Ballungsraum mit zunehmender Entfernung vom Zentrum (auch internationale Grenzen überschreitend) typischerweise abnimmt, unterstellen wir vereinfachend für solche Ballungsräume, welche gleichzeitig als Staaten anerkannt sind und daher eine vergleichsweise hohe Bevölkerungsdichte aufweisen, dass hier eine Kappung des Rechenwertes auf das X-fache der Gesamtbevölkerung des Staates erfolgt. Hierbei muss $X \geq 1$ gelten, wobei sich der Anteil (X-1) der Auswirkungen sich immer auf die Möglichkeit grenzüberschreitender Risikoauswirkungen bezieht. Wir symbolisieren modifizierte RP-Zahlen mit einem Hochkomma am Symbol RP:

[20] Zur Verbesserung der Lesbarkeit werden die RP_x-Gleichungen oben ohne Dimensionen angegeben. Die dimensionsbehaftete Form lautet z. B.: $RP_5[Pers] = \pi \cdot 5^2[km^2] \cdot RPD[Pers/km^2]$.

[21] Bei entsprechendem Bedarf ließe sich dieses Modell verfeinern, indem anstatt von Kreisen mit fixen Radien eine mehrdimensionale Funktion in Form einer „Glocke" angewendet wird.

Abb. 2.3 Approximation des räumlichen Risikoauswirkungsbereichs

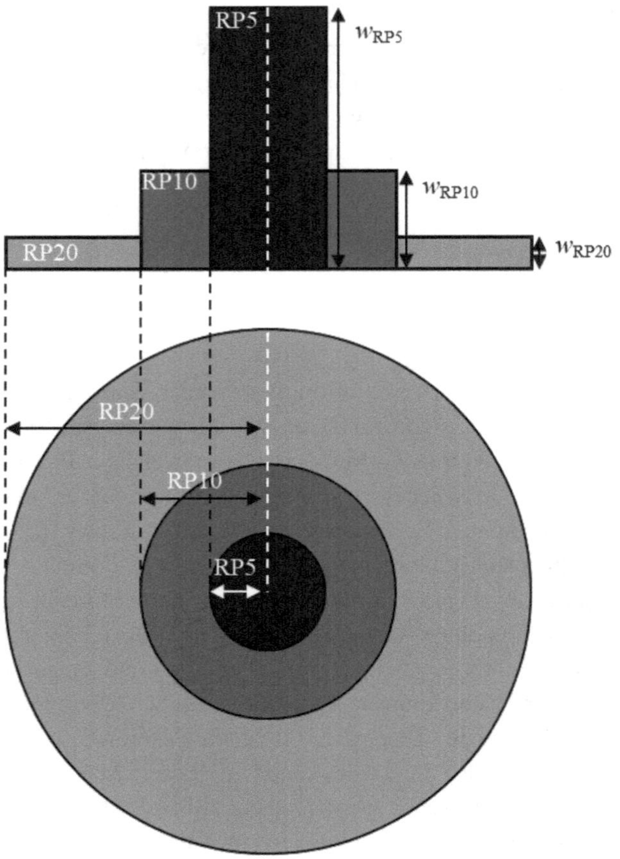

$$RP'_5 = \min\left(\pi \cdot 5^2 \cdot RPD; x \cdot RP_{country}\right)$$

$$RP'_{10} = \min\left(\pi \cdot 10^2 \cdot RP; x \cdot RP_{country}\right)$$

$$RP'_{20} = \min\left(\pi \cdot 20^2 \cdot RP; x \cdot RP_{country}\right)$$

Sofern für die unterschiedlichen Kreise die oben erwähnten Intensitätsfaktoren genutzt werden sollen, so ergäbe sich für ein nur 5 km ausstrahlendes Risiko:[22]

$$I1 = RP_5^{'}$$

[22] Es handelt sich hierbei lediglich um beispielhafte I1-Konstruktionen, welche der Verdeutlichung der RP-Effekte dienen. Im Rahmen der weiteren Betrachtung wird deutlich werden, dass je nach speziellem Risikoszenario auch andere und von weiteren Parametern abhängige I1-Konstruktionen sinnvoll sein können.

und für ein 20 km ausstrahlendes Risiko mit den beispielhaften Intensitätsfaktoren 1 für 5 km, 0,8 für 10 km und 0,6 für 20 km resultiert:

$$I1 = RP'_5 + 0{,}8 \cdot \left(RP'_{10} - RP'_5\right) + 0{,}6 \cdot \left(RP'_{20} - RP'_{10}\right)$$

2.7.2 Auswirkungen auf das Unternehmen (I2)

Wie bereits dargestellt, bestehen bei der Messung der Risikoauswirkung neben den in § 3 Abs. 2 Ziffer 3 angedeuteten Risikofolgen für betroffene Individuen (I1) auch potentielle Risikoauswirkungen für das Unternehmen (I2) selbst. Diese müssen insbesondere im Sinne des in § 91 AktG angesprochenen (Risiko-)Überwachungssystems berücksichtigt werden. Beide Aspekte können sich überlappen, was jedoch keineswegs zwingend der Fall ist, weil Auswirkungen auch auf (un-)mittelbare Zulieferer begrenzt sein können.

Die Operationalisierung von I2 erfolgt in einem separaten, späteren Kap. 5.

2.8 Skalenniveau

§ 5 Abs. 2 fordert eine angemessene Gewichtung und Priorisierung, woraus sich unmittelbar ableiten lässt, dass Risikopotentiale mindestens auf Ordinalskalenniveau gemessen werden müssen.[23] Mit anderen Worten: Die Analysemethode muss so gestaltet werden, dass die verschiedenen DO_i in Kombination mit den jeweiligen w_i voneinander unterschieden und in eine bestimmte Ordnung[24] gebracht werden können.

Darüber hinaus kann festgestellt werden, dass Messungen auf Intervall- oder Verhältnisskalenniveau eine ungleich höhere Aussagekraft aufweisen, was auch den geforderten Analysen, Gewichtungen und Priorisierungen entgegenkommt. Insofern sollten, wo möglich, diese höheren Skalenniveaus angestrebt werden.

Unabhängig vom LkSG muss das sonstige unternehmensinterne Risikomanagement im Sinne des § 91 Abs. 2 Aktiengesetz beachtet werden. Auch wenn § 3 Abs. 3 LkSG eine zivilrechtliche Haftung durch das LkSG ausschließt, bleiben die Bußgeldvorschriften des § 24 LkSG und eine Vielzahl anderer lieferkettenbezogener Risikomöglichkeiten offen, welche zu negativen oder gar bestandsgefährdenden Auswirkungen auf das betroffene Unternehmen führen können.

Diese Risikoszenarien könnten einzeln oder in Kombination zu Konstellationen führen, welche in den Worten des § 91 Abs. 2 Aktiengesetz als „... den Fortbestand der Gesellschaft gefährdende Entwicklungen ...“ zu bewerten sind.

---

[23] Siehe Abschn. 8.1.

[24] Dies muss nicht zwingend eine „strenge Ordnung“ im Sinne mathematischer Ordnungsrelationen sein, sondern es ist im mathematischen Sinne einer „(strengen) schwachen Ordnung“ explizit auch die Gleichwertigkeit von Elementen zugelassen.

Aus Sicht eines Unternehmens, d. h. einer auf kommerzielle Zwecke angelegten Organisation, betrifft dies insb. die Vermögens-, Finanz- und Ertragslage (VFE), weshalb es auch wenig überrascht, dass dies explizit in der Gesetzesbegründung erwähnt wird.[25] Ob sich eine nachteilige Beeinflussung der VFE-Lage letztlich tatsächlich existenzbedrohend auswirkt, hängt wesentlich von der Risikotragfähigkeit des Unternehmens ab. Diese zeigt sich im vorhandenen Eigenkapital sowie in finanziellen Mitteln in entsprechender Liquidität.[26] Spätestens hier sind verhältnisskalierte Messungen (oft auch in Geldeinheiten) erforderlich. Denn um bewerten zu können, ob ein Risiko geeignet ist, die VFE-Lage derart zu beeinflussen, ist es unerlässlich, die möglichen Auswirkungen in denselben Maßeinheiten zu messen, in denen auch die Vermögens-, Finanz- und Ertragslage abgebildet wird. Es ist also eine Quantifizierung in Geldeinheiten anzustreben. Oftmals ist dies unkritisch, da sich z. B. finanzielle Schäden unmittelbar in Geldeinheiten abschätzen lassen. Für andere Schadenskategorien, wie etwa Gesundheitsschäden, sind jedoch indirekte Ansätze, d. h. eine „Umrechnung" des erlittenen Schadens in Geldeinheiten erforderlich.

[25] Vgl. Bundestagsdrucksache 13/9712, S. 15, abrufbar unter folgendem Link (Stand: 19.03.2023): https://dserver.bundestag.de/btd/13/097/1309712.pdf.

[26] Nicht ohne Grund fokussieren Regelungen der Finanzbranche auf die Risikotragfähigkeit in Form der Unterlegung von (Einzel-) Risiken mit Eigenkapital.

Operationalisierungsansätze für Hk_i und Ek_i 3

Im Folgenden werden die vom LkSG geschützten Rechtspositionen skizziert und erste Möglichkeiten zur Operationalisierung aufgezeigt. Hierbei wird zunächst auf menschenrechtliche und dann auf umweltbezogene Risiken eingegangen. Wo immer möglich, werden hierbei in den Unterkapiteln und Variablennamen die Nummerierungen aus der Aufzählung des § 2 LkSG beibehalten, um Referenzen zu erleichtern.

Im vorangegangenen Kapitel wurde festgehalten, dass sich jede Lieferverpflichtung DO_i durch ihre wesentlichen[1] Eigenschaften charakterisieren lässt, welche in folgenden Kategorien abstrahiert werden: Lieferant von DO_i; Materialgruppe[2] von DO_i; Herkunfts- und Zielland von DO_i; Liefervolumen von DO_i.[3] Diese Kategorien dienen als Anknüpfungspunkte für die Operationalisierung der Größen p_{Hki}, $I1_{Hki}$ und später auch $I2_{Hki}$; (k = 1 bis 12).

Obwohl die Operationalisierung ausdrücklich auf der Ebene einzelner Lieferverpflichtungen DO_i ansetzt, können auf Basis dieser Kategorien auch DO_i-übergreifende, kategoriespezifische Risikoindikatoren herangezogen werden. Dies kann etwa für alle DO_i desselben Herkunftslandes gelten. Daher werden in Abschn. 3.1 zunächst einige Ge-

[1] Das Kriterium der Wesentlichkeit bezieht sich ausdrücklich auf die LkSG-Relevanz. Es geht also etwa nicht primär darum, ob mit Hilfe dieser Eigenschaften ein bestimmter physikalischer Zustand, ökonomische Werthaltigkeit oder andere Qualitätsmerkmale der Liefergegenstände identifiziert werden können.

[2] In einigen Abschnitten und Datentabellen wird die Warengruppe synonym als Materialgruppe oder Produktgruppe bezeichnet. Die genaue Herangehensweise wird an späterer Stelle erläutert.

[3] Hierbei wird zunächst der Zeitbezug (z. B. Lieferdatum) ausgeblendet, weil bei der weiteren Operationalisierung implizit unterstellt werden soll, dass sich alle Größen auf denselben Zeitraum (z. B. ein bestimmtes Geschäftsjahr) beziehen.

M. Ebersoll et al., *QuaRisk – Risikomanagement für Lieferketten neu gedacht*,
https://doi.org/10.1007/978-3-658-51439-6_3

danken zu kategoriespezifischen Risikoindikatoren dargelegt werden, wodurch sich die Effizienz des Ansatzes deutlich steigern lässt.

Abschn. 3.2 gibt einige methodische Hinweise, insbesondere auch was mögliche Modifikationen des Dateninputs betrifft, etwa um im Unternehmen vorliegendes Wissen zu nutzen.

Ziel des Abschn. 3.3 ist die Operationalisierung der menschenrechtlichen Risiken $H1_i$ bis $H12_i$, welche einer bestimmten Lieferverpflichtung DO_i im Sinne des LkSG potenziell anhaften. Hierzu ist jeweils die Bestimmung der Eintrittswahrscheinlichkeit p_{H1i} bis p_{H12i} sowie der Auswirkungskategorie $I1_{H1i}$ bis $I1_{H12i}$ erforderlich. Die Auswirkungskategorie I2 (mit $I2_{H1i}$ bis $I2_{H12i}$) wird aus Sicht des LkSG zunächst nicht gefordert und ist von ihrer Charakteristik auch anders als I1 zu bewerten. Ihre Messung wird daher auf ein späteres Kapitel verschoben.

Die obigen Ausführungen bezogen sich auf $H1_i$ bis $H12_i$. Sie gelten analog für die Risiken E1 bis E8 im Folgeabschnitt.

3.1 Kategoriespezifische Indikatoren

Die verschiedenen, i-vielen Lieferverpflichtungen wurden bisher vereinfacht als Tupel geschrieben, welches diese ohne dezidierte Reihenfolge auflistet. Jede so aufgelistete Lieferverpflichtung lässt sich durch bestimmte Eigenschaften charakterisieren, zu denen etwa folgende zählen: Lieferantenname, Rechtsform des Lieferanten, Produkt/Materialgruppe der zu liefernden Güter, Herkunftsland, Zielland, Liefermengen, Lieferpreise usw. Demzufolge können die Lieferverpflichtungen auch zwanglos anhand dieser Eigenschaften gruppiert werden; z. B. alle Lieferungen aus einem bestimmten Herkunftsland oder alle Lieferungen einer bestimmten Materialgruppe.

Wenn es gelingt, bestimmte dieser Eigenschaften hinsichtlich des enthaltenen Risikopotenzials abzuschätzen (nota bene: nicht das Risiko von DO_i, sondern die jeweilige Eigenschaft unabhängig von einzelnen DO_i), so wären diese Risikoindikatoren für die gesamte Menge aller DO_i gültig, welche dieser Gruppe angehören.

Dies lässt Effizienzpotenziale erwarten, weshalb in den folgenden Abschnitten entsprechende Konstellationen untersucht werden sollen.

3.1.1 Gedanken zu Länderindikatoren

Viele Risikofaktoren lassen sich mit dem lokal anwendbaren Rechtssystem in Verbindung bringen, welches

- auf legislativer Ebene entsprechende Schutzvorschriften implementiert haben kann (sei es per eigenständiger Initiative oder auf dem Weg der Ratifizierung internationaler Abkommen),

- aus Sicht der Exekutive die Durchsetzung der entsprechenden Regelungen durch öffentliche Verwaltung und andere Exekutivorgane unterstützt und
- aus Sicht der Judikative die Rechtsdurchsetzung betrifft.

Wenn die von § 2 LkSG als schützenswert definierten Rechtspositionen in das lokale Recht eines Landes übernommen wurden, so kann dies als schwaches, aber keineswegs hinreichendes Indiz für lokales Risikobewusstsein angesehen werden. Immerhin wird mit diesem Akt deutlich, dass die legislativ Verantwortlichen dieses Landes hinter den entsprechenden Schutzvorschriften stehen oder zumindest diesen Eindruck erwecken wollen. Unabhängig von der tatsächlichen Motivation und ihrer Intensität liegt dem eine Indikatoreigenschaft inne, da sich die legislativ Verantwortlichen hiermit innen- und außenpolitisch sowie juristisch exponieren und an entsprechender Kritik messen lassen müssen.

Ob damit eine reale Verringerung von Eintrittswahrscheinlichkeit oder Risikofolgen verbunden ist, kann nicht zweifelsfrei abgeleitet werden, da hierfür auch exekutive Elemente erforderlich sind. Auch ist nicht zwingend der Schluss zulässig, dass Staaten ohne entsprechende Schutzvorschriften für eine der Rechtspositionen zwingend ein erhöhtes Risiko aufweisen. Vielmehr könnte es sein, dass ein spezifisches Risiko vor dem Hintergrund der lokalen Gesellschaft, Kultur, Territorium, Wirtschaftssystem usw. schlicht keine Rolle spielt oder aber bereits so stark im kollektiven Bewusstsein verankert ist, dass keine zusätzlichen legislativen Initiativen erforderlich sind.

Schlussfolgerung: Das Vorhandensein entsprechender Rechtsvorschriften oder kollektiven Bewusstseins kann als Indikator herangezogen werden. Aufgrund der meist klar territorial abgegrenzten Geltungsbereiche solcher Regelungen, können so ermittelte legislative Indikatoren für alle Wirtschaftssubjekte und Wirtschaftsprozesse innerhalb der jeweiligen Jurisdiktion angewendet werden.

In der Risikoanalyse soll daher unter anderem berücksichtigt werden, in welchen Ländern die im LkSG referenzierten internationalen Abkommen ratifiziert wurden.

Im Rahmen der Operationalisierung werden daher für jedes der relevanten internationalen Abkommen einzelne Hilfsvariablen definiert, welche im Fall der erfolgten Ratifizierung den Zahlenwert eins zugewiesen bekommen und andernfalls den Zahlenwert null.

Zur Verfeinerung dieser Betrachtung könnte auch eine zeitliche Funktion unterstellt werden, mit Hilfe derer modelliert werden kann, dass sich lokale Umsetzungs- sowie kulturelle/gesellschaftliche Änderungsprozesse zuweilen langsamer vollziehen, als dies ein punktuelles Ratifizierungsdatum insinuiert. Zum Beispiel könnte eine Zeitfunktion in Form einer logistischen Funktion herangezogen werden, welche etwa über den typischen Lebenszeitraum einer Generation gelegt wird. Diese konstruieren wir so, dass über die ersten drei bis vier Jahre ein progressiv ansteigender Kurvenverlauf entsteht, welcher sich dann degressiv ansteigend fortsetzt und über die Folgejahre dem Maximalwert von 1 asymptotisch annähert.

In erster Näherung wird die folgende initiale Schätzung vorgeschlagen:

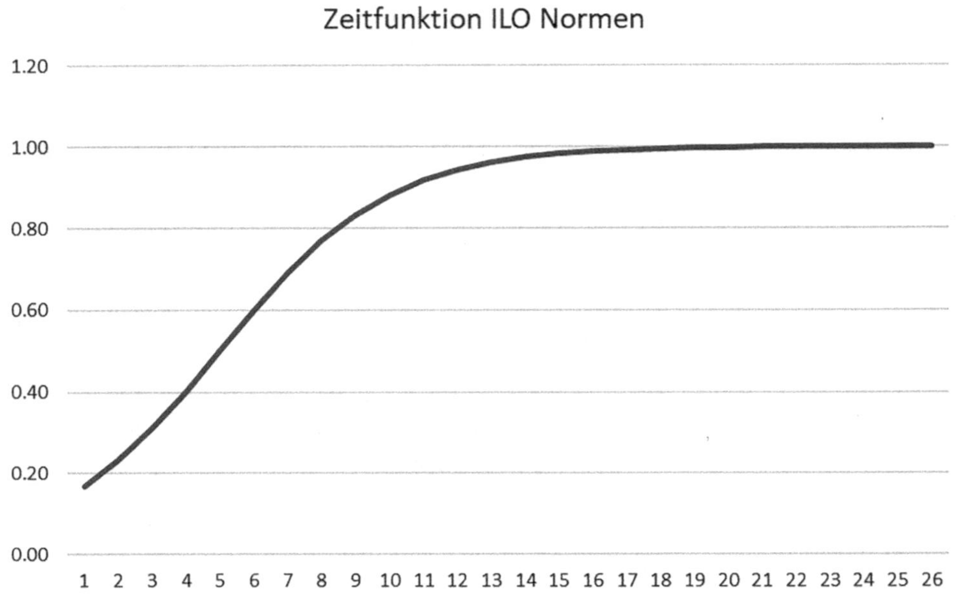

Abb. 3.1 Zeitfunktion für ILO-Normen

$f\left(Y\right)=1-\frac{1}{1+e^{-0,4\cdot(4-Y)}}$, wobei Y die seit dem Ratifizierungsdatum verstrichenen Kalenderjahre zählt. Dieser beispielhafte Kurvenverlauf wird in Abb. 3.1 gezeigt.

Für jedes der relevanten internationalen Abkommen besteht bei fehlender Ratifizierung noch die Möglichkeit, dass das jeweilige Land auf anderem Weg einen vergleichbaren Regelungsinhalt implementiert hat. Solche alternativen Regelungen werden im Folgenden mit „AltR" abgekürzt. Da in den seltensten Fällen eine einhundertprozentig deckungsgleiche lokale Rechtsvorschrift zu finden sein dürfte (was der Ratifizierung gleichkäme), sollte dieser Datenpunkt statt den Ausprägungen „ja/nein" als quantitative Variable angelegt werden, welche den Grad an Überschneidung abschätzt. Sofern ein Staat das internationale Übereinkommen ratifiziert hat, nimmt diese Maßzahl den Wert 1 (oder 100 %) an. Sofern sich im lokalen Recht des Staates keine vergleichbaren Regelungen finden lassen, resultiert der Wert 0 (oder 0 %). Partielle Überschneidungen werden durch entsprechende Werte zwischen 0 und 1 abgeschätzt. Für eine initiale Analyse mag es zudem ausreichend sein, wenn dies nicht als prozentgenaue Punktschätzung erfolgt, sondern die Überschneidungen der Regelungen des jeweiligen Landes in einen vorab definierten Wertebereich eingeordnet wird. Diese Wertebereiche bzw. Intervalle könnten sein: [0 bis 1/3],]1/3 bis 2,3[sowie [2/3 bis 1]. Im Sinne eines risikokonservativen Vorgehens sollte ein Land in Zweifels- und Grenzfällen dem niedrigeren Intervall zugeordnet werden bzw. bei mangelnden Erkenntnissen dem niedrigsten Intervall.

Allein aufgrund einer erfolgten Ratifizierung (oder Verabschiedung alternativer Regelungen) sind jedoch noch keine hinreichend verlässlichen Aussagen über eine wirksame Implementierung der jeweiligen Schutzvorschriften in den jeweiligen Nationalstaaten möglich. Dies ist lediglich als wichtiger erster Schritt zu interpretieren, welcher zusätzlich durch die jeweilige lokale Exekutive und Judikative abgesichert werden muss.

Sofern im Folgenden auf Ratifizierungen internationaler Übereinkommen oder alternative rechtliche Regelungen zurückgegriffen wird, sollte die Operationalisierung zusätzlich auch um Informationen ergänzt werden, welche die jeweilige lokale Rechtsstaatlichkeit, Umsetzungspraxis, Rechtsprechung widerspiegeln. Soweit in den unten beschriebenen Einzelfällen keine spezifischeren Datenquellen gefunden werden, bietet sich hierfür der Indikator „Rule of Law" an, welcher regelmäßig von der Weltbank veröffentlicht wird. „The indicator Rule of Law (RL) is capturing perceptions of the extent to which agents have confidence in and abide by the rules of society, and in particular the quality of contract enforcement, property rights, the police, and the courts, as well as the likelihood of crime and violence."[4]

3.1.2 Materialgruppenspezifische Risiken und Indikatoren

Neben länderspezifischen Determinanten der Risiken, resultieren andere Risiken aus den Charakteristika der gelieferten Waren/Materialen. Beispielsweise können bestimmte Risiken im Zusammenhang mit gesundheitsschädlichem Quecksilber nur bei Waren/Materialen auftreten, welche direkt als Bestandteil oder indirekt über ihren Herstellungsprozess Quecksilber beinhalten. Ganz allgemein kann die Zugehörigkeit zu einer bestimmten Material- oder Warengruppe als Indikator für erhöhte oder geringere Risikoeintrittswahrscheinlichkeit angesehen werden.

Als Grundlage wird das „Harmonized Commodity Description and Coding System" (HS) der World Customs Organization vorgeschlagen, da dieses von vielen Wirtschaftsteilnehmern ohnehin im Rahmen der Handels- und Zollabwicklung genutzt wird und sich die einzelnen DO_i daher in dieses System einordnen lassen.[5] Das HS unterscheidet einundzwanzig „Sections", welche in ca. einhundert „chapter" und diese wiederum in „headings" und „sub-headings" untergliedert sind. Soweit im Folgenden nichts anderes erwähnt wird, werden wir die Ebene der „chapter" nutzen, welche bereits eine sehr ausdifferenzierte Klassifizierung der DO_i zulässt. Sollte sich aus Sicht der jeweiligen Risikoindikatoren für

[4] Daniel Kaufmann et al.: Governance Matters VIII: Aggregate and Individual Governance Indicators 1996–2008, The World Bank, June 2009.

[5] Vgl. https://www.wcoomd.org/en/topics/nomenclature/overview/what-is-the-harmonized-system.aspx, 26.09.2023. Alternativ kämen auch andere Klassifikationen in Frage: „The United Nations Standard Products and Services Code (UNSPSC), managed by GS1 US for the UN Development Programme (UNDP), is an open, global, multi-sector standard for efficient, accurate classification of products and services." https://www.unspsc.org/, 15.09.2023.

Tab. 3.1 Beispielhafte CH- und CE-Kombinationen

Chapter	Bezeichnung	H1	H2		E8
1	Live animals	C1H1	C1H2	…	C1E8
2	Meat and edible meat offal	C2H1	C2H2	…	C2E8
3	Fish and crustaceans, molluscs and other aquatic invertebrates	C3H1	C3H2	…	C3E8
…	…	…	…	…	…
97	Works of art, collectors' pieces and antiques	C97H1	C97H2	…	C97E8

einen Nutzer des Operationalisierungsansatzes herausstellen, dass eine detailliertere Klassifizierung notwendig erscheint, so kann diese Entscheidung zwanglos angepasst werden. Falls das vorteilhafter erscheint, kann anstatt des HS auch eine alternative Systematik genutzt werden. Beispielsweise ist das HS die Bezugssystematik für die sogenannte Kombinierte Nomenklatur (KN), bei der es sich um eine europäische Warensystematik für die Außenhandelsstatistik handelt, die eine noch tiefere Untergliederung des HS' vornimmt.[6] Darüber hinaus ist das HS über bestimmte Überleitungstabellen mit der zentralen Gütersystematik der Vereinten Nationen (CPC; „central product classification")[7] verbunden, welche sich wiederum auf die Europäische Güterklassifikation in Verbindung mit den Wirtschaftszweigen (CPA; „classification of products by activity")[8] überleiten lässt und damit auch in Bezug zum NACE steht (Nomenclature générale des Activités économiques dans les Communautés Européennes),[9] welches in einem späteren Abschnitt noch thematisiert werden wird.

Durch die Gegenüberstellung aller Chapter des HS mit allen H_k und E_k entsteht eine Matrix, deren Kreuzungspunkte mit der entsprechenden Buchstaben- und Zahlenkombination symbolisiert werden (siehe Tab. 3.1). Das Kürzel „C40H5" steht demnach für die Materialgruppe des Chapter 40, d. h. Kautschuk, im Zusammenhang mit Risiken im Bereich Arbeitsschutz (H5).

Diese Kürzel können als dimensionslose, quantitative Variablen angelegt werden, welche in einer geeigneten Art operationalisiert werden, die über die praktische Relevanz der jeweiligen Kombination informiert. Beispielsweise wäre C40E1 = 0 gleichbedeutend mit der Aussage, dass Kautschukprodukte (C40) kein Risiko enthalten, gegen das Verbot der Herstellung von mit Quecksilber versetzten Produkten zu verstoßen (E1). Dies kann im Rahmen der späteren Risikooperationalisierung einer Lieferverpflichtung DO_i genutzt werden, denn da jedem DO_i eine Materialgruppe zugeordnet ist, lassen sich aus der CH-

[6] Vgl. Eurostat 2008, S. 13 f.

[7] Vgl. https://unstats.un.org/unsd/classifications/Econ/Download/In%20Text/CPCprov_english.pdf, abgerufen am 20.12.2023.

[8] Vgl. https://eur-lex.europa.eu/legal-content/EN/TXT/?uri=CELEX:02008R0451-20190726, abgerufen am 20.12.2023.

[9] Vgl. Eurostat 2008.

Matrix[10] direkt die entsprechenden Kennwerte ablesen und als risikoerhöhender bzw. risikomitigierender Faktor in die Operationalisierung einfügen.

Dies sollte nur in solchen Fällen erfolgen, in denen ein entsprechender sachlicher, denklogischer Zusammenhang zwischen dem konkreten Risiko und den Materialgruppen der Lieferung vorliegt. Anderenfalls sollte die jeweilige CH-Variable nicht in die Operationalisierung aufgenommen werden.[11]

Meist dürfte sich jedoch nicht die Frage stellen, ob eine solche Korrelation vorliegt, sondern vielmehr wie stark diese ausgeprägt ist. In Zweifelsfällen bietet es sich an, die CH-Variable in die Operationalisierung aufzunehmen (z. B. als multiplikativ) und deren Werte initial mit einem „risikokonservativen" Wert (z. B. $CH \geq 0{,}8$) zu belegen. Dies führt dazu, dass auch solche CH-Kombinationen als riskant eingestuft werden, über die nur wenige oder keine Erkenntnisse vorliegen. Die Risikowerte dieses Teilrisikos bleiben also zunächst von CH beeinflusst, während die Anwender gleichzeitig die Möglichkeit haben, die CH-Werte später zu justieren oder gar zu neutralisieren, sobald entsprechende Erkenntnisse vorliegen. Im vorliegenden Modell wurden fragliche CH-Kombinationen risikokonservativ mit dem Wert 80 % belegt und dann in nachfolgend dargestellten Fällen entsprechend justiert. Hierbei wurde jedoch dem Grundgedanken gefolgt, dass selbst in sehr risikoarm anzusehenden CH-Kombinationen ein bestimmtes Restrisiko nie ganz ausgeschlossen werden kann, weshalb dort ein Minimumwert von 10 % genutzt wurde. Hiervon wurde lediglich dann abgewichen, wenn eine solche Kombination denklogisch ausgeschlossen werden kann.

Für einige CH-Kombinationen bietet die von der World Customs Organisation veröffentlichte Tabelle der „Correlation between the product coverage of selected international conventions and the harmonized system"[12] Ansatzpunkte zur Quantifizierung.[13] Dies gilt insbesondere für CxE4, CxE5, CxE6, CxE7, CxE8.

---

[10] Zur Vereinfachung der Symbolik werden im Folgenden Begriffe wie CH-Matrix, CH-Werte oder analoge Kombinationen genutzt und damit jeweils auch deren CE-Analogon gemeint, d. h. die Kombination eines Chapters des HS mit einem umweltbezogenen Risiko E.

[11] Dies wäre gleichbedeutend mit der Forderung, die CH-Werte zwar in die Operationalisierung aufzunehmen, jedoch in multiplikativen Zusammenhängen mit dem Wert 1 und in additiven Zusammenhängen mit dem Wert 0 zu belegen.

[12] Vgl. World Customs Organisation (2021).

[13] „The interconnection table document contains the correlations between the Harmonized System and selected international conventions as drawn by the World Customs Organization Secretariat in collaboration with the Secretariats of the organizations administering the conventions or agreements set out below, in accordance with instructions received from the Harmonized System Committee. Although the attached table was examined by the Harmonized System Committee, it is not to be regarded as reflecting classification decisions taken by that Committee; it constitutes a reference published by the WCO Secretariat for the purpose of facilitating the monitoring and control of certain products covered by other international conventions. The table is non-exhaustive and merely indicative and has no legal or official status." World Customs Organisation (2023): https://www.wcoomd.org/en/topics/nomenclature/instrument-and-tools/interconnection-table.aspx; 22.10.2023.

Im Rahmen der Operationalisierung der Risikogrößen, werden teils Datenquellen genutzt, welche auf bestimmten, vom HS abweichenden Material- und Produktklassifizierungen basieren. Als Beispiel sei die „List of Goods Produced by Child Labor or Forced Labor" genannt, welche diverse Materialgruppen aufzeigt, die in bestimmten Ländern mit Kinderarbeit in Verbindung gebracht werden können.[14] Die vom Bureau of International Labor Affairs genutzte Waren-/Materialklassifikation stimmt im Detail nicht mit jener der World Customs Organisation überein. Im Sinne einer konsistenten Anwendbarkeit des Modells müssen solche alternativen Klassifikationen in das HS überführt werden.

Die Zentrale Produktklassifikation (Central Product Classification; CPC) ist eine vollständige Produktklassifikation, die alle Waren und Dienstleistungen abdeckt.[15] Diese werden in zehn „Sections" mit insgesamt 99 „Divisions" unterteilt, welche weitere Untergliederungen enthalten können.[16] Die „Sections" 5 bis 9 und die davon umfassten „Divisions" 53 bis 99 stellen eine Möglichkeit zur Gliederung von Dienstleistungen zur Verfügung, welche analog zum HS genutzt werden sollen. Die oben beschriebene CH-Matrix (Chapter des HS und H als Symbol für ein Menschenrechtsrisiko) wird daher um diese „Divisions" verlängert; wobei im Sinne einer weniger komplexen Symbolik auch in diesen Fällen von CH-Kombinationen gesprochen werden soll und die CPC-H-Kombinationen jeweils mitgemeint sind.

3.1.3 Lieferantenspezifische Risiken und Indikatoren

Zusätzlich zu länderspezifischen und materialgruppenspezifischen Risikoindikatoren besteht prinzipiell auch die Möglichkeit lieferantenspezifischer Indikatoren, welche berücksichtigen können, dass sich ein bestimmter Lieferant durch besondere risikodeterminierende Eigenschaften auszeichnet. Dies könnten etwa Verfehlungen in der Vergangenheit sein oder auch bestimmte Sanktionen, welche sich auf diesen Lieferanten beziehen. Dies kann insbesondere in Branchen/Unternehmen notwendig sein, welche sich auf nur ein Produkt mit wenigen Vorprodukten spezialisiert haben. Beispiele hierfür sind die Veredelung von Naturprodukten oder Bodenschätzen, wie etwa Kaffee, Tee, Kohlenwasserstoffe oder Mineralien. Oft konzentrieren sich die Vorkommen solcher Rohstoffe oder Vorprodukte auf bestimmte Weltregionen, sodass für alle potenziellen Lieferanten eine weitgehend homogene Ausprägung der Länderindikatoren vorliegt. Darüber hinaus dürften die Lieferanten

[14] Vgl. Bureau of International Labor Affairs (2022).

[15] Vgl. United Nations (2015), S. iii. Die CPC dient als internationaler Standard für die Zusammenstellung und Tabellierung aller Arten von Daten, die Produktdetails erfordern, einschließlich Statistiken zur Industrieproduktion, zum inländischen und ausländischen Warenhandel, zum internationalen Dienstleistungshandel, zur Zahlungsbilanz, zu Verbrauchs- und Preisstatistiken und anderen Daten, die in den volkswirtschaftlichen Gesamtrechnungen verwendet werden. Sie bietet einen Rahmen für internationale Vergleiche und fördert die Harmonisierung verschiedener Arten von Statistiken im Zusammenhang mit Waren und Dienstleistungen.

[16] Vgl. United Nations (2015), S. 27 f.

weitestgehend homogene Produktionsprozesse anwenden, sodass auch die materialgruppenspezifischen Indikatoren nur geringe Differenzierungen aufweisen. In derartigen Konstellationen erlangen lieferantenspezifische Indikatoren daher eine besondere Bedeutung in der Gesamtmenge aller Indikatoren.

Hierbei muss streng darauf geachtet werden, dass die Trennung zu länder-, branchen- oder auch materialgruppenspezifischen Indikatoren erhalten bleibt, da ein und dieselbe Risikoursache sonst evtl. mehrfach berücksichtigt wird.

Im Folgenden werden einige Kriterien vorgeschlagen, welche zunächst einzeln bewertet werden können und anschließend zu einem Gesamtwert für den jeweiligen Lieferanten aggregiert werden. Sollte dies aus Sicht des anwendenden Unternehmens sinnvoll erscheinen, können zusätzliche Kriterien berücksichtigt und nichtzutreffende gestrichen werden.

Code of Conduct (CoC)

Unternehmen nutzen häufig sogenannte Codes of Conduct oder auch Supplier Codes of Conduct oder auch Verhaltenskodex für Lieferanten (nachfolgend CoC), um Verhaltensstandards und Erwartungen eines Unternehmens (bzw. des zuständigen Gesetzgebers) an seine Lieferanten festzulegen. CoCs dienen dazu, ethische und nachhaltige Praktiken in der gesamten Lieferkette sicherzustellen. Hiermit werden dem liefernden Unternehmen unbeachtet der jeweiligen gesellschaftlichen und rechtlichen Situation in dessen Herkunftsland etwa bestimmte Regeln aus den folgenden Themenfeldern auferlegt:

- Arbeitspraktiken und -standards (z. B. Einhaltung von Gesetzen gegen Kinderarbeit, Antidiskriminierungsmaßnahmen, Gesundheits- und Sicherheitsstandards, faire Arbeitsbedingungen, Vergütung, Vereinigungsfreiheit),
- Umweltpolitik (z. B. nachhaltiger Umgang mit Ressourcen, Reduzierung von Treibhausgasemissionen, Abfallminimierung),
- ethische Geschäftspraktiken (z. B. Antikorruptionsmaßnahmen, fairer Wettbewerb, Schutz geistigen Eigentums, Transparenz in der Geschäftsführung) und
- korrespondierende Dokumentationspflichten (z. B. Festlegung von Prozessen zur Überprüfung der Einhaltung, regelmäßige Audits und Bewertungen).

Über den CoC werden klare Erwartungen an den Lieferanten kommuniziert und dieser je nach Art und Verbindlichkeit der Implementierung des CoC auf die Einhaltung verpflichtet.

Für unsere Zwecke muss daher geprüft werden, ob das fragliche Unternehmen einen verbindlichen CoC in seiner Lieferkette implementiert hat und welche Inhalte darin geregelt sind. Insofern sich diese mit den Einzelrisiken des LkSG überschneiden, kann dem CoC eine Indikatoreigenschaft zugebilligt werden.

Wir definieren eine Variable CoC mit einem Subskript zur Identifikation des jeweiligen Lieferanten (SupplierID) und belegen diese mit folgenden numerischen Initialwerten:

1. $CoC_{SupplierID}$ = 1, wenn dieser Lieferant den CoC nicht unterschrieben hat,
2. $CoC_{SupplierID}$ = 0,7, wenn dieser Lieferant den CoC unterschrieben hat.[17]

Während der numerische Wert 1 im ersten Fall methodisch bedingt ist und damit unverändert bleiben sollte, besteht im zweiten Fall die Möglichkeit, den numerischen Wert zu variieren. Sollte etwa nur eine geringe Überlappung von CoC und den LkSG-Risiken bestehen, so muss der numerische Wert höher angesetzt werden, als wenn eine einhundertprozentige Übereinstimmung vorliegt. Selbst in letzterem Fall verbleibt jedoch das Risiko, ob die im CoC vereinbarten Regelungen auch nachhaltig umgesetzt werden, weshalb sich auch hier ein zu niedriger Wert nahe 0 verbietet. Wir empfehlen einen Initialwert von 0,7, welcher nur dann variiert werden sollte, wenn sich nach ersten Bewertungszyklen aufgrund sachlich begründeter Erkenntnisse ein Änderungsbedarf zeigt.

Audit (Aud)

Mittels Lieferantenaudits (d. h. systematischer Prozesse zur Überprüfung und Bewertung von Lieferanten) wird versucht, die tatsächlichen Verhältnisse vor Ort einzuschätzen und die Einhaltung der vereinbarten Regelungen zu prüfen. Derartige Lieferantenaudits können durch das Unternehmen selbst durchgeführt werden oder aber an entsprechende Dienstleister ausgelagert werden. Wesentlich ist, dass die Auditinhalte auch die LkSG-Risiken umfassen, da das Audit sonst keine signifikante Indikatoreigenschaft in unserem Sinne aufweist. Dennoch besteht auch in solchen Fällen die Möglichkeit von Zufallsfunden und weiterhin der Umstand, dass gelegentlich auch aus fachfremden Audits ein genereller Gesamteindruck geschlossen werden kann, welcher auch auf die Risikoneigung in nicht auditierten Bereichen schließen lässt.

Wir definieren eine Variable Aud mit einem Subskript zur Identifikation des jeweiligen Lieferanten (SupplierID) und belegen diese mit folgenden numerischen Initialwerten:

1. $Aud_{SupplierID}$ = 1, wenn kein Audit durchgeführt wurde,
2. $Aud_{SupplierID}$ = 0,5, wenn ein Audit durchgeführt wurde.

Während der numerische Wert 1 im ersten Fall methodisch bedingt ist und damit unverändert bleiben sollte, besteht im zweiten Fall die Möglichkeit, den numerischen Wert zu variieren. Sollte etwa nur eine geringe Überlappung von Auditinhalten und den LkSG-Risiken bestehen, so muss der numerische Wert höher angesetzt werden, als wenn eine einhundertprozentige Übereinstimmung vorliegt. Selbst in letzterem Fall verbleibt jedoch das Risiko, ob die Auditergebnisse aufgrund der oft angewandten Stichprobenmethodik ein vollständiges Bild liefern können, weshalb sich auch hier ein zu niedriger Wert nahe 0 verbietet. Wir empfehlen einen Initialwert von 0,5, welcher nur dann variiert werden sollte, wenn sich nach ersten Bewertungszyklen aufgrund sachlich begründeter Erkennt-

[17] Unter Umständen kann es als gleichwertig anerkannt werden, wenn der Lieferant über einen eigenen CoC mit vergleichbaren Inhalten verfügt.

nisse ein Änderungsbedarf zeigt. Dieser Initialwert liegt unterhalb des CoC-Initialwerts, da dem Audit eine größere Aussagekraft beigemessen wird.

Beschwerdeverfahren (§ 8 LkSG; BV)

Das Unternehmen muss gem. § 8 LkSG ein Beschwerdeverfahren einrichten, welches die Meldung von LkSG-Risiken und Verletzungen menschenrechtsbezogener oder umweltbezogener Pflichten ermöglicht. Auch wenn das Gesetz hier klar auf Risiken und Verletzungen referenziert, muss davon ausgegangen werden, dass neben substanziierten Meldungen auch solche eingehen, welche nach rechtsstaatlichen Maßstäben lediglich als Verdachtsfälle qualifiziert werden müssen oder gar missbräuchlich erfolgen.[18] Den eingehenden Meldungen kann dennoch eine gewisse Indikatoreigenschaft für unsere Zwecke zugesprochen werden, soweit sie sich auf einen bestimmten Lieferanten beziehen.

Wir definieren eine Variable BV mit einem Subskript zur Identifikation des jeweiligen Lieferanten (SupplierID) und belegen diese mit folgenden numerischen Initialwerten:

1. $BV_{SupplierID} = 1$, wenn keine Meldung zu diesem Lieferanten einging,
2. $BV_{SupplierID} = 1{,}3$, wenn solche Meldungen vorliegen.

Während der numerische Wert 1 im ersten Fall methodisch bedingt ist und damit unverändert bleiben sollte, besteht im zweiten Fall die Möglichkeit, den numerischen Wert zu variieren. Sollte sich etwa nur ein geringer (höherer) Anteil der Meldungen als berechtigt erweisen, so kann der numerische Wert niedriger (respektive niedriger aber ≥ 1) angesetzt werden. In diesem Zusammenhang muss berücksichtigt werden, dass § 7 LkSG das Unternehmen dazu verpflichtet, bei tatsächlich festgestellten Verletzungen von menschenrechtsbezogenen oder umweltbezogenen Pflichten unverzüglich angemessene Abhilfemaßnahmen zu ergreifen. Solche Feststellungen können auch auf dem Hinweisgebersystem nach § 8 LkSG basieren. Diese ergriffenen Abhilfemaßnahmen sollen später in die Indikatorgröße „Mit" einfließen und sind hinsichtlich des Grades der Substanziierung als höherwertig anzusehen, als ungefilterte Meldungen in Hinweisgebersystemen. Daher folgt, dass der entsprechende numerische Wert für Mit über dem von BV liegen sollte.

Abhilfe (§ 7 Abs. 4 LkSG; Mit)

Abhilfemaßnahmen nach § 7 LkSG beziehen sich auf konkret festgestellte Verletzungen menschenrechtlicher oder umweltbezogener Pflichten, welche bereits eingetreten sind oder unmittelbar bevorstehen. In diese Gruppe fließen u. U. auch Sachverhalte ein, welche

[18] Der nicht auf LkSG-Aspekte fokussierte EQS Whistleblowing Report zeigt, dass in Hinweisgebersystemen ca. zehn Prozent missbräuchliche Meldungen eingingen, inkl. nicht wahrheitsgemäßer oder verleumderische Informationen. Der Anteil relevanter Meldungen lag bei ca. 44 %. Es kann davon ausgegangen werden, dass der Anteil tatsächlich erwiesener Vergehen darunter liegt, insbesondere wenn nur die nach rechtsstaatlichen Maßstäben ausermittelten Sachverhalten berücksichtigt werden. Vgl. Anger (2021).

etwa bei Audits oder im Rahmen von Hinweisgebersystemen identifiziert wurden. Ebenso wie bei den oben bereits dargestellten lieferantenspezifischen Größen kann auch hier davon ausgegangen werden, dass in der Vergangenheit initiierte Abhilfemaßnahmen eine Indikatoreigenschaft für die Einschätzung des aktuellen oder zukünftigen Risikos besitzt.

Wir definieren eine Variable Mit mit einem Subskript zur Identifikation des jeweiligen Lieferanten (SupplierID) und belegen diese mit folgenden numerischen Initialwerten:

1. $Mit_{SupplierID} = 1$, wenn bei diesem Lieferanten keine Abhilfemaßnahme notwendig waren,
2. $Mit_{SupplierID} = 1{,}5$, wenn solche Abhilfemaßnahmen aufgrund kritischer Vorkommnisse ergriffen werden mussten.

Während der numerische Wert 1 im ersten Fall methodisch bedingt ist und damit unverändert bleiben sollte, besteht im zweiten Fall die Möglichkeit, den numerischen Wert zu variieren. In diesem Zusammenhang muss berücksichtigt werden, dass § 7 LkSG das Unternehmen dazu verpflichtet, bei tatsächlich festgestellten Verletzungen von menschenrechtsbezogenen oder umweltbezogenen Pflichten unverzüglich angemessene Abhilfemaßnahmen zu ergreifen. Solche Feststellungen können auch auf dem Hinweisgebersystem nach § 8 LkSG basieren.[19] Abhilfemaßnahmen stehen mit konkreten, substanziierten Vergehen in Zusammenhang, was für eingegebene Hinweise nicht zwingend gilt. Der numerische Wert im zweiten Fall muss daher zum Erhalt der inneren Logik typischerweise höher sein als im zweiten Fall von BV. Im unwahrscheinlichen aber theoretisch denkbaren Extremfall eines Hinweisgebersystems mit ausschließlich substanziierten Meldungen können beide Werte gleichgesetzt werden; gleichzeitig dürften BV und Mit dann aber nicht mehr als unabhängige Indikatoren angesehen werden.

Sobald dem Unternehmen plausible Kenntnisse über die Wirksamkeit der ergriffenen Abhilfemaßnahmen vorliegen, kann der oben vorgeschlagene Zahlenwert für den betroffenen Lieferanten angemessen reduziert werden. Dies gilt entsprechend für die im folgenden Abschnitt beschriebenen Präventionsmaßnahmen.

Prävention (§ 6 LkSG; Prev)

Präventionsmaßnahmen werden gem. § 6 LkSG durch hohe Risikoassessments ausgelöst und stehen nicht mit konkreten Fällen oder Verdachtsfällen oder Beschwerden in Verbindung. Der Wert (in dem oben immer als 2. Fall bezeichneten Szenario) sollte daher gerin-

[19] Wenn der Lieferant eine solche Abhilfemaßnahme ergreifen musste, dann also deshalb, weil sich zuvor ein Risiko materialisiert hat (oder unmittelbar bevorstand). Wir haben also in solchen Fällen die (fast vollständig) gesicherte Erkenntnis, dass das Risiko sehr hoch war und – bis die Abhilfemaßnahmen erfolgreich greifen – weiterhin hoch bleibt. Solange über die Wirksamkeit der Abhilfemaßnahmen keine Kenntnisse vorliegen, sollten diese Umstände, dem risikokonservativen Ansatz folgend, weiterhin als „riskant" eingestuft und ein Zahlenwert über 1 vergeben werden. Liegen entsprechende Kenntnisse vor, können diese dokumentiert und auf dieser Basis der Vorschlagswert für diesen Lieferanten modifiziert werden.

ger sein als der numerische Wert der Größen Mit (Abhilfemaßnahmen) und BV (Beschwerdeverfahren).

Gleichzeitig müssen Zirkelschlüsse oder störende, selbstverstärkende Effekte vermieden werden, welche dadurch entstehen, dass beispielsweise länderspezifische oder materialgruppenspezifische Risikofaktoren zu einer Risikobewertung der hiermit befassten Lieferanten führen (dies entspricht einem erhöhten Risikoassessment im Sinne von § 6), welche dann gleichzeitig und allein auf dieser Grundlage nochmals über eine risikoerhöhende Berücksichtigung im Rahmen der lieferantenspezifischen Indikatoren Einfluss nehmen. Wenn Präventionsmaßnahmen als Indikator berücksichtigt werden sollen, dann können solche inkonsistenten Effekte durch eine strikte Periodenabgrenzung reduziert werden. In der Vorperiode ergriffene Präventionsmaßnahmen könnten so in der Folgeperiode als Indikator berücksichtigt werden. Lieferanten mit hoher Risikobewertung im vorherigen Bewertungszyklus sollen also auch in der Folgeperiode mit der Hypothek einer erhöhten Risikoannahme berücksichtigt werden.[20] Der Indikator kommt daher hauptsächlich dann zum Tragen, wenn sich die Risikoeinschätzung zwischen zwei Perioden signifikant verbessert und fügt der aktuellen Betrachtungsperiode damit ein Element der Skepsis gegenüber dieser abrupten Änderung hinzu.

Wir definieren eine Variable Prev mit einem Subskript zur Identifikation des jeweiligen Lieferanten (SupplierID) und belegen diese mit folgenden numerischen Initialwerten:

1. $Prev_{SupplierID} = 1$, wenn bei diesem Lieferanten keine Abhilfemaßnahmen notwendig waren,
2. $Prev_{SupplierID} = 1{,}1$, wenn solche Abhilfemaßnahmen ergriffen werden mussten.

Während der numerische Wert 1 im ersten Fall methodisch bedingt ist und damit unverändert bleiben sollte, besteht im zweiten Fall die Möglichkeit, den numerischen Wert zu variieren. In diesem Zusammenhang muss berücksichtigt werden, dass der Ausgangspunkt unserer Überlegungen in einem erhöhten Risikoassessment lag, welches allein aufgrund der konsistenten und schematischen Anwendung einer Bewertungsmethodik zustande kommen kann. Dies kann auch ohne zusätzliche empirische Befunde aus den Indikatoren BV, Mit erfolgen, welche im Gegensatz zu Prev voraussetzen, dass unabhängige Dritte zumindest eine Verdachtsmeldung vornehmen (BV) oder derart substanziieren, dass mit Abhilfemaßnahmen reagiert wird (Mit). Daher folgern wir für die hier jeweils als 2. Fall geschilderte Konstellation: $Prev \leq BV \leq Mit$. Dieser Logik folgen auch die obigen Initialwerte.

[20] Sobald dem Unternehmen plausible Kenntnisse über die Wirksamkeit der ergriffenen Präventionsmaßnahmen vorliegen, kann der vorgeschlagene Zahlenwert für den betroffenen Lieferanten angemessen reduziert werden.

Additional Supplier Information (Add-I) & Subjective Assessment (Subj-A)
Über die bereits erläuterten Indikatoren hinaus liegen in manchen Unternehmen möglicherweise weitere Informationen vor, welche sich als Risikoindikator eignen. Dies können strukturierte Datensätze sein, welche für Teile oder die gesamte Lieferkette vorliegen oder aber auch nur subjektive Einschätzungen, welche Unternehmensangehörige aufgrund ihrer beruflichen Tätigkeit und Kontakte mit bestimmten Lieferanten gewinnen.[21] Dies können weiterhin etwa bestimmte Zertifizierungen oder Selbstverpflichtungen auf in bestimmten Branchen oder Produktionsmethoden übliche Standards sein.

Soweit diesen Informationen eine Indikatoreigenschaft zugeschrieben werden kann, wäre es natürlich hilfreich, diese in die Risikobewertung einzubeziehen. Gleichzeitig muss insbesondere bei subjektiven Einschätzungen mit Bedacht vorgegangen werden und diese zumindest soweit plausibilisiert werden, dass sie auch von unbeteiligten Dritten nachvollzogen werden können. Wir trennen beide Aspekte daher auch in zwei Indikatorgrößen.

Wir definieren für in strukturierter und weitestgehend objektiver Form vorliegende Zusatzinformationen zu den Lieferanten eine Variable Add-I mit einem Subskript zur Identifikation des jeweiligen Lieferanten (SupplierID) und belegen diese mit folgenden numerischen Initialwerten:

1. $\text{Add-I}_{\text{SupplierID}} = 1$, wenn keine zusätzlichen Informationen vorliegen,
2. $\text{Add-I}_{\text{SupplierID}}$ = ein Wert im Bereich von 0,2 bis 1, wenn die zusätzlichen Informationen auf ein verringertes Risiko hindeuten,
3. $\text{Add-I}_{\text{SupplierID}}$ = ein Wert im Bereich von 1 bis 1,8, wenn die zusätzlichen Informationen auf ein erhöhtes Risiko hindeuten,

Wir definieren weiterhin für eher subjektiv geprägte Lieferanteneinschätzungen eine Variable Subj-A mit einem Subskript zur Identifikation des jeweiligen Lieferanten (SupplierID) und belegen diese mit folgenden numerischen Initialwerten:

1. $\text{Subj-A}_{\text{SupplierID}} = 1$, wenn keine zusätzlichen Informationen vorliegen,
2. $\text{Subj-A}_{\text{SupplierID}}$ = ein Wert im Bereich von 0,2 bis 1, wenn die zusätzlichen Informationen auf ein verringertes Risiko hindeuten,
3. $\text{Subj-A}_{\text{SupplierID}}$ = ein Wert im Bereich von 1 bis 1,8, wenn die zusätzlichen Informationen auf ein erhöhtes Risiko hindeuten,

Für beide Indikatorgrößen gilt, dass die Charakteristik der hierüber einbezogenen Informationen kritisch geprüft und dann mit einem numerischen Wert belegt werden muss, welcher im Gesamtzusammenhang aller Indikatoren eine angemessene und das Ergebnis

[21] Eine gute Quelle von Informationen könnte auch ein spezifisches Kooperationscontrolling sein, das auch weiche Faktoren wie Wertvorstellungen und Beziehungsqualität erfasst. Vgl. hierzu Weber et al. (2004) und Hirsch und Meyer (2010).

nicht ungerechtfertigt verzerrende Risikoabschätzung erlaubt. Dies sollte transparent hergeleitet und insbesondere im Fall von Subj-A auch nachvollziehbar begründet werden. Es empfiehlt sich, diese Indikatorgrößen nur sehr spärlich einzusetzen und im Zweifel zunächst numerische Ausprägungen nahe von eins zu nutzen, welche dann über mehrere Iterationsschleifen justiert werden können.

Im hier vorgeschlagenen Standardmodell werden beide Größen zunächst mit dem Wert eins belegt.

Aggregation

Der Wert zur (vermuteten) Lieferantenverlässlichkeit soll im Folgenden mit SR (Supplier Rating) symbolisiert und auf Basis eines gewichteten Mittelwerts ermittelt werden.

$$SR_{SupplierID} = \frac{1}{w_{CoC} + w_{Aud} + w_{BV} + w_{Prev} + w_{Mit} + w_{Add-I} + w_{Subj-A}} \cdot$$

$\cdot(w_{CoC} \cdot CoC_{SupplierID} + w_{Aud} \cdot Aud_{SupplierID} + w_{BV} \cdot BV_{SupplierID} + w_{Prev} \cdot Prev_{SupplierID} ++w_{Mit} \cdot Mit\text{-}_{SupplierID} + w_{Add\_I} \cdot Add\text{-}I_{SupplierID} + w_{Sub\_A} \cdot Subj\text{-}A_{SupplierID})$

Die Gewichtungsfaktoren w ermöglichen die gezielte Schwerpunktsetzung innerhalb der Gruppe lieferantenspezifischer Indikatoren. Ihre numerische Festlegung muss jedoch in der Gesamtschau erfolgen, welche auch die oben vorgeschlagenen Wertebereiche respektive die Fallkonstellationen 1 und 2 einbezieht, da deren numerische Werte ebenfalls zu einer stärkeren oder geringeren Betonung einzelner Aspekte beitragen. Der Effekt der Gewichtungsfaktoren w kann also verstärkt/kompensiert werden, wenn der Wertebereich der obigen Kriterien entsprechend definiert wird. Insofern kann auch komplett auf Gewichte verzichtet werden, sofern die jeweilige Bedeutungszumessung bereits in den Wertebereichen der Einzelindikatoren berücksichtigt wurde. Dennoch soll hier nicht auf die Möglichkeit einer Gewichtung verzichtet werden, da diese bei späteren Nachjustierungen des Modells von Vorteil sein kann. Für solche Justierungen wird vorgeschlagen, mit Werten nahe von eins zu starten und diese dann über mehrere Iterationsschleifen vorsichtig anzupassen. Beispielhafte Gewichtungen für zwei Lieferanten können aus Abb. 3.2 entnommen werden. Als initiale Vorschlagswerte wählen wir:

$$w_{CoC} = w_{Aud} = w_{BV} = w_{Prev} = w_{Mit} = w_{Add-I} = w_{Subj-A} = 1$$

3.1.4 Branchenspezifische Risiken und Indikatoren

Im Zusammenhang mit Risiken in Lieferketten wird zuweilen auch von branchenspezifischen oder -typischen Risiken gesprochen. Die Branche ist ein Überbegriff für bestimmte Bereiche ökonomischer Aktivität, welche mit bestimmten typischen Geschäftsprozessen einhergehen. Der Begriff Branche umschreibt also bestimmte idealtypische Wirtschaftstätigkeiten wie sie etwa die internationale Standardklassifikation der Wirtschaftszweige

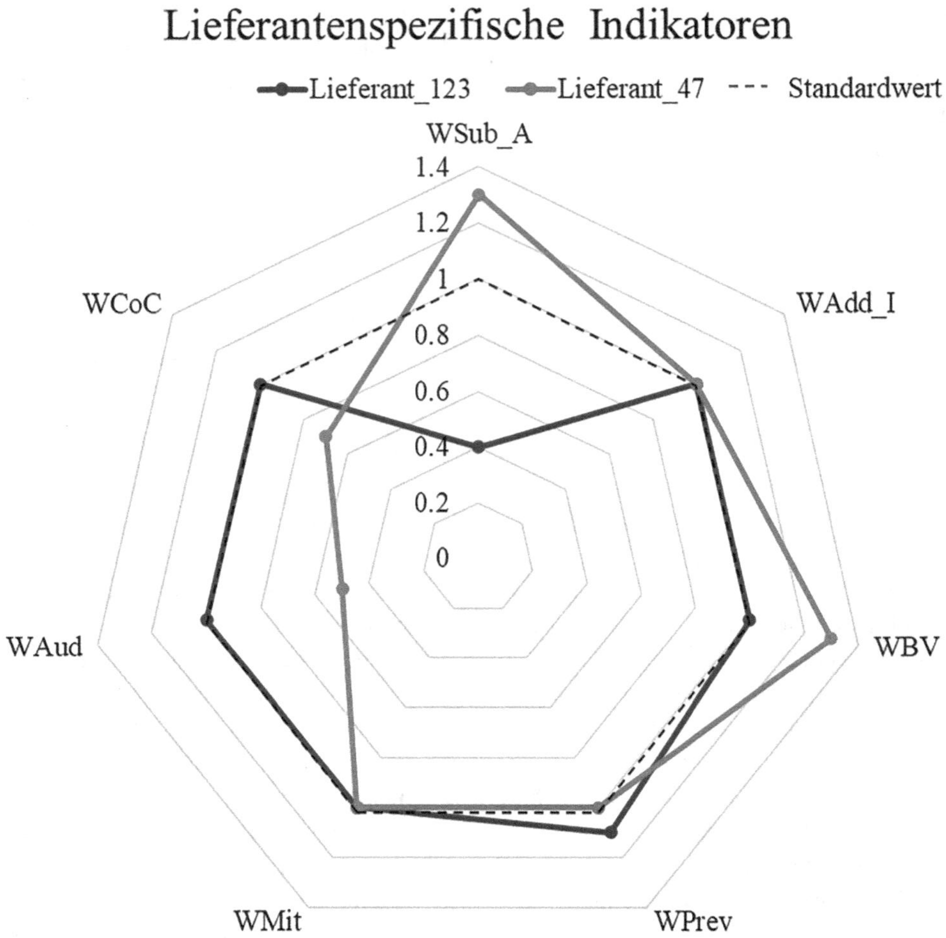

Abb. 3.2 Supplier Ratings für zwei beispielhafte Lieferanten

der Vereinten Nationen (ISIC) oder die darauf beruhende „Nomenclature générale des Activités économiques dans les Communautés Européennes“ (NACE)[22] beschreibt. „Die NACE ist die „Statistische Systematik der Wirtschaftszweige in der Europäischen Gemeinschaft“ und Gegenstand einer Rechtsvorschrift auf der Ebene der Europäischen Union, die die allgemeine Anwendung der Systematik in allen Mitgliedstaaten zur Pflicht macht. Die NACE ist ein Grundelement des internationalen integrierten Systems der Wirtschaftssystematiken, das auf Systematiken der Statistischen Kommission der UN (UNSTAT), Systematiken von Eurostat und nationalen Systematiken basiert, die alle eng mitei-

[22] Vgl. Eurostat 2008.

nander verbunden sind. Sie machen den Vergleich von weltweit durch verschiedene Institutionen erstellten Wirtschaftsstatistiken möglich.“[23]

Jede Branche geht daher mit bestimmten, für sie typischen Wirtschafts- und Produktionsprozessen einher und ist auf die hierfür erforderlichen Vorprodukte und Dienstleistungen angewiesen. Eine bestimmte Branche kennzeichnet sich demnach durch charakteristische Lieferkettenausprägungen und die dafür typischen Länder-, Materialgruppen- und Lieferantenkombinationen.

Da diese länder- und materialgruppenspezifischen Charakteristika bereits in anderen Teilkapiteln adressiert wurden, wird an dieser Stelle lediglich darauf verwiesen.

3.2 Methodische Hinweise

Die im Operationalisierungsmodell genutzten Datenquellen werden in den zugehörigen Datentabellen aufgeführt. Es wurde bereits erläutert, dass in bestimmten Konstellationen alternative Daten herangezogen werden, was etwa in den bereits erwähnten alternativen Regelungen zu bestimmten internationalen Übereinkommen begründet sein kann. In anderen Fällen kann es notwendig sein, die vorhandenen Datenquellen aufgrund besseren Wissens so zu modifizieren, dass sich ihre Indikatoreigenschaft für das jeweilige Risiko verbessert. Soweit von den Autoren des Operationalisierungsansatzes solche Alternativen für eine Datenreihe „X“ vorgeschlagen werden, sind diese in den Datentabellen jeweils mit der Bezeichnung „X_modified_Quarisk“ versehen. Zur Verkürzung der Schreibweise (insbesondere in Formeln) wird stattdessen auch die Abkürzung „X_AltR“ oder einfach „AltR“ genutzt.

Darüber hinaus kann es vorteilhaft sein, dass die Anwender des Operationalisierungsansatzes die Einzelindikatoren auf die speziellen Eigenschaften ihres jeweiligen Anwendungsfalls prüfen und auf dieser Basis an bestimmten Stellen alternative bzw. modifizierte Datenquellen nutzen. Diese sind als „X_modified_User“ gekennzeichnet. Obgleich derartige Modifikationen ein gewisses Mindestmaß an Subjektivität in sich tragen (müssen), so können sie doch äußerst hilfreich sein, um das Modell an besseres Wissen zu bestimmten Charakteristika und Spezifika des jeweiligen Anwendungsfalles anzupassen. Zur Erhaltung der Transparenz und Nachvollziehbarkeit für Dritte wird empfohlen, solche Modifikationen jeweils kurz zu begründen und zu dokumentieren.

Im Rahmen der weiteren Ausführungen werden vielfach Variablen mit Subskripten versehen, wie z. B. „DO_i“ oder „X_{AltR}“. Diese Schreibweise wird synonym zur Schreibweise mit einem Unterstrich verwendet, wie z. B. „DO_i“ oder „X_AltR“.

Die Benennung der Variablen kann naturgemäß nur einen Kompromiss darstellen. Primäres Kriterium ist dabei die Kürze, welche der Darstellung in Formeln und Tabellen zuträglich ist. Gleichzeitig wird versucht, die Variablen und Subskripte möglichst sprechend zu benennen oder zumindest markante Anfangsbuchstaben bzw. Buchstabenkombinationen

[23] Eurostat 2008, S. 5.

zu nutzen. Teilweise wird hierbei auf übliche Konventionen oder aber englischsprachige Begriffe zurückgegriffen, z. B. das Symbol „p" für Wahrscheinlichkeiten.

Soweit Ratifizierungen internationaler Übereinkommen in die Operationalisierung einbezogen werden, erfolgt stets eine Berücksichtigung der seit der Ratifizierung vergangenen Zeitdauer, um den Zeitbedarf lokaler Adaptionsprozesse zu berücksichtigen. Die Herleitung dieser Funktion und ein beispielhafte Kurvenverlauf wurden oben bereits dargestellt.

Darüber hinaus ist es jederzeit zulässig, dass die Nutzer des Risikomodells beim Vorliegen besserer Kenntnisse nicht auf die vorgeschlagenen Indikatorwerte zurückgreifen, sondern stattdessen eigene Schätzwerte nutzen, welche in den Datentabellen jeweils als „X_modified_User" gekennzeichnet sind.

In den folgenden Abschnitten werden die Operationalisierungsansätze für die Risikogrößen erarbeitet, welche meist von mehreren Einflussfaktoren abhängig sind und welche einer sachlichen Logik folgend ermittelt und kombiniert werden müssen. Die entsprechenden Herleitungen werden bei erstmaliger Nutzung stets kurz begründet. Wird das entsprechende Operationalisierungskonstrukt später, für eine andere Risikogrößen nochmals genutzt, so wird diese Herleitung dann im Sinne eines kürzeren Textes nicht erneut dargelegt. Stattdessen sei auf die vorangegangenen Kapitel verwiesen.[24]

3.3 Menschenrechtliche Risiken gem. § 2 Abs. 2 LkSG

3.3.1 Kinderarbeit < 15 J. (H1)

§ 2 Abs. 2 Ziffer 1 LkSG wurde in Anlehnung an das ILO-Übereinkommen 138 gefasst, welches auf die Abschaffung der Kinderarbeit und die Festlegung eines die körperliche und geistige Entwicklung berücksichtigenden Mindestalters für die Zulassung der Beschäftigung abzielt (ILO 138, Artikel 1). Dieses Mindestalter soll nach ILO138 Art. 2 Abs. 3 nicht unter fünfzehn Jahren liegen.[25]

Abschätzung von p_{H1}

In die Operationalisierung der Größe p_H1 soll einfließen, ob das Herkunftsland der Lieferung das internationale Übereinkommen 138 der Internationalen Arbeitsorganisation ratifiziert oder aber gleichwertige Regelungen implementiert hat. Beide Varianten sind möglich, weshalb ein kombiniertes Maß herangezogen werden soll. Hierbei wird der bereits oben dargestellten Methodik gefolgt, welche eine Hilfsvariable ILO138 mit einem Wertebereich von [0,1] definiert.

Die Variable ILO138 nimmt den Wert 1 an, wenn eine Ratifizierung der ILO und Implementierung der darin festgelegten Regelungen vollumfänglich erfolgt ist und den Wert 0, wenn keine Ratifizierung erfolgt ist. Zur Verfeinerung dieser Betrachtung wird eine

[24] Diese Vereinfachung gilt auch für Dimensionsbetrachtungen.

[25] Art. 2 Abs. 4 der ILO 138 lässt diesbezüglich Ausnahmen zu.

zeitliche Funktion unterstellt, mit Hilfe derer modelliert werden kann, dass sich lokale Umsetzungs- und kulturelle/gesellschaftliche Änderungsprozesse zuweilen langsamer vollziehen, als dies ein punktuelles Ratifizierungsdatum insinuiert. Wir setzen

$$ILO138 := 1 - \frac{1}{1 + e^{-0,4 \cdot (4 + Jahreszahl\_aktuell - Jahreszahl\_Ratifizierung\_ILO138)}} \, [/].$$

Sollte ILO138 den Wert 0 annehmen, also keine Ratifizierung vorliegen, dann kann anhand alternativer Datenquellen geprüft werden, ob das Schutzniveau der ILO138 auf andere Art ganz oder teilweise erreicht wird. Solche alternativen Regelungen finden in die Hilfsvariable „$ILO138_{AltR}$" Einfluss, welche im Folgenden und im Datenmodell auch als „$ILO138_{modified\_Quarisk}$" bezeichnet wird und Werte aus dem Intervall [0,1] annehmen kann.

Für die Operationalisierung der Größe p_{H1} ist das im betroffenen Land zu beobachtende Regelungsniveau relevant, weshalb das Maximum aus beiden Hilfsvariablen ermittelt werden soll: max(ILO138, $ILO138_{AltR}$). Die Werte für dieses Maximum liegen ebenfalls im Intervall [0,1], wobei hohe Werte auf ein geringeres Risiko hindeuten.

Ob mit diesen Regelungsinhalten von ILO138 oder $ILO138_{AltR}$ eine reale Verringerung von Eintrittswahrscheinlichkeit oder Risikofolgen verbunden ist, kann nicht zweifelsfrei abgeleitet werden, da hierfür auch exekutive Elemente erforderlich sind. Der Rule of Law Index (RoL)[26] bewertet auf Basis von acht Faktoren[27] und 44 darunterliegenden Unterfaktoren die Situation im jeweiligen Zielland und kann Aufschluss geben, inwiefern diese Regelungen gelebt und durchgesetzt werden bzw. durch ein funktionierendes Staats- und Rechtssystem unterstützt werden. Es wird bewusst auf den Gesamtindex und nicht allein auf einzelne (Unter-)Faktoren zurückgegriffen, um ein möglichst breites und umfassendes Bild über die diversen Aspekte zu ermöglichen, welche zu einem funktionierenden rechtsstaatlichen System beitragen. Hohe Werte des RoL deuten auf ein geringeres Risiko hin. Die Werte des RoL liegen im Intervall [0,1].

Da der RoL hier zur Verprobung der Umsetzungs- und Implementierungswahrscheinlichkeit der ILO138-Inhalte genutzt werden soll, sind beide Größen als abhängig zu betrachten. Ein hoher RoL wäre ohne ILO138 bzw. $ILO138_{AltR}$ ebenso wenig relevant für p_{H1}, wie ein geringer RoL bei gleichzeitig hohem ILO138 bzw. $ILO138_{AltR}$. Lediglich die zeitgleiche Existenz beider Aspekte erscheint geeignet, um p_{H1} zu reduzieren. Für die Formulierung der Operationalisierungsfunktion wählen wir daher einen multiplikativen Zusammenhang beider Aspekte:

$$Index\_H1\_Variante1 = \max\left(ILO138, ILO138_{AltR}\right) \cdot RoL \, [/]$$

[26] Siehe WJP (2022).

[27] Gemäß WJP (2022), S. 15 sind dies: „contraints on government powers", „absence of corruption", „open government", „fundamental rights", „order and security", „regulatory enforcement", „civil justice", „criminal justice".

Über diesen Term wird eine erste Abschätzung für das Kinderarbeitsrisiko ermöglicht. Parallel existieren jedoch auch alternative Informationsquellen, wie etwa der Child Labour Index der Unicef (CLI).[28] Dieser basiert auf den sog. „Multiple Indicator Cluster Surveys" (MICS) sowie dem „Statistical Information and Monitoring Programme on Child Labour" (SIMPOC) und ermittelt für das jeweilige Land im Intervall von null bis eins Einschätzungen für die Existenz von Kinderarbeit. Um die Operationalisierung von p_{H1} empirisch besser abzustützen, soll der CLI einbezogen werden. Hohe CLI-Werte deuten auf ein hohes Risiko hin, weshalb der CLI zum Zwecke der Gleichläufigkeit aller Indikatoren in der Form (1-CLI) berücksichtigt werden soll. Da es sich hierbei um eine alternative Abschätzung handelt, soll diese nicht rein multiplikativ verknüpft werden.

$$Index\_H1\_Variante2 = \max\left(ILO138, ILO138_{AltR}\right) \cdot RoL \cdot \left(1 - CLI\right)\left[/\right]$$

Vielmehr sollte ein Mittelwert gebildet werden, weil beide Inputgrößen der Mittelwertbildung letztlich das gleiche Phänomen aus unterschiedlicher Perspektive betrachten. Hierfür kommen prinzipiell das arithmetische …

$$Index\_H1\_Variante3 = \frac{\max\left(ILO138, ILO138\_AltR\right) \cdot RoL + \left(1 - CLI\right)}{2}\left[/\right]$$

… oder auch das geometrische Mittel in Frage:

$$Index\_H1\_Variante4 = \sqrt[2]{\max\left(ILO138, ILO138\_AltR\right) \cdot RoL \cdot \left(1 - CLI\right)}$$

Wir entscheiden uns zunächst für die arithmetische Variante, da durch den Summenterm im Vergleich zu den Produkten die Häufigkeit von Nullwerten aufgrund mangelnder Daten verringert ist.[29]

Wie bereits erwähnt, enthält der RoL diverse Faktoren und Unterfaktoren, darin u. a. auch den Indikator „4.8 Fundamental labor rights are effectively guaranteed: Measures the effective enforcement of fundamental labor rights, including freedom of association and the right to collective bargaining, the absence of discrimination with respect to employment, and freedom from forced labor and child labor".[30] Da hier Kinderarbeit explizit angesprochen wird, könnte der Indikator 4.8 zusätzlich zum RoL-Gesamtwert nochmal separat in die Bewertung von p_{H1} eingehen, um ihm ein besonderes Gewicht zu verleihen. In

[28] Vgl. https://data.unicef.org/topic/child-protection/child-labour/, 26.09.2023.

[29] Hierdurch wirkt sich mangelhafte Datenverfügbarkeit in einer von mehreren herangezogenen Datenquellen negativ, d. h. den Risikokennwert erhöhend aus, ohne diesen sofort mit 100 % gleichzusetzen. Lediglich in Fällen, in welchen alle Datenquellen keine Werte aufzeigen, sollte im Sinne der Signalwirkung der Risikokennwert 100 % entstehen. Dies entspricht der in diesem Operationalisierungsansatz grundsätzlich verfolgten konservativen Grundeinstellung, welche mangelnde Daten im Zweifel mit fehlender Transparenz und der Schlussfolgerung in Verbindung bringt, dass das Vorliegen des jeweiligen Risikopotenzials zumindest nicht (vollständig) ausgeschlossen werden kann.

[30] WJP (2022), S. 17.

diesem Zusammenhang wäre 4.8 allerdings als alternative Abschätzung des Kinderarbeitsrisikos zu interpretieren und als weiterer Summenterm des arithmetischen Mittelwerts zu berücksichtigen. Da mit dem CLI jedoch bereits ein viel zielgerichteteres Maß vorliegt, soll 4.8 zunächst nicht berücksichtigt werden.

Die so hergeleitete Variante des Index lautet wie folgt, wobei zu beachten ist, dass dieser nun nur noch für ein bestimmtes DO_i gilt:

$$Index\_H1_i = \frac{\max\left(ILO, AltR\right) \cdot RoL + \left(1 - CLI\right)}{2}$$

Die Zahlenwerte des entwickelten Index' bilden nicht direkt die Eintrittswahrscheinlichkeiten p_{H1} ab und beinhalten neben den länderspezifischen Indikatoren auch noch keine materialgruppenspezifischen oder lieferantenspezifischen Indikatoren, weshalb wir zunächst von $p_{H1\_Country}$ sprechen wollen. Anstatt anzunehmen, dass der Indexwert direkt eine Wahrscheinlichkeitsabschätzung darstellt, ist vielmehr davon auszugehen, dass diese über eine nicht lineare Transformationsfunktion über den Indexwert abgeschätzt werden kann:

$$p_{H1\_Country} = p_{H1\_Country}\left(Index\_H1\right)\left[/\right]$$

Bei der Ausgestaltung der Transformationsfunktion sollten die folgenden Aspekte berücksichtigt werden:[31]

- Die Transformation sollte Werte im Bereich null (keine Eintrittswahrscheinlichkeit) bis eins (einhundertprozentige Eintrittswahrscheinlichkeit) erzeugen.
- Das Minimum der Funktion kann an die Indexwerte solcher Länder „gekoppelt" werden, welche typischerweise nicht mit Kinderarbeit in Verbindung gebracht werden.[32] Falls bspw. die Schweiz in dieser Hinsicht als unbedenklich eingestuft werden kann und gleichzeitig einen Indexwert von 0,8 aufweist, so sollte die Transformationsfunktion bei Werten von Index_H1 $\geq$ 0,8 Werte von $p \approx 0$ annehmen.
- Ausgehend von dieser markanten Schwelle der Indexwerte, über der nur noch zu vernachlässigende Werte $p \approx 0$ vorliegen, sollten weiter abnehmende Indexwerte zu einem progressiven Anstieg der p-Werte führen.
- Die Transformationsfunktion sollte sich spätestens dann signifikant von der Nulllinie entfernt haben, wenn Indexwerte unter 0,25 erreicht sind. Dies begründet sich aus der

[31] Diese Kriterien gelten sinngemäß auch für diejenigen Transformationsfunktionen, welche in den Folgekapiteln vorgeschlagen werden, wobei dann natürlich die H1-Bezüge durch ihre Äquivalente Hi ersetzt werden müssen. Insofern können sich für jedes Mi ganz eigene, von p_{H1} abweichende Parameter der Transformationsfunktion anbieten.

[32] Hierbei ist keineswegs ausgeschlossen, dass es nicht im Einzelfall dennoch zu entsprechenden Verstößen kommen kann. Vielmehr wird hiermit darauf abgezielt, dass kein systemisches Risiko solcher Verstöße besteht und etwaige Verstöße geächtet und geahndet werden.

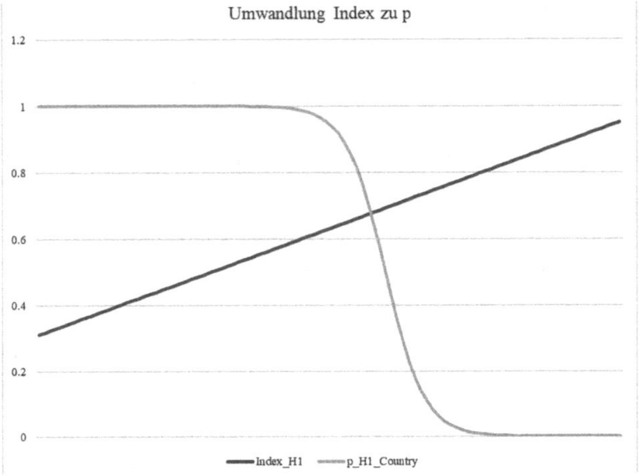

Abb. 3.3 Transformationsfunktion für p

obigen Mittelwertfunktion und dem darin enthaltenen Unicef-Index, welcher seine negativsten Werteausprägungen bei rund 50 % aufweist.[33]

- Es ist zu untersuchen, ob sich die Transformationsfunktion über das komplette Werteintervall von Index_H1 progressiv an den Wert $p_{1H} = 1$ annähern sollte oder ob sie einem noch zu definierenden Wendepunkt asymptotisch in Richtung des Maximums verlaufen sollte. Diesem Maximum muss nicht zwingend der Zahlenwert 1 zugewiesen werden, welcher mit gesicherter Erkenntnis dem Vorliegen von Kinderarbeit gleichzusetzen wäre. Vielmehr wird das Maximum meist weit darunter liegen. Bis zum Vorliegen besserer Erkenntnisse könnte dieser Wendepunkt zwischen den beiden, oben angesprochenen markanten Werten von Index_H1 angesiedelt werden.

Als Ausgangspunkt wird folgende Transformationsfunktion vorgeschlagen, welche basierend auf zukünftigen Erfahrungen kritisch geprüft und weiterentwickelt werden kann.

$$p_{H1\_Country} = 1 / \left(1 + e^{-0{,}1(20-100*Ind\_H1)}\right)$$

Abb. 3.3 stellt allen möglichen Werten von Index_H1 (schwarze Gerade) ihre korrespondierenden Werte $p_{H1\_Country}$ (graue Kurve) gegenüber:

Bis zu diesem Punkt beinhaltet diese Größe lediglich länderbasierte Informationen. Darüber hinaus sollen nun materialgruppenspezifische und lieferantenspezifische Faktoren einbezogen werden. Der zur jeweiligen Lieferung i zugehörige lieferantenspezifische

[33] Hierbei ist zu beachten, dass der Unicef-Index eine Aussage über das Ausmaß der von Kinderarbeit betroffenen Individuen beinhaltet, während für die Operationalisierung von p_{H1} lediglich nach der Wahrscheinlichkeit von Kinderarbeit gefragt wird. Auch eine geringe Zahl Betroffener kann jedoch mit der Aussage einhergehen, dass Kinderarbeit im jeweiligen Land hochwahrscheinlich ist.

Kennwert SR_i wurde oben bereits dargestellt und soll nun multiplikativ einbezogen werden.[34]

Die „List of Goods Produced by Child Labor or Forced Labor" zeigt diverse Materialgruppen auf, welche in bestimmten Ländern mit Kinderarbeit in Verbindung gebracht werden können.[35] Daher kann für jedes DO_i sowohl das Herkunftsland als auch die Materialgruppe in die Abschätzung von p_{H1} einbezogen werden. Die Informationen der „List of Goods …" sind lediglich auf niedrigem Skalenniveau operationalisiert und werden für jede Länder-Materialgruppen-Kombination als boolesche Größe definiert, welche kritische Kombinationen kennzeichnet für die das Bureau of International Labor Affairs (ILAB) „… has reason to believe are produced by child labor or forced labor in violation of international standards."[36] Diese Hürde ist bewusst niedrig gelegt, sodass auch reine Verdachtsfälle/Kombinationen bzw. gering vorhandene Potenziale gekennzeichnet werden. Es kann also davon ausgegangen werden, dass tendenziell mehr Kennzeichnungen erfolgten als bei voller Kenntnis der wahren Umstände erforderlich wäre, weshalb diese Kennzeichnung als strenger Maßstab angesehen werden kann. Dieser Umstand kann für die vorliegenden Zwecke genutzt werden, denn diejenigen Kombinationen, welche selbst bei diesem Maßstab nicht als kritisch eingestuft wurden, können mangels anderer Erkenntnisse auch in der hier verfolgten Operationalisierung entschärft werden. Hierfür wird die boolesche, dimensionslose Größe wie folgt modifiziert und mit dem Kürzel LoG belegt:

$LoG_i = 1$ [/] für DO_i mit solchen Länder-Materialgruppen-Kombinationen, die in der Liste als bedenklich eingestuft sind

$LoG_i = 0$ [/] für DO_i mit solchen Länder-Materialgruppen-Kombinationen, die in der Liste als nicht bedenklich eingestuft sind

Im Ergebnis ergibt sich dann:

$$p\_H1_i = \max\left(1, \frac{\max(ILO, AltR) \cdot RoL + (1 - CLI)}{2} \cdot LoG_i \cdot SR_i\right)$$

Die Begrenzung des maximalen Wertebereichs auf 1 wird notwendig, weil die lieferantenspezifischen Indikatoren theoretisch – wenn auch praktisch kaum zu erwarten – die Möglichkeit von bestimmten, besonders risikoreichen Datenkonstellationen zulassen, welche im Extremfall über eins liegen können. Zahlenwerte über eins können zwar als besonderes Warnzeichen interpretiert werden, haben aber im Rahmen der weiteren quantitativen Analyse keine sachlogische Entsprechung, da bereits der Wert eins eine sichere Risikomaterialisierung impliziert.[37]

[34] Das Subskript i symbolisiert nun den SR-Wert, des zur Lieferung i gehörigen Lieferanten.

[35] Vgl. Bureau of International Labor Affairs (2022).

[36] Bureau of International Labor Affairs (2022).

[37] Zur Vereinfachung der Schreibweise wird dieser Aspekt im Folgenden nicht ausführlich geschrieben, bleibt aber weiterhin gültig.

Abschätzung von $I1_{H1}$

In Anlehnung an die weiter oben (siehe zweites Kapitel) enthaltenen Gedanken zu I1 könnte $I1_{H1}$ hilfsweise über die Mitarbeiteranzahl des Lieferanten (Emp) abgeschätzt werden, da es sich hierbei um die von Rechtsverstößen potenziell betroffene Gruppe handelt. Hiermit werden die Auswirkungen tendenziell überschätzt, da es eher unwahrscheinlich ist, dass alle Beschäftigten ohne Ausnahme unterhalb der Altersgrenze gemäß ILO138 liegen. Eine entsprechende Modifikation der Beschäftigtenzahl ist bei Vorlage entsprechender Informationen jederzeit möglich, soll jedoch an dieser Stelle nicht in das Grundmodell aufgenommen werden, da hiermit auch das Risiko eines eventuell zu gering ausgewiesenen Risikos einhergeht. Eine solche Unterschätzung wird jedoch als wesentlich kritischer angesehen als eine Überschätzung.

$$I1_{H1} = Emp$$

Aus dimensionsanalytischer Sicht ließe sich diese Kennziffer mit den Dimensionen [potenziell Betroffene] oder [potenzielle Rechtsverstöße] belegen, welche vor dem Hintergrund der hier durchgeführten Analyse zunächst synonym zugelassen werden sollen.[38]

3.3.2 Kinderarbeit < 18 J. (H2)

§ 2 Abs. 2 Ziffer 2 fokussiert auf „das Verbot der schlimmsten Formen der Kinderarbeit für Kinder unter 18 Jahren; dies umfasst gemäß Artikel 3 des Übereinkommens Nr. 182 der Internationalen Arbeitsorganisation vom 17. Juni 1999 über das Verbot und unverzügliche Maßnahmen zur Beseitigung der schlimmsten Formen der Kinderarbeit (BGBl. 2001 II S. 1290, 1291):

a) alle Formen der Sklaverei oder alle sklavereiähnlichen Praktiken, wie den Verkauf von Kindern und den Kinderhandel, Schuldknechtschaft und Leibeigenschaft sowie Zwangs- oder Pflichtarbeit, einschließlich der Zwangs- oder Pflichtrekrutierung von Kindern für den Einsatz in bewaffneten Konflikten,
b) das Heranziehen, Vermitteln oder Anbieten eines Kindes zur Prostitution, zur Herstellung von Pornografie oder zu pornografischen Darbietungen,
c) das Heranziehen, Vermitteln oder Anbieten eines Kindes zu unerlaubten Tätigkeiten, insbesondere zur Gewinnung von und zum Handel mit Drogen,
d) Arbeit, die ihrer Natur nach oder aufgrund der Umstände, unter denen sie verrichtet wird, voraussichtlich für die Gesundheit, die Sicherheit oder die Sittlichkeit von Kindern schädlich ist".

[38] Diese sollten jedoch nicht mit den tatsächlich Betroffenen gleichgesetzt werden, deren Zahl sich erst aus der mit der Eintrittswahrscheinlichkeit kombinierten Betrachtung ergibt.

Abschätzung von p_{H2}

Analog zu p_H1 soll für p_H2 aufgrund der vorhandenen Sachnähe derselbe Operationalisierungsansatz als Grundlage dienen, wobei auf die ILO182 zurückgegriffen wird.

$$Index\_H2_i = \frac{\max(ILO182, AltR) \cdot RoL + (1 - CLI)}{2}$$

Im Quervergleich darf angenommen werden, dass Kinderarbeit bis zum Alter von achtzehn Jahren häufiger auftritt als solche bis zum Alter von fünfzehn Jahren. Die Transformationsfunktion für p_H2 wird daher im Vergleich zu p_H1 so variiert, dass sich bei gleichem Indexwert etwas höhere p-Werte ergeben. Ganz konkret setzen wir:

$$p\_H2 = LoG_i \cdot SR_i \cdot 1 / \left(1 + e^{-0{,}1(30-100 * Ind\_H2)}\right)$$

Abschätzung von $I1_{H2}$

Die Größe $I1_{H2}$ wird bis zum Vorliegen entgegensprechender Erkenntnisse analog zur Größe $I1_{H1}$ abgeschätzt. Die Ausführungen im entsprechenden Kapitel gelten analog.

$$I1_{H2} = Emp$$

3.3.3 Zwangsarbeit (H3)

§ 2 Abs. 2 Ziffer 3 LkSG adressiert „das Verbot der Beschäftigung von Personen in Zwangsarbeit; dies umfasst jede Arbeitsleistung oder Dienstleistung, die von einer Person unter Androhung von Strafe verlangt wird und für die sie sich nicht freiwillig zur Verfügung gestellt hat, etwa in Folge von Schuldknechtschaft oder Menschenhandel; ausgenommen von der Zwangsarbeit sind Arbeits- oder Dienstleistungen, die mit Artikel 2 Absatz 2 des Übereinkommens Nr. 29 der Internationalen Arbeitsorganisation vom 28. Juni 1930 über Zwangs- oder Pflichtarbeit (BGBl. 1956 II S. 640, 641) oder mit Artikel 8 Buchstabe b und c des Internationen Pakts vom 19. Dezember 1966 über bürgerliche und politische Rechte (BGBl. 1973 II S. 1533, 1534) vereinbar sind."

Abschätzung von p_{H3}

Die Operationalisierung von p_{H3} folgt analog dem bereits bekannten Ansatz, wobei nun auf die ILO29 fokussiert wird. Zusätzlich wird auf einen Indikator des Rule of Law-Index zurückgegriffen: „4.8 Fundamental labor rights are effectively guaranteed: Measures the effective enforcement of fundamental labor rights, including freedom of association and the right to collective bargaining, the absence of discrimination with respect to employment, and freedom from forced labor and child labor"[39]

$$Index\_H3 = \frac{\max\left(ILO29, AltR\right) \cdot RoL + RoL4.8}{2}$$

Als Ausgangspunkt für die Transformationsfunktion wählen wir:

$$p\_H3 = C_{DOi} H_3 \cdot SR_i \cdot 1 / \left(1 + e^{-0.1(20-100*Ind\_H3)}\right)$$

Abschätzung von $I1_{H3}$

Die Größe $I1_{H3}$ wird bis zum Vorliegen entgegensprechender Erkenntnisse analog zur Größe $I1_{H1}$ abgeschätzt. Die Ausführungen im entsprechenden Kapitel gelten analog.

$$I1_{H3} = Emp$$

3.3.4 Sklaverei (H4)

§ 2 Abs. 2 Ziffer 4 LkSG betrifft „das Verbot aller Formen der Sklaverei, sklavenähnlicher Praktiken, Leibeigenschaft oder anderer Formen von Herrschaftsausübung oder Unterdrückung im Umfeld der Arbeitsstätte, etwa durch extreme wirtschaftliche oder sexuelle Ausbeutung und Erniedrigungen".

Abschätzung von p_{H4}

Die ersten Schritte der Operationalisierung von p_H4 erfolgen anhand der in Abschnitt zu p_{H3} dargestellten Methodik, wobei jedoch anstatt des Indikators RoL4.8 auf den Global Slavery Index zurückgegriffen wird. Im Global Slavery Index[40] wird u. a. die Häufigkeit von Zwangsarbeit pro 1000 Einwohnern des jeweiligen Landes abgeschätzt, weshalb dieser (nach kleiner mathematischer Transformation) als prozentuale Wahrscheinlichkeitsschätzung interpretiert werden darf (GSI). Ein hoher Wert steht für ein hohes Risiko.

Da die Terme Max(ILO29, AltR) und GSI denselben Sachverhalt abschätzen, kann ein Mittelwert gebildet werden, wobei jedoch die Gegenläufigkeit beider Terme berücksichtigt werden muss:

$$Index\_H4 = \frac{\max\left(ILO29, AltR\right) \cdot RoL + \left(1 - GSI\right)}{2}$$

Diese Konstruktion unterstellt, dass die Terme links und rechts des Pluszeichens jeweils als prozentuale Wahrscheinlichkeitsabschätzungen interpretiert werden dürfen. Dies

[39] WJP (2022), S. 17.

[40] Vgl. https://www.globalslaveryindex.org/resources/downloads/, 26.09.2023.

ist für GSI gegeben. Für den anderen Term muss dies durch zukünftige Erfahrungen plausibilisiert werden. In der Annahme, dass diese Plausibilisierung gelingen kann, konstruieren wir p_{H4} wie folgt:

$$p\_H4 = C_{DOi} H_4 \cdot SR_i \cdot 1 / \left(1 + e^{-0{,}08(60-100*Ind\_H4)}\right)$$

Abschätzung von $I1_{H4}$

Die Größe $I1_{H4}$ wird bis zum Vorliegen entgegensprechender Erkenntnisse analog zur Größe $I1_{H1}$ abgeschätzt. Die Ausführungen im entsprechenden Kapitel gelten analog.

$$I1_{H4} = Emp$$

3.3.5 Arbeitsschutz (H5)

§ 2 Abs. 2 Ziffer 5 LkSG fokussiert auf „das Verbot der Missachtung der nach dem Recht des Beschäftigungsortes geltenden Pflichten des Arbeitsschutzes, wenn hierdurch die Gefahr von Unfällen bei der Arbeit oder arbeitsbedingte Gesundheitsgefahren entstehen, insbesondere durch:

a) offensichtlich ungenügende Sicherheitsstandards bei der Bereitstellung und der Instandhaltung der Arbeitsstätte, des Arbeitsplatzes und der Arbeitsmittel,
b) das Fehlen geeigneter Schutzmaßnahmen, um Einwirkungen durch chemische, physikalische oder biologische Stoffe zu vermeiden,
c) das Fehlen von Maßnahmen zur Verhinderung übermäßiger körperlicher und geistiger Ermüdung, insbesondere durch eine ungeeignete Arbeitsorganisation in Bezug auf Arbeitszeiten und Ruhepausen oder
d) die ungenügende Ausbildung und Unterweisung von Beschäftigten“.

Abschätzung von p_{H5}

Ziffer 5 in § 2 Absatz 2 LkSG zielt auf „… das Verbot der Missachtung der nach dem Recht des Beschäftigungsortes geltenden Pflichten des Arbeitsschutzes, wenn hierdurch die Gefahr von Unfällen bei der Arbeit oder arbeitsbedingte Gesundheitsgefahren entstehen …“ Entsprechende Regelungen finden sich in den Übereinkommen 155 und 187 der Internationalen Arbeitsorganisation. Während die ILO155 grundsätzliche Vorgaben zum Arbeitsschutz beinhaltet, widmet sich die ILO187 dem Förderungsrahmen für den Arbeitsschutz. Die Ratifizierung dieser Übereinkommen kann daher in Verbindung mit einem verlässlichen Rechtsstaatssystem als stabiler Indikator angesehen werden.

Analog zur Vorgehensweise bei anderen Risiken H_i definieren wir einen gewichteten Zusammenhang:

$$Ind_{H5} = \frac{w_{155} \cdot \max(ILO155, AltR) + w_{187} \cdot \max(ILO187, AltR)}{w_{155} + w_{187}} \cdot ROL$$

Entsprechend der obigen Ausführungen wird der Gewichtungsfaktor der ILO155 mit $w_{155} = 0{,}7$ höher angesetzt als der Gewichtungsfaktor der ILO187, welcher zunächst mit $w_{187} = 0{,}3$ beziffert wird.

Darauf aufbauend formulieren wir p_{H5} wie folgt:

$$p\_H5 = C_{DOi} H_5 \cdot SR_i \cdot 1 / \left(1 + e^{-0{,}1(10-100*Ind\_H5)}\right)$$

Abschätzung von $I1_{H5}$

Die Größe $I1_{H5}$ wird bis zum Vorliegen entgegensprechender Erkenntnisse analog zur Größe $I1_{H1}$ abgeschätzt. Die Ausführungen im entsprechenden Kapitel gelten analog.

$$I1_{H5} = Emp$$

3.3.6 Koalitionsfreiheit (H6)

§ 2 Abs. 2 Ziffer 6 LkSG betrifft „das Verbot der Missachtung der Koalitionsfreiheit, nach der

a) Arbeitnehmer sich frei zu Gewerkschaften zusammenzuschließen oder diesen beitreten können,
b) die Gründung, der Beitritt und die Mitgliedschaft zu einer Gewerkschaft nicht als Grund für ungerechtfertigte Diskriminierungen oder Vergeltungsmaßnahmen genutzt werden dürfen,
c) Gewerkschaften sich frei und in Übereinstimmung mit dem Recht des Beschäftigungsortes betätigen dürfen; dieses umfasst das Streikrecht und das Recht auf Kollektivverhandlungen“.

Abschätzung von p_{H6}

Der Grundterm für die Operationalisierung wird auf den internationalen Vereinbarungen ILO98 und ILO87 aufgebaut, welche die kollektive und individuelle Vereinigungsfreiheit betreffen. Den Autoren erscheint die ILO87 als maßgeblich relevant, während ILO98 als wünschenswerter Zusatz interpretiert wird. Insofern sollte die ILO87 im Index höher gewichtet werden als die ILO98.[41] Als Initialvorschlag werden die Werte $w_{87} = 0{,}7$ und $w_{98} = 0{,}3$ gewählt.

[41] Sofern dies von den Anwendern des Modells in bestimmten Konstellationen (oder auch ganz generell) anders gesehen wird, so können die Gewichte g zwanglos diesbezüglich angepasst werden. Um nicht den Vorwurf der willkürlichen Datenmanipulation aufkommen zu lassen, empfiehlt sich hier die Dokumentation einer Begründung.

$$Ind_{H6} = \frac{w_{87} \cdot \max\left(ILO87, AltR\right) + w_{98} \cdot \max\left(ILO98, AltR\right)}{w_{87} + w_{98}} \cdot ROL + \ldots$$

Zusätzlich sollen zwei weitere Datenquellen einfließen, welche das von H6 betroffene Themenfeld berühren. Zum einen betrifft dies den im Rule of Law-Index enthaltenen und oben bereits angesprochenen Indikator „4.8 Fundamental labor rights are effectively guaranteed: Measures the effective enforcement of fundamental labor rights, including freedom of association and the right to collective bargaining, the absence of discrimination with respect to employment, and freedom from forced labor and child labor“[42]

Zum anderen soll aus der Datenbank von Freedom House[43] der Indikator mit dem Kennbuchstaben „E“ herangezogen werden, welcher sich der Frage widmet „Is there freedom for trade unions and similar professional or labor organizations?“ Da diese Datenreihe (im Folgenden abgekürzt mit FHE) in der Originalquelle auf das Intervall [0, 100] normiert ist, transformieren wir sie für unsere Zwecke auf das Intervall [0, 1].

Der Global Rights Index des internationalen Gewerkschaftsbunds enthält als (Teil-)Indikator auch Aspekte der Koalitionsfreiheit.[44] Allerdings konnten in öffentlich zugänglichen Quellen hierzu keine Daten auf Ebene der Teilindikatoren gefunden werden. Da die verfügbaren Zahlen zum Gesamtindex jedoch viele weitere Aspekte beinhalten, erscheinen diese für das hier verfolgte Ziel zu wenig präzise und werden bis auf Weiteres nicht für die Operationalisierung genutzt.

$$Ind_{H6} = \frac{1}{3} \cdot \left(\frac{w_{87} \cdot \max\left(ILO87, AltR\right) + w_{98} \cdot \max\left(ILO98, AltR\right)}{w_{87} + w_{98}} \cdot RoL + RoL4.8 + \frac{FHE}{100} \right)$$

Darauf aufbauend formulieren wir p_{H6} wie folgt:

$$p_{H6} = C_{DOi} H_6 \cdot SR_i \cdot 1 / \left(1 + e^{-0{,}4\,(35 - 100 * Ind\_H6)}\right)$$

Abschätzung von $I1_{H6}$

Die Größe $I1_{H6}$ wird bis zum Vorliegen entgegensprechender Erkenntnisse analog zur Größe $I1_{H1}$ abgeschätzt. Die Ausführungen im entsprechenden Kapitel gelten analog.

$$I1_{H6} = Emp$$

[42] WJP (2022), S. 17.

[43] Vgl. https://freedomhouse.org/, 26.09.2023.

[44] Vgl. https://www.globalrightsindex.org/, 26.09.2023.

3.3.7 Ungleichbehandlung (H7)

§ 2 Abs. 2 Ziffer 7 LkSG berührt „das Verbot der Ungleichbehandlung in Beschäftigung, etwa aufgrund von nationaler und ethnischer Abstammung, sozialer Herkunft, Gesundheitsstatus, Behinderung, sexueller Orientierung, Alter, Geschlecht, politischer Meinung, Religion oder Weltanschauung, sofern diese nicht in den Erfordernissen der Beschäftigung begründet ist; eine Ungleichbehandlung umfasst insbesondere die Zahlung ungleichen Entgelts für gleichwertige Arbeit“.

Abschätzung von p_{H7}

Die Operationalisierung von p_{H7} folgt dem bekannten Schema auf Basis der internationalen Vereinbarung ILO111 und unter Einbeziehung des Indikators 4.1 aus dem Rule of Law-Index: „4.1 Equal treatment and absence of discrimination“ „Measures whether individuals are free from discrimination – based on socio-economic status, gender, ethnicity, religion, national origin, sexual orientation, or gender identity – with respect to public services, employment, court proceedings, and the justice system“[45]

$$Ind_{H7} = \frac{\max\left(ILO111, AltR\right) \cdot RoL + RoL4.1}{2}$$

Darauf aufbauend formulieren wir p_{H7} wie folgt:

$$p\_H7 = C_{DOi}H_7 \cdot SR_i \cdot 1/\left(1 + e^{-0,1\,(10-100\,*\,Ind_{H7})}\right)$$

Abschätzung von $I1_{H7}$

Die Größe $I1_{H7}$ wird bis zum Vorliegen entgegensprechender Erkenntnisse analog zur Größe $I1_{H1}$ abgeschätzt. Die Ausführungen im entsprechenden Kapitel gelten analog.

$$I1_{H7} = Emp$$

3.3.8 Entlohnung (H8)

§ 2 Abs. 2 Ziffer 8 LkSG betrifft „das Verbot des Vorenthaltens eines angemessenen Lohns; der angemessene Lohn ist mindestens der nach dem anwendbaren Recht festgelegte Mindestlohn und bemisst sich ansonsten nach dem Recht des Beschäftigungsortes“.

Abschätzung von p_{H8}

Für p_H8 kann nicht unmittelbar auf das bisher angewendete Grundschema zurückgegriffen werden.

In vielen Staaten sind Entlohnungsfragen intensiv diskutierte Themenfelder, welche zuweilen den Tarifparteien vorbehalten sind, die aber aufgrund ihrer wirtschafts- und

[45] WJP (2022), S. 17.

sozialpolitischen Dimension meist von politischen Strömungen begleitet und gesetzgeberischen Aktivitäten mit mehr oder weniger Detailierungsgrad und Beeinflussungswillen gelenkt werden. Hierzu zählen nicht nur direkt auf Entlohnungsfragen gerichtete Gesetze wie etwa zu Mindestlöhnen, sondern ebenso die Ausgestaltung von Sozialsystemen, welche neben ihrer Hauptfunktion der materiellen Absicherung von Grundbedürfnissen eben auch die individuellen und kollektiven Bewertungen dessen beeinflussen, was als angemessene und zur Tätigkeitsaufnahme ausreichend incentivierende Entlohnung angesehen wird.

Wenn in einem Staat ein Mindestlohn(-gesetz) existiert, dann kann davon ausgegangen werden, dass das entsprechende Gesetzesvorhaben von einem gesellschaftlichen Diskussions- und Willensbildungsprozess begleitet wurde. Dies wiederum kann als Indiz dafür gewertet werden, dass der jeweilige Mindestlohn vor dem Hintergrund lokaler kultureller, wirtschaftlicher und rechtlicher Besonderheiten als gesellschaftlich tragfähig und damit als „angemessen" angesehen wird. Dieses Indiz kann als notwendig, nicht jedoch als hinreichend für das Risiko H8 angesehen werden. Insbesondere wird zu berücksichtigen sein, ob der hierzu notwendige gesellschaftliche Diskurs unter dem vorherrschenden Niveau von Rechtsstaatlichkeit frei geführt werden kann.

Zudem muss berücksichtigt werden, dass die Durchsetzung entsprechender gesetzlicher Regelungen ebenfalls durch ein geeignetes Staats- und Rechtssystem gewährleistet werden muss.

Für Länder, in denen ein gesetzlicher Mindestlohn vorliegt, fassen wir diese Forderungen über folgenden funktionalen Zusammenhang, welcher mit zunehmendem RoL-Wert[46] abnehmende Risikowerte aufweist:

$$Ind_{H8} = \frac{0{,}8}{1 + e^{-0{,}45(45 - 100 \cdot RoL)}}$$

Durch dieses Funktionsgesetz wird eine willkürliche und abrupte Grenze an einem bestimmten RoL-Wert vermieden und stattdessen ein S-förmiger Verlauf vorgeschlagen, welcher einen sanfteren Übergang zwischen „kritisch" und „unkritisch" einzustufenden Konstellationen definiert.

Als mögliche Datenquelle zur Auswahl der infrage kommenden Länder könnte etwa das Wirtschafts- und Sozialwissenschaftliche Institut der Hans Böckler Stiftung dienen, welches u. a. eine Datenbank zu internationalen Mindestlöhnen bietet.[47]

Für Länder ohne gesetzlichen Mindestlohn muss ein anderer Weg beschritten werden. Da hier kein direkter Maßstab für die Entlohnung angelegt werden kann, soll indirekt auf die Verbreitung von Armut geblickt werden. Typischerweise wird hierunter ein Zustand von Individuen verstanden, deren ökonomische Möglichkeiten die Abdeckung grundlegender Bedürfnisse nicht erlaubt. Dabei ist Armut ein relativer und für subjektive Deu-

[46] Siehe WJP (2022).

[47] Vgl. o https://www.wsi.de/de/wsi-mindestlohndatenbank-international-15339.htm, 27.09.2023.

tungen äußerst anfälliger Begriff, was beim Versuch der Objektivierung und quantitativen Messung je nach Interessenslage der Begriffsnutzer zu gänzlich anderen und teils weit auseinandergehenden Interpretationen und Ansätzen führen kann. Während teils an existenzielle Bedürfnisse angeknüpft wird, orientieren sich andere Sichtweisen am allgemeinen lokalen oder internationalen Wohlstandsniveau oder an einem bestimmten Prozentsatz davon.

Insofern muss eine Datenquelle gefunden werden, welche international nach möglichst objektiven Kriterien eine abstrakte und mittels methodischer Konsistenz über mehrere Länder vergleichbare Aussage über die Verbreitung von Armut im jeweiligen Land erlaubt. Letztlich kommt es für die hier verfolgten Zwecke nicht primär darauf an, welcher Interpretation von Armut gefolgt wird, solange die methodische Konsistenz erhalten bleibt und relative Aussagen erlaubt.

Das abstrakte Maß für die Verbreitung von Armut soll als Indikator dafür dienen, dass bestimmte Teile der Bevölkerung relativ gesehen unterhalb einer solchen Armutsschwelle leben. Dies kann seine Ursache etwa darin haben, dass selbstständige oder unselbstständige Arbeit nicht oberhalb des notwendigen Niveaus entlohnt werden, um das Individuum selbst und seine Angehörigen zu versorgen. Gleichzeitig kann dies als Indiz interpretiert werden, dass seitens der Bevölkerung der Anreiz bestehen kann, Arbeiten auch unterhalb einer bestimmten, auskömmlichen Entlohnungsgrenze anzunehmen.

Wir stützen uns auf die Daten der Weltbank, welche anhand verschieden hoher Schwellenwerte ermittelt, welcher Bevölkerungsanteil eines Landes seinen Lebensunterhalt mit verfügbaren Mitteln ober- bzw. unterhalb der jeweiligen Schwelle bestreiten muss.[48] Zum Ausgleich lokaler Preis- und Währungsgefälle erfolgen die Angaben in Kaufkraftparitäten (PPP, purchasing power parities).[49] Die Schwellenwerte – auch „international poverty lines" (IPL) genannt – werden an bestimmten Ländergruppen ausgerichtet; z. B. die derzeit niedrigste IPL von $2,15 PPP an einer Gruppe von Ländern mit besonders niedrigem Einkommen.[50] Aufgrund der eher europäisch geprägten Perspektive des LkSG greifen wir im Folgenden nicht auf unterschiedlich hohe IPLs zurück, sondern nutzen stattdessen einheitlich die höchste derzeit definierte IPL.[51] Dies soll explizit auch für typische armutsgeplagte Länder gelten, welche sonst einer niedrigeren IPL zugeordnet wer-

[48] Vgl. https://www.worldbank.org/en/understanding-poverty, 27.09.2023.

[49] „PPP allows us to put each country's income and consumption data in globally comparable terms. The PPP is computed on the basis of price data from across the world, and the responsibility for determining a particular year's PPP rests with the International Comparison Program, an independent statistical program with a Global Office housed within the World Bank's Development Data Group." https://www.worldbank.org/en/news/factsheet/2022/05/02/fact-sheet-an-adjustment-to-global-poverty-lines#5, 27.09.2023.

[50] Vgl. Jolliffe et al. (2017), S. 2.

[51] Vgl. https://pip.worldbank.org/poverty-calculator?src=EAP,SAS,SSA,LAC,MNA,ECA,OHI,WLD&pv=2.15&oc=pop_in_poverty&on=Population%20living%20in%20poverty&os=millions&od=Population%20living%20below%20the%20poverty%20line%20(2011%20PPP)&tab=table&ppp=2017, 08.10.2023.

den könnten. Hiermit wird der risikokonservativen Grundeinstellung unseres Ansatzes folgend ein strengerer Maßstab für p_{H8} angelegt.

Im Ergebnis erhalten wir die folgende dreiteilige Operationalisierungsvorschrift für Ind_{H8}:

$$Ind_{H8} = \begin{cases} \dfrac{0{,}8 \cdot C_{DOi} H_8 \cdot SR_i}{1 + e^{-0{,}45(45 - 100 \cdot RoL)}}, & \text{bei gesetzlichem Mindestlohn} \\ IPL, & \text{bei fehlendem gesetzlichen Mindestlohn} \\ 1, & \text{bei fehlendem Mindestlohn und IPL} \end{cases}$$

Insbesondere der letzte Term dürfte für die betroffenen Fälle zu einer Überschätzung des Risikos führen, was für die hier verfolgten Zwecke allerdings unschädlich ist, da die hohen Werte hier eine Signalwirkung für mangelnde Transparenz darstellen.

Für die Überführung der Indexwerte in Wahrscheinlichkeiten ist zu beachten, dass alle drei Elemente von Ind_{H8} bereits im Sinne von Wahrscheinlichkeiten interpretiert werden können. Insofern setzen wir:

$$p_{H8} = Ind_{H8}$$

Abschätzung von $I1_{H8}$

Die Größe $I1_{H8}$ wird bis zum Vorliegen entgegensprechender Erkenntnisse analog zur Größe $I1_{H1}$ abgeschätzt. Die Ausführungen im entsprechenden Kapitel gelten analog.

$$I1_{H8} = Emp$$

3.3.9 Durch Umweltschädigungen betroffene Grundbedürfnisse (H9)

§ 2 Abs. 2 Ziffer 9 LkSG fokussiert auf „das Verbot der Herbeiführung einer schädlichen Bodenveränderung, Gewässerverunreinigung, Luftverunreinigung, schädlichen Lärmemission oder eines übermäßigen Wasserverbrauchs, die a) die natürlichen Grundlagen zum Erhalt und der Produktion von Nahrung erheblich beeinträchtigt, b) einer Person den Zugang zu einwandfreiem Trinkwasser verwehrt, c) einer Person den Zugang zu Sanitäranlagen erschwert oder zerstört oder d) die Gesundheit einer Person schädigt“.

Abschätzung von p_{H9}

Für die Operationalisierung von p_{H9} werden zwei Anknüpfungspunkte vorgeschlagen: ein umweltbezogener Indikator und ein zweiter, auf die Gesundheit fokussierter Indikator.

Aus dem Environmental Performance Index[52] wird der Bereich „Environmental Health" ausgewählt, welcher die folgenden Bestandteile enthält: „Air Quality", „Waste Management", „Water Sanitation", „Heavy Metals".[53] Daneben wird auf den Global Health Security Index zurückgegriffen.[54]

$$Ind_{H9} = \frac{w_{EPI} \cdot EPI + w_{HSI} \cdot HSI}{w_{EPI} + w_{HSI}}$$

Für die spezifischen Gewichtungsfaktoren werden der Schwerpunktsetzung von § 2 Abs. 2 Ziffer 9 LkSG folgend die Werte $w_{EPI} = 0{,}7$ sowie $w_{HSI} = 0{,}3$ vorgeschlagen und der so errechnete Indexwert über folgende Transformationsfunktion in p_{H9} überführt:

$$p_{H9} = C_{DOi} H_9 \cdot SR_i \cdot 1 / \left(1 + e^{-0{,}1\,(20-100\,*Ind\_H9)}\right)$$

Abschätzung von $I1_{H9}$

Der Kreis der von H9 Betroffenen erstreckt sich über Unternehmensangehörige auch auf externe Personen. Neben der Mitarbeiterzahl ist daher auch die Wohnbevölkerung (RP) im Umkreis einzubeziehen.

§ 2 Abs. 2 Ziffer 9 LkSG benennt unter anderem die Beeinflussung von Boden, Gewässern, Luft, sodass je nach Produktionsprozess völlig verschiedene Beeinflussungen denkbar sind, welche wiederum einen unterschiedlichen Wirkungsradius aufweisen können. Für die initiale Abschätzung wird ein Wirkungsradius von 10 km vorgeschlagen, welcher beim Vorliegen verlässlicher Erkenntnisse angepasst werden kann. Darin soll wiederum ein Wirkungsradius von 5 km angenommen werden, welcher einer intensiveren Auswirkung ausgesetzt ist.[55]

Die Wohnbevölkerung im Kreis mit dem Wirkungsradius 5 km (RP_5) und im Kreis mit dem Wirkungsradius 10 km (RP_{10}) kann wie folgt über die Wohnbevölkerungsdichte (RPD) approximiert werden:

$$RP_5 = \pi \cdot 5^2 \cdot RPD$$

$$RP_{10} = \pi \cdot 10^2 \cdot RPD$$

Entsprechend der Argumentation im Abschn. 2.7.1 kappen wir beide Größen beim dreifachen der Landesbevölkerung und symbolisieren modifizierte RP-Zahlen mit einem Hochkomma am Symbol RP. Diese Kappung wirkt sich lediglich bei flächenkleinen Ländern aus.

[52] Vgl. Wolf et al. (2022).

[53] Vgl. Wolf et al. (2022), S. 4.

[54] Vgl. Bell und Nuzzo (2021).

[55] Aus Gründen der Übersichtlichkeit wurden in Formeln bei den Kilometerangaben und den Zahlen zur Bevölkerung(-sdichte) die Einheiten weggelassen.

$$RP'_5 = \min\left(\pi \cdot 5^2 \cdot RPD;3 \cdot RP_{country}\right)$$

$$RP'_{10} = \min\left(\pi \cdot 10^2 \cdot RPD;3 \cdot RP_{country}\right)$$

Bei der Aggregation beider Werte wird die unterschiedliche Wirkungsintensität mittels eines Intensitätsfaktors von 0,3 für den 10-km-Radius berücksichtigt:

$$I1_{H9} = RP'_5 + 0{,}3 \cdot \left(RP'_{10} - RP'_5\right) + \ldots$$

Neben der Wohnbevölkerung im so definierten Umkreis, sind auch die Mitarbeiter (Emp) des Lieferanten einzubeziehen. Unter der Annahme, dass diese zum Großteil im bereits definierten Umkreis wohnen, muss hier lediglich noch der über den Kreis hinausgehende Anteil berücksichtigt werden. In Anlehnung an öffentliche Statistiken wird dieser Anteil hilfsweise mit 0,2 angesetzt.[56]

$$I1_{H9} = RP'_5 + 0{,}3 \cdot \left(RP'_{10} - RP'_5\right) + 0{,}2 \cdot Emp$$

3.3.10 Widerrechtliche Zwangsräumung (H10)

§ 2 Abs. 2 Ziffer 10 LkSG betrifft „das Verbot der widerrechtlichen Zwangsräumung und das Verbot des widerrechtlichen Entzugs von Land, von Wäldern und Gewässern bei dem Erwerb, der Bebauung oder anderweitigen Nutzung von Land, Wäldern und Gewässern, deren Nutzung die Lebensgrundlage einer Person sichert".

Abschätzung von p_{H10}

Mit H10 ist die Frage angesprochen, ob die jeweiligen staatlichen Akteure derartige widerrechtliche Praktiken selbst durchführen oder diese in ihrem Land dulden. Ersteres soll anhand des Indikators 6.5 aus dem RoL[57] berücksichtigt werden, während Letzteres ganz allgemein über die Rule of Law abgeschätzt werden soll.[58] Beide Indikatoren sollen in einen gewichteten Mittelwert einfließen:

$$Ind_{H10} = \frac{w_{RoL} \cdot RoL + w_{RoL6.5} \cdot RoL6.5}{w_{RoL} + w_{RoL6.5}}$$

[56] Vgl. Santkiewitsch und Seifert (2012), S. 2.

[57] Siehe WJP (2022).

[58] Rule of Law-Index, Indikator „6.5 The government does not expropriate without lawful process and adequate compensation: Measures whether the government respects the property rights of people and corporations, refrains from the illegal seizure of private property, and provides adequate compensation when property is legally expropriated." WJP (2022), S. 18.

dessen spezifische Gewichtungsfaktoren mit $w_{RoL} = 0{,}8$ sowie $w_{RoL6{,}5} = 0{,}2$ belegt werden. Hiermit wird der Umstand berücksichtigt, dass RoL lediglich auf einen Teilbereich von H10 abzielt, während der andere Indikator eine viel breitere und umfassendere Aussage zur Rechtsstaatlichkeit ermöglicht. Den Wahrscheinlichkeitswert p_{H10} schätzen wir über die folgende Transformationsfunktion ab:

$$p_{H10} = C_{DOi}H_{10} \cdot SR_i \cdot 1/\left(1 + e^{-0{,}1\,(20-100\,*\,Ind\_H10)}\right)$$

Abschätzung von $I1_{H10}$

Die Abschätzung von $I1_{H10}$ wird analog zu $I1_{H9}$ angelegt, wobei hier jedoch diejenigen Personen in der Rechnung neutralisiert werden sollen, welche sich außerhalb des Wirkungskreises befinden. Als Radius werden fünf Kilometer vorgeschlagen.

$$I1_{H10} = RP'_5$$

3.3.11 Nutzung privater oder öffentlicher Sicherheitskräfte (H11)

§ 2 Abs. 2 Ziffer 11 LkSG fokussiert auf „das Verbot der Beauftragung oder Nutzung privater oder öffentlicher Sicherheitskräfte zum Schutz des unternehmerischen Projekts, wenn aufgrund mangelnder Unterweisung oder Kontrolle seitens des Unternehmens bei dem Einsatz der Sicherheitskräfte a) das Verbot von Folter und grausamer, unmenschlicher oder erniedrigender Behandlung missachtet wird, b) Leib oder Leben verletzt werden oder c) die Vereinigungs- und Koalitionsfreiheit beeinträchtigt werden.“

Abschätzung von p_{H11}

H11 zielt letztlich auf die Vermeidung von Verstößen gegen diverse gesetzliche Verbote bzw. die Einhaltung und Durchsetzung entsprechender gesetzlicher Regelungen. Aspekte wie die Aufrechterhaltung der öffentlichen Sicherheit und Ordnung sowie die Durchsetzung von Regeln durch die Exekutive sowie die Möglichkeit der Aufdeckung und Ahndung von Abweichungen durch ein funktionierendes Justizsystem sind wesentliche Garanten hierfür. Sie finden sich im Indikator RoL wieder,[59] welcher daher auch für Ind_{H11} herangezogen werden soll.

Falls für einen Staat kein RoL-Wert vorhanden sein sollte, so wird Ind_{H11} aus Gründen der Signalwirkung mit dem denkbar schlechtesten Wert belegt.

[59] Z. B. RoL4: fundamental rights, RoL5: order and security, RoL6: regulatory enforcement, RoL7: civil justice, RoL 8: criminal justice, etc. Vgl. https://worldjusticeproject.org/our-work/research-and-data/wjp-rule-law-index-2021/factors-rule-law, 28.09.2023.

$$Ind_{H11} = \begin{vmatrix} RoL, & bei\,vorhandenem\,RoL \\ 0, & bei\,fehlendem\,RoL \end{vmatrix}$$

Den Wahrscheinlichkeitswert p_{H11} schätzen wir über die folgende Transformationsfunktion ab:

$$p_{H11} = C_{DOi}H_{11} \cdot SR_i \cdot 1/\left(1+e^{-0,1\,(20-100\,*\,Ind_{H11})}\right)$$

Abschätzung von $I1_{H11}$

Die Abschätzung von $I1_{H11}$ wird analog zu $I1_{H10}$ und ebenfalls mit einem Radius von 5 km angelegt.

$$I1_{H11} = RP'_5$$

3.3.12 Andere Beeinträchtigungen (H12)

§ 2 Abs. 2 Ziffer 12 LkSG betrifft andere, über H1 bis H11 hinausgehende Beeinträchtigungen der Rechtspositionen aus denjenigen Übereinkommen zum Schutz der Menschenrechte, auf welche § 2 Abs. 1 referenziert und welches „... unmittelbar geeignet ist, in besonders schwerwiegender Weise eine geschützte Rechtsposition zu beeinträchtigen und ... [deren] Rechtswidrigkeit bei verständiger Würdigung aller in Betracht kommenden Umstände offensichtlich ist."

Abschätzung von p_{H12}

H12 bezieht sich nicht explizit auf ein bestimmtes, sachlich positiv abgegrenztes Risiko, sondern ist als Auffangtatbestand zu verstehen. Insofern wäre zu diskutieren, ob H12 in Fällen, in denen keine entsprechenden Kenntnisse oder Vermutungen vorliegen, überhaupt sachgerecht bewertet werden kann. Ohne solche Kenntnisse fehlt ein konkreter sachlicher Anknüpfungspunkt für die Operationalisierung.

Soll dennoch zumindest ein grober Anhalt gegeben und in die Gesamtbetrachtungen einbezogen werden, so empfehlen wir in Analogie zu Ind_{H11}:

$$Ind_{H12} = \begin{vmatrix} RoL, & bei\,vorhandenem\,RoL \\ 0, & bei\,fehlendem\,RoL \end{vmatrix}$$

Den Wahrscheinlichkeitswert p_{H12} schätzen wir über die folgende Transformationsfunktion ab:

$$p_{H12} = C_{DOi}H_{12} \cdot SR_i \cdot 1/\left(1+e^{-0,1\,(20-100\,*\,Ind\_H12)}\right)$$

Abschätzung von $I1_{H12}$

Die Abschätzung von $I1_{H12}$ wird analog zu $I1_{H11}$ und ebenfalls mit einem Radius von 5 km angelegt.

$$I1_{H12} = RP'_5$$

3.4 Umweltbezogene Risiken gem. § 2 Abs. 3 LkSG

3.4.1 Herstellung von mit Quecksilber versetzten Produkten (E1)

§ 2 Abs. 3 Ziffer 1 LkSG zielt auf „das Verbot der Herstellung von mit Quecksilber versetzten Produkten gemäß Artikel 4 Absatz 1 und Anlage A Teil I des Übereinkommens von Minamata vom 10. Oktober 2013 über Quecksilber (BGBl. 2017 II S. 610, 611) (Minamata-Übereinkommen)."

Abschätzung von p_{E1}

Für die Operationalisierung von p_{E1} werden zwei Anknüpfungspunkte vorgeschlagen: Analog zu dem oben bereits angewendeten Schema orientieren wir uns an entsprechenden Schutzvorschriften und insbesondere an der Ratifizierung der „Minamata Convention on Mercury" (MCM) der Vereinten Nationen in Verbindung mit der „Rule of Law".[60]

Aus dem Environmental Performance Index[61] wird die Unterkategorie Schwermetalle (EPI_HM) ausgewählt, welche die gesundheitlichen Auswirkungen von Schwermetallbelastungen auf die Bevölkerung abbildet.[62]

$$Ind_{E1} = \frac{w_{EPI\_HM} \cdot EPI\_HM + w_{MCM} \cdot MCM \cdot RoL}{w_{EPI\_HM} + w_{MCM}}$$

Zur Berücksichtigung des Einflusses der Materialgruppe von DO_i wird Ind_{E1} um den Faktor $C_{DOi}E1$ ergänzt.[63]

Für die spezifischen Gewichtungsfaktoren werden initial die Werte $w_{EPI} = 0{,}5$ sowie $w_{MCM} = 0{,}5$ vorgeschlagen und der so errechnete Indexwert über folgende Transformationsfunktion in p_{E1} überführt:

[60] Siehe WJP (2022).

[61] Vgl. Wolf et al. (2022).

[62] Wolf et al. (2022), Technical Appendix S. 46: „We measure lead exposure using the number of age-standardized disability-adjusted life-years lost per 100,000 persons (DALY rate) due to lead contamination in the environment." Die genutzten Indikatoren beziehen sich zwar nicht direkt auf Quecksilber, aber es wird unterstellt, dass die Indikatoreigenschaft dennoch bestehen kann.

[63] Vgl. hierzu Abschn. 3.1.2 zu materialgruppenspezifischen Indikatoren.

$$p_{E1i} = C_{DOi}E_1 \cdot SR_i \cdot 1/\left(1+e^{-0{,}1\,(30-100\,*Ind\_E1i)}\right)$$

Abschätzung von $I1_{E1}$

Die Größe $I1_{E1}$ wird analog zu $I1_{H9}$ abgeschätzt:

$$I1_{E1} = RP'_5 + 0{,}3 \cdot \left(RP'_{10} - RP'_5\right) + 0{,}2 \cdot Emp$$

3.4.2 Verwendung von Quecksilber (E2)

§ 2 Abs. 3 Ziffer 2 LkSG zielt auf „das Verbot der Verwendung von Quecksilber und Quecksilberverbindungen bei Herstellungsprozessen im Sinne des Artikels 5 Absatz 2 und Anlage B Teil I des Minamata-Übereinkommens ab dem für die jeweiligen Produkte und Prozesse im Übereinkommen festgelegten Ausstiegsdatum".

Abschätzung von p_{E2}

Die Operationalisierung von p_{E2} erfolgt analog zu p_{E1}.

Abschätzung von $I1_{E2}$

Die Größe $I1_{E2}$ wird analog zu $I1_{H9}$ abgeschätzt:

$$I1_{E2} = RP'_5 + 0{,}3 \cdot \left(RP'_{10} - RP'_5\right) + 0{,}2 \cdot Emp$$

3.4.3 Quecksilberabfälle (E3)

§ 2 Abs. 3 Ziffer 3 LkSG zielt auf „das Verbot der Behandlung von Quecksilberabfällen entgegen den Bestimmungen des Artikels 11 Absatz 3 des Minamata-Übereinkommens".

Abschätzung von p_{E3}

Die Operationalisierung von p_{E3} erfolgt analog zu p_{E1}.

Abschätzung von $I1_{E3}$

Die Größe $I1_{E3}$ wird über drei Stufen in Radien von 5, 10 sowie 20 km abgeschätzt mit den Gewichtungsfaktoren 1, 0,3 sowie 0,1:

$$I1_{E3} = RP'_5 + 0{,}3 \cdot \left(RP'_{10} - RP'_5\right) + 0{,}1 \cdot \left(RP'_{20} - RP'_{10}\right)$$

3.4.4 Chemikalien (E4)

§ 2 Abs. 3 Ziffer 4 LkSG zielt auf „das Verbot der Produktion und Verwendung von Chemikalien nach Artikel 3 Absatz 1 Buchstabe a und Anlage A des Stockholmer Übereinkommens vom 23. Mai 2001 über persistente organische Schadstoffe.“

Abschätzung von p_{E4}

Für die Operationalisierung von p_{E4} werden zwei Anknüpfungspunkte vorgeschlagen: Analog zu dem oben bereits angewendeten Schema orientieren wir uns an entsprechenden Schutzvorschriften und insbesondere an der Ratifizierung des „Stockholmer Übereinkommens über persistente organische Schadstoffe“[64] (POP) in Verbindung mit der „Rule of Law“.[65] Aus dem Environmental Performance Index[66] wird für die initiale Abschätzung der Indexbereich „Environmental Health“ ausgewählt.

$$Ind_{E4} = \frac{w_{EPI} \cdot EPI + w_{POP} \cdot POP \cdot RoL}{w_{EPI} + w_{POP}}$$

Zur Berücksichtigung des Einflusses der Materialgruppe von DO_i wird Ind_{E4} um den Faktor $C_{DOi}E4$ ergänzt.[67]

Für die spezifischen Gewichtungsfaktoren werden initial die Werte $w_{EPI} = 0{,}5$ sowie $w_{POP} = 0{,}5$ vorgeschlagen und der so errechnete Indexwert über folgende Transformationsfunktion in p_{E4} überführt:

$$p_{E4i} = C_{DOi}E_4 \cdot SR_i \cdot 1 / \left(1 + e^{-0{,}1\,(50-100\,*\,Ind\_E4i)}\right)$$

Abschätzung von $I1_{E4}$

Die Größe $I1_{E4}$ wird bis zum Vorliegen entgegensprechender Erkenntnisse analog zur Größe $I1_{H1}$ abgeschätzt. Die Ausführungen im entsprechenden Kapitel gelten analog.

$$I1_{E4} = Emp$$

[64] Der englische Titel des im Mai 2004 in Kraft getretenen Übereinkommens lautet „Stockholm Convention on Persistent Organic Pollutants“ und wird in Anlehnung an die letzten drei Worte des Titels auch „POP-Konvention“ genannt. Synonym werden auch die Kurztitel „Stockholm-Konvention“ oder „Stockholmer Übereinkommen“ genutzt. Link zum Originaltext: https://treaties.un.org/doc/Treaties/2001/05/20010522%2012-55%20PM/Ch_XXVII_15p.pdf, 08.10.2023.

[65] Siehe WJP (2022).

[66] Vgl. Wolf et al. (2022).

[67] Vgl. hierzu Abschn. 3.1.2 zu materialgruppenspezifischen Indikatoren.

3.4.5 Abfälle (E5)

§ 2 Abs. 3 Ziffer 5 LkSG zielt auf „das Verbot der nicht umweltgerechten Handhabung, Sammlung, Lagerung und Entsorgung von Abfällen nach den Regelungen, die in der anwendbaren Rechtsordnung nach den Maßgaben des Artikels 6 Absatz 1 Buchstabe d Ziffer i und ii des POPs-Übereinkommens gelten".

Abschätzung von p_{E5}

Da E5 an dieselbe Rechtsvorschrift wie E4 anknüpft, soll die Operationalisierung analog erfolgen. Auch der Indikator „Environmental Health" aus dem Environmental Performance Index[68] wird analog genutzt.

$$Ind_{E5} = \frac{w_{EPI} \cdot EPI + w_{POP} \cdot POP \cdot RoL}{w_{EPI} + w_{POP}}$$

Zur Berücksichtigung des Einflusses der Materialgruppe von DO_i wird Ind_{E5} um den Faktor $C_{DOi}E5$ ergänzt.[69]

Für die spezifischen Gewichtungsfaktoren werden initial die Werte $w_{EPI} = 0{,}5$ sowie $w_{POP} = 0{,}5$ vorgeschlagen und der so errechnete Indexwert über folgende Transformationsfunktion in p_E5 überführt:

$$p_{E5i} = C_{DOi}E_5 \cdot SR_i \cdot 1 / \left(1 + e^{-0{,}1\,(50-100 \,*\, Ind_{E5i})}\right)$$

Abschätzung von $I1_{E5}$

Die Größe $I1_{E5}$ wird über drei Stufen in Radien von 5, 10 sowie 20 km abgeschätzt mit den Gewichtungsfaktoren 1, 0,3 sowie 0,1:

$$I1_{E5} = RP'_5 + 0{,}3 \cdot \left(RP'_{10} - RP'_5\right) + 0{,}1 \cdot \left(RP'_{20} - RP'_{10}\right)$$

3.4.6 Ausfuhr gefährlicher Abfälle gem. Artikel 1 des Basler Übereinkommens (E6)

§ 2 Abs. 3 Ziffer 6 LkSG fokussiert auf „das Verbot der Ausfuhr gefährlicher Abfälle im Sinne des Artikel 1 Absatz 1 und anderer Abfälle im Sinne des Artikel 1 Absatz 2 des Basler Übereinkommens über die Kontrolle der grenzüberschreitenden Verbringung gefährlicher Abfälle und ihrer Entsorgung … und im Sinne der Verordnung (EG) Nr. 1013/2006 des Europäischen Parlaments und des Rates vom 14. Juni 2006 über die Verbringung von Abfällen …".

---

[68] Vgl. Wolf et al. (2022).

[69] Vgl. hierzu Abschn. 3.1.2 zu materialgruppenspezifischen Indikatoren.

Abschätzung von p_{E6}

Die in § 2 Abs. 3 Ziffer 6 LkSG angesprochene Verordnung Nr. 1013/2006 des Europäischen Parlaments und des Rates vom 14. Juni 2006 regelt die EU-weite Umsetzung der Regelungen des sog. Basler Übereinkommens über die Kontrolle der grenzüberschreitenden Verbringung gefährlicher Abfälle und ihrer Entsorgung vom 22. März 1989.[70]

Das Risiko E6 besteht nur bei Grenzübertritten, d. h. wenn Sender und Empfänger der Abfälle in unterschiedlichen Ländern ansässig sind. Allerdings bezieht sich § 2 Abs. 3 Ziffer 6 LkSG nicht zwingend darauf, dass diese Verbringung gefährlicher Abfälle zwischen dem Unternehmen und seinen Lieferanten stattfinden muss. Denkbar ist auch, dass das Unternehmen mit den entsprechenden Lieferanten Lieferbeziehungen in Bezug auf gänzlich unbedenkliche Waren unterhält, während die Lieferanten ihre womöglich vorhandenen gefährlichen Abfallstoffe wiederum (grenzüberschreitend) an Dritte weitergeben. Auch ein solches, die unmittelbare Lieferbeziehung nicht betreffendes Verhalten, soll in den Fokus genommen werden. Insofern wird ohne Berücksichtigung eines eventuellen Grenzübertritts zwischen Unternehmen und unmittelbarem Lieferanten, auf die Ratifizierung des Basler Übereinkommens (BC) im Land des Lieferanten abgestellt. Zur Berücksichtigung des Einflusses der Materialgruppe von DO_i wird die bereits bekannte Ratifizierungslogik um den Faktor $C_{DOi}E6$ ergänzt.[71]

$$Ind_{E6i} = BC_i \cdot RoL_i$$

Der so errechnete Indexwert wird über folgende Transformationsfunktion in p_{E6i} überführt:

$$p_{E6i} = C_{DOi}E_6 \cdot SR_i \cdot 1 / \left(1 + e^{-0,1\,(50-100\,*Ind\_E6i)}\right)$$

Abschätzung von $I1_{E6}$

Der eigentliche Grenzübertritt hat im engeren Sinne als Geschädigten nur den Staat, gegen dessen Rechte hier verstoßen wurde. Die möglicherweise in der Folge einer nicht sachgerechten Entsorgung betroffen Personen sind (mengenmäßig) bereits in $I1_{E5}$ enthalten.

$I1_{E5}$ wurde auf Basis des Lieferantenlandes ermittelt. Da das Zielland der Ausfuhr von Abfällen jedoch unbekannt sein kann, könnte ebenfalls eine Ermittlung anhand globaler Durchschnittswerte für RPD erfolgen:

$$RP'_x = \pi \cdot x^2 \cdot RPD_{global}$$

$$I1_{E6} = RP'_5 + 0,3 \cdot \left(RP'_{10} - RP'_5\right) + 0,1 \cdot \left(RP'_{20} - RP'_{10}\right)$$

[70] Dieses wird gelegentlich als Basler Konvention oder Basel Convention on the Control of Transboundary Movements of Hazardous Wastes and Their Disposal bezeichnet.

[71] Vgl. hierzu Abschn. 3.1.2 zu materialgruppenspezifischen Indikatoren.

3.4.7 Ausfuhr gefährlicher Abfälle gem. Anlage VII des Basler Übereinkommens (E7)

§ 2 Abs. 3 Ziffer 7 LkSG betrifft „das Verbot der Ausfuhr gefährlicher Abfälle von in Anlage VII des Basler Übereinkommens aufgeführten Staaten in Staaten, die nicht in Anlage VII aufgeführt sind (Artikel 4A des Basler Übereinkommens, Artikel 36 der Verordnung (EG) Nr. 1013/2006)“.

Abschätzung von p_{E7}

Dieses Risiko kann nur Unternehmen und Zulieferer aus solchen Staaten betreffen, welche in Anlage VII aufgeführt sind und gleichzeitig gefährliche Abfälle in Staaten außerhalb der „Anlage VII“-Gruppe exportieren. Innerstaatliche Transfers sowie Transfers innerhalb der in Anlage VII definierten Staaten sind daher per definitionem nicht einschlägig. Anlage VII umfasst derzeit die Vertragsparteien des Übereinkommens und andere Staaten, die Mitglied der OECD, EG sind sowie Liechtenstein. Gleichzeitig gilt jedoch analog zu E6, dass auch hier über das unmittelbare Lieferantenverhältnis hinaus Drittbeziehungen existieren können, was in der Risikobetrachtung berücksichtigt werden soll. Darüber hinaus ist dieses Risiko nur für bestimmte Materialgruppen („gefährliche Abfälle“) einschlägig.

Die Operationalisierung erfolgt analog zu E6 über die Ratifizierung des Basler Übereinkommens (BC) im Land des Lieferanten und unter Berücksichtigung des Einflusses der Materialgruppe von DO_i mittels des Faktors $C_{DOi}E7$.[72]

Der so errechnete Indexwert wird über folgende Transformationsfunktion in p_{E7} überführt:

$$p_{E7i} = C_{DOi}E_7 \cdot SR_i \cdot 1/\left(1+e^{-0,1\,(50-100\,*\,Ind_{E6i})}\right)$$

Abschätzung von $I1_{E7}$

Die Abschätzung kann analog zu $I1_{E6}$ erfolgen:

$$I1_{E7} = RP'_5 + 0,3\cdot\left(RP'_{10} - RP'_5\right) + 0,1\cdot\left(RP'_{20} - RP'_{10}\right)$$

3.4.8 Einfuhr gefährlicher Abfälle (E8)

§ 2 Abs. 3 Ziffer 7 LkSG betrifft „das Verbot der Einfuhr gefährlicher Abfälle und anderer Abfälle aus einer Nichtvertragspartei des Basler Übereinkommens (Artikel 4 Absatz 5 des Basler Übereinkommens).“

[72] Vgl. hierzu Abschn. 3.1.2 zu materialgruppenspezifischen Indikatoren.

Abschätzung von p_{E8}

Für alle Ratifizierungsstaaten ist das Risiko E8 per definitionem nicht vorhanden. Für Ratifizierungsstaaten könnte daher eine Hilfsvariable mit dem Wert null multiplikativ in die Operationalisierungsformel eingeführt werden. Falls mehrere vorgelagerte Stufen der Lieferkette mit einbezogen werden, muss dieser Faktor überdacht und die jeweiligen Liefervorstufen eines unmittelbaren Lieferanten bzw. deren Herkunftsländer beachtet werden. Analog zu E6 und E7 gelten hier also dieselben Bedenken, welche zugunsten einer konservativen Risikoabschätzung berücksichtigt werden und daher keine solche Hilfsvariable genutzt werden soll. Stattdessen wird wiederum auf die Ratifizierungslogik des Basler Übereinkommens (BC) im Land des Lieferanten abgestellt, welche hinsichtlich der Materialgruppe von DO_i um den Faktors $C_{DOi}E8$ ergänzt wird.[73]

$$Ind_{E8i} = BC_i \cdot RoL_i$$

Der so errechnete Indexwert wird über folgende Transformationsfunktion in p_{E8} überführt:

$$p_{E8i} = C_{DOi}U_8 \cdot SR_i \cdot 1 / \left(1 + e^{-0,1(50-100*Ind\_E8i)}\right)$$

Abschätzung von $I1_{E8}$

Die Abschätzung kann analog zu $I1_{E6}$ erfolgen:

$$I1_{E8} = RP'_5 + 0,3 \cdot \left(RP'_{10} - RP'_5\right) + 0,1 \cdot \left(RP'_{20} - RP'_{10}\right)$$

[73] Vgl. hierzu Abschn. 3.1.2 zu materialgruppenspezifischen Indikatoren.

Aggregierte, I1-basierte Risikomaße

4

In diesem Kapitel werden aggregierte Risikomaße vorgestellt, die eine umfassendere Perspektive auf die Risikoexposition der Lieferkette eines Unternehmens ermöglichen. Bisher wurde das einer Lieferverpflichtung potenziell anhaftende Risiko meist als Tupel dargestellt, welches sich aus den bereits bekannten menschenrechtlichen und umweltbezogenen Einzelrisiken zusammensetzt:

$$DO_i = \begin{pmatrix} H1_i \\ \vdots \\ Hk_i \\ \vdots \\ H12_i \\ E1_i \\ \vdots \\ Ek_i \\ \vdots \\ E8_i \end{pmatrix}$$

Dies erlaubt eine vielseitige, detaillierte, nach Teilrisiken separierte Übersicht, wobei allerdings nicht der häufig anzutreffende Bedarf nach aggregierten Risikoaussagen adressiert wird. Dieser umfasst beispielsweise Fragen nach:

- einem über alle H_k und E_k aggregierten, skalaren Risikowert für eine bestimmte Lieferverpflichtung,

M. Ebersoll et al., *QuaRisk – Risikomanagement für Lieferketten neu gedacht*, https://doi.org/10.1007/978-3-658-51439-6_4

- dem Gesamtrisiko über alle Lieferverpflichtungen
  - mit einem bestimmten Lieferanten,
  - in einem bestimmten Land,
  - mit einer bestimmten Materialgruppe,
- dem Gesamtrisiko über alle Lieferverpflichtungen, die sich im Rahmen der Risikoanalyse ergeben haben,
- einer durchschnittlichen Risikoeintrittswahrscheinlichkeit über alle H_k und E_k
  - einer bestimmten Lieferverpflichtung,
  - eines bestimmten Lieferanten,
  - in einer bestimmten Materialgruppe,
  - in einem bestimmten Land,
- dem aggregierten Wert für ein bestimmtes H_k oder E_k über alle oder ausgewählte Lieferverpflichtungen hinweg.

Für derartige Fragestellungen liefern die folgenden Abschnitte abstrakte Risikomaße, welche dezidierte Risikoaussagen und Quervergleiche ermöglichen und für das Risikomanagement genutzt werden können.

4.1 Gesamtrisikomaße

4.1.1 Das Gesamtrisiko für DO_i

Das Gesamtrisiko DO_i soll auf Basis der zwölf menschenrechtlichen und acht Umweltrisiken sowie der Auswirkungskategorie I1 einen aggregierten Risikowert für die Lieferverpflichtung i ausweisen. Aufbauend auf dem Erwartungswertkonzept ergibt sich das Risiko in seiner ersten Annäherung als Summe der Teilrisiken: $H_{ki} = H_{ki}(p_{iHk} \cdot I1_{Hki})$ bzw. $E_{ki} = E_{ki}(p_{iEk} \cdot I1_{Eki})$. Da die Einzelrisiken in ihrer Bedeutung unterschiedlich angesehen werden können und sich teils überlappen, bietet sich eine Aggregation unter Zuhilfenahme spezifischer Gewichtungsfaktoren w_{Hk} bzw. w_{Ek} an:

$$DO_i = \frac{\sum_{Hk=1}^{12} p_{iHk} \cdot I1_{iHk} \cdot w_{Hk} + \sum_{Ek=1}^{8} p_{iEk} \cdot I1_{iEk} \cdot w_{Ek}}{\sum_{Hk=1}^{12} w_{Hk} + \sum_{Ek=1}^{8} w_{Ek}}$$

Im vorhergehenden Kapitel wurden Eintrittswahrscheinlichkeiten für etwaige Rechtsverstöße und die Anzahl potenziell betroffener Personen ermittelt. Insofern lässt sich DO_i als Risikoexposition in Form einer Menge von Rechtsverstößen ansehen, wobei ein und dieselbe Person auch von mehreren Rechtsverstößen betroffen sein kann. Sobald auch nur einer der Gewichtungsfaktoren ungleich eins ist, verliert DO_i einen Teil dieser recht anschaulichen Deutung und muss stattdessen als abstrakte Anzahl von „normierten", relativgewichtigen Rechtsverstößen gelesen werden, weil bestimmte Rechtsverstöße, dann mit ihrem w_{Hk}-Fachen in die Berechnung einfließen.[1] Diese Abstraktion geht jedoch mit dem großen Vorteil einher, dass die teils sehr heterogenen Risikoszenarien mittels der Gewichtung auf ein einheitliches Niveau normiert werden.

Während also das ungewichtete DO_i (mit $w_{Hk} = w_{Ek} = 1$, für alle k) zweifellos einen intersubjektiv nachvollziehbaren Maßstab für die jeweiligen Risikopotenziale darstellt, kann es gleichzeitig unmöglich mit den typischerweise grundverschiedenen, subjektiven Bewertungen übereinstimmen, die ein jeder Mensch vor dem eigenen Wissen- und Erfahrungshintergrund hierfür vornehmen mag. Diese individuelle Kongruenz kann daher nicht der Anspruch des Modells sein. Dennoch kann bei der Quantifizierung der Gewichtungsfaktoren der Versuch unternommen werden, die kollektiv empfundene Intensität und ethische Einordnung der jeweiligen (potenziellen) Rechtsverstöße zu berücksichtigen. Wenn etwa ein Verstoß gegen die Koalitionsfreiheit (H6) oder den Arbeitsschutz (H5) als weniger schwerwiegend als ein Fall von Kinderarbeit (H1 und H2) oder Sklaverei (H4) angesehen wird, dann spricht dies dafür $w_{H6} < w_{H1,2,4}$ zu wählen. Dieser Justierungsvorgang ist keineswegs trivial und erfordert neben der sachlichen Auseinandersetzung mit den verschiedenen Risikoausprägungen auch eine Abwägung aus ethischer Perspektive. Dies kann die vorliegende Ausarbeitung keineswegs leisten und kann daher nur grobe Ansatzpunkte bieten, welche im Rahmen der weiteren Forschung und gesellschaftlichen Diskussion angepasst werden müssen.

Bis zum Vorliegen entgegensprechender Erkenntnisse werden die in Tab. 4.1 enthaltenen Gewichtungsfaktoren vorgeschlagen.[2]

Die Wirkung der Gewichtung wird im Vergleich der exemplarischen Kreisdiagramme in Abb. 4.1 deutlich.[3] Während in der ungewichteten Variante mehr als drei Viertel der Kreisfläche auf die Risikowirkungen von E5 bis E8 entfallen, sind in der gewichteten Variante die anderen Risiken präsenter.

Mit Blick auf die 500 Lieferverpflichtungen eines Beispielunternehmens ergibt sich für DO_1 bis DO_{500} folgendes Histogramm (siehe Abb. 4.2). Mehr als die Hälfte der DO-Werte befinden sich im Intervall von null bis 620, während sich ein weiteres Viertel auf den Wertebereich bis ca. 4000 verteilt.

---

[1] Diese Betrachtungen lassen sich analog zu Mitarbeiterzahlen in Unternehmen verstehen, deren Menge einerseits in Vollzeitäquivalenten oder andererseits in beschäftigten Personen bzw. Arbeitsverträgen gemessen werden kann.

[2] Die Gewichtungsfaktoren werden grundsätzlich mit dem Wert 1 belegt und nur bei Abweichungen entsprechend kommentiert. Bei der Quantifizierung sind zwei grundverschiedene Ansätze möglich. Wenn etwa dem schwerwiegendsten Risiko das Gewicht mit dem Wert eins zugeordnet wird, dann werden für die anderen Gewichte Werte kleiner oder gleich eins resultieren. Wird hingegen das am wenigsten bedeutsame Risiko mit dem Wert eins belegt, so resultieren für die anderen Gewichtungsfaktoren Werte über eins.

[3] Die darin gezeigten Werte ergeben sich für die Risikokonstellation des Beispielunternehmens.

Tab. 4.1 Gewichtungsfaktoren menschenrechtlicher und umweltbezogener Risiken

M_k, U_k	w_{Mk}, w_{Uk}	Kommentar
H1	1	Siehe H2
H2	1	Da H1 eine Teilmenge von H2 ist, wird im Rahmen der Risikoaggregation nur die Differenz aus beiden Risikowerten berücksichtigt: $H2 - H_1$
H3	0,2	Da H3 als Teilmenge von H4 interpretiert werden kann und H4 als intensiverer Eingriff in die Menschenrechte angesehen wird, werden beide mit Gewichtungsfaktoren mit der Eigenschaft $1 > w_{H4} > w_{H3}$ und der Schließbedingung $w_{H4} + w_{H3} = 1$ versehen.
H4	0,8	Siehe H3
H5	0,5	Entsprechend der obigen Argumentation soll $w_{H5} < w_{H1}$ gelten.
H6	0,5	Analog zu H5
H7	0,5	Analog zu H5
H8	0,6	Analog zu H5 allerdings mit etwas höherer Gewichtung, da eine existenzsichernde Vergütung direkt auf menschliche Grundbedürfnisse einwirkt.
H9	0,6	Analog zu H8
H10	0,6	Analog zu H8
H11	0,5	Analog zu H5
H12	0	Die explizit bekannten Risikoszenarien sind durch andere H_k bereits abgedeckt. Siehe hierzu auch Abschn. 3.3.12.
E1	0,5/3	Aufgrund der thematischen Überlappungen werden die Gewichte für E1, E2 und E3 mit der Eigenschaften $w_{E1} = w_{E2} = w_{E3}$ und $w_{E1} + w_{E2} + w_{E3} = x$ versehen. Analog zur Argumentation für H5 wird $x = 0{,}5$ gewählt.
E2	w_{E1}	Siehe E1
E3	w_{E1}	Siehe E1
E4	0,4	Analog zur Argumentation bei H5 soll $w_{E4} < w_{H1}$ gelten. Gleichzeitig ist zu berücksichtigen, dass E4 erst mittelbar und indirekt auf Menschen und ihre Grundbedürfnisse einwirkt, weshalb wir $w_{E4} < w_{H9}$ wählen.
E5	$0{,}4 \cdot 3/6$	Aufgrund der thematischen Überlappungen werden die Gewichte für E5 bis E8 mit der Bedingung $w_{E5} + w_{E6} + w_{E7} + w_{E8} = x$ versehen und aufgrund der analog zu E4 bestehenden indirekten Wirkung mit $x = 0{,}4$ beziffert. Im Quervergleich wird zudem E5 als das wesentliche, menschliche Lebensgrundlagen gefährdende Risiko angesehen, weshalb gelten soll: $w_{E5} >> w_{E6} = w_{E7} = w_{E8}$.
E6	$0{,}4 \cdot 1/6$	Siehe E5
E7	w_{E6}	Siehe E5
E8	w_{E6}	Siehe E5

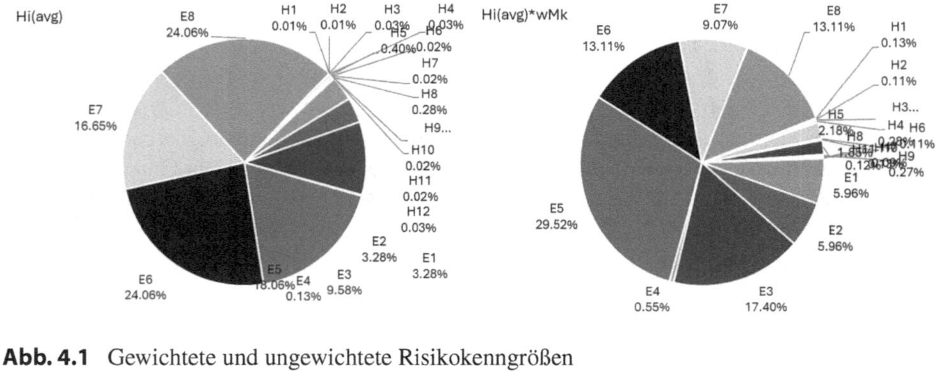

Abb. 4.1 Gewichtete und ungewichtete Risikokenngrößen

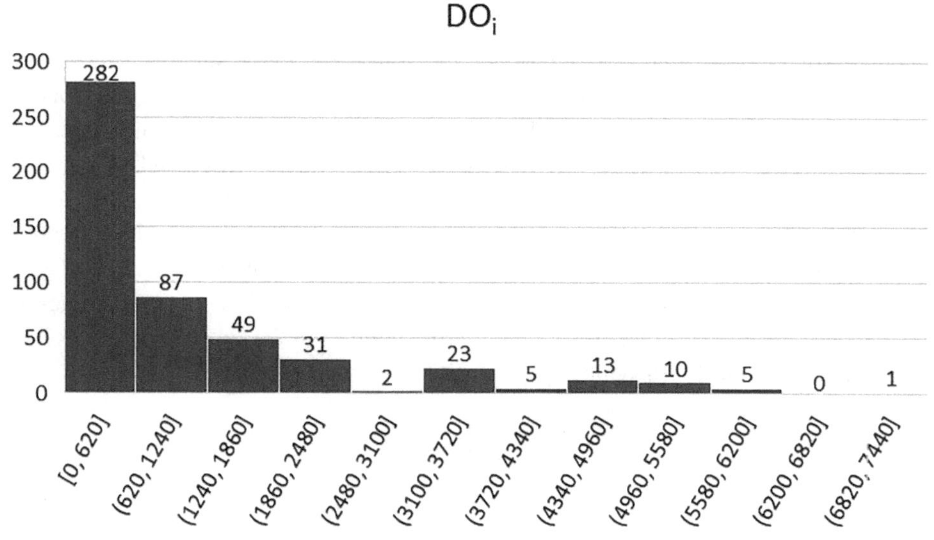

Abb. 4.2 Häufigkeitsverteilung der DOi-Werte

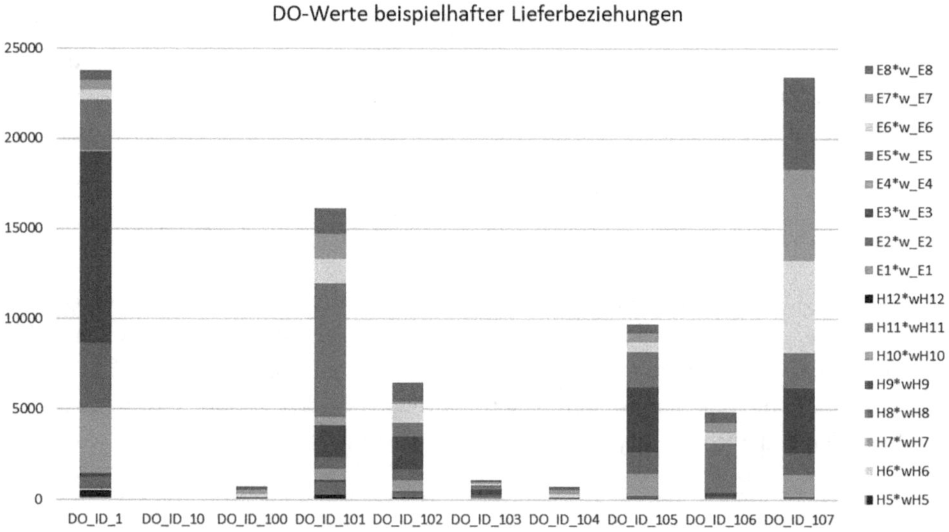

Abb. 4.3 DO-Werte beispielhafter Lieferverpflichtungen

In der Übersicht in Abb. 4.3 wurden beispielhaft einige Lieferbeziehungen ausgewählt und ihr jeweiliger Risikowert in Form einer Säule abgetragen. An der Höhe der Säule lassen sich unmittelbar mehr und weniger kritische Lieferbeziehungen erkennen. Daneben wird deutlich, dass die Säulen ihre ganz eigene Komposition von verschiedenen Farbschichten aufweisen, woran sich die Zusammensetzung der jeweiligen Risikowerte DO_i aus den Einzelrisiken H_k und E_k ablesen lässt.

4.1.2 Das Gesamtrisiko für einen Lieferanten $DO_{Lieferant}$

Die Gesamtrisikoexposition für einen Lieferanten ($DO_{Lieferant}$) lässt sich über die Summe aller DO_i dieses Lieferanten approximieren und deren Durchschnitt wiederum über ein arithmetisches Mittel. Unter der Annahme weitgehend homogener Lieferaktivitäten mit diesem Lieferanten kann diese Summe bzw. der Mittelwert der zugehörigen DO_i als robustes Maß angesehen werden.

Da ein und derselbe Lieferant in der Praxis jedoch in Lieferaktivitäten mit sehr heterogenen Produkten, Mengen und Werten eingebunden sein kann, bietet sich eine diesbezüglich gewichtete Aggregation an. Als Gewichtungsfaktor kommt etwa das in Währungseinheiten gemessene Liefervolumen der Lieferverpflichtung i in Frage, welches im Folgenden vereinfachend mit EUR_i symbolisiert werden soll.[4]

$$DO_{Lieferant} = \sum_{alle\ i\ des\ Lief.} DO_i \cdot EUR_i$$

Für spätere Zwecke definieren wir weiterhin das gesamte Liefervolumen eines Lieferanten:[5]

$$EUR_{Lieferant} = \sum_{alle\ i\ des\ Lief.} EUR_i$$

Je nach gewünschter Aussage bzw. Fragestellung kann es sinnvoll sein, die enthaltenen EUR-Informationen größenordnungsmäßig zu neutralisieren und auf einen Mittelwert überzugehen. Zur klareren Abgrenzung symbolisieren wir solche Mittelwerte mit einem Querstrich:[6]

$$\overline{DO}_{Lieferant} = \frac{\sum_{alle\ i\ des\ Lief.} DO_i \cdot EUR_i}{\sum_{alle\ i\ des\ Lief.} EUR_i}$$

Für Abb. 4.4 wurden aus dem Lieferantenkreis des Beispielunternehmens einige beispielhafte Lieferanten ausgewählt (ihre Lieferantennummer ist auf der vertikalen Achse angegeben) und ihr jeweiliger mittlerer Risikowert in Balkenform abgetragen. Die Balkenlänge offenbart, dass die durchschnittliche Lieferung von Lieferant Nr. 162 höher als die von Nr. 115 und dementsprechend kritischer anzusehen ist.

---

[4] Die Dimension des Gesamtterms ist [Pers·Währungseinheit] und verdeutlicht, dass es sich hierbei um eine abstrakte Vergleichsgröße handelt, welche sich der bildlichen Anschauung entzieht. Sofern sich die entsprechenden Betrachtungen auf eine repräsentative Zeitperiode wie bspw. ein Geschäftsjahr beziehen und gleichzeitig die Währungseinheit Euro genutzt wird, lautet die Dimension [Pers·Euro/Jahr].

[5] Die Dimension lautet beispielhaft [Euro/Jahr].

[6] Die Dimensiongleichung lautet beispielhaft [Pers] = [Pers·Euro/Jahr]/[Euro/Jahr].

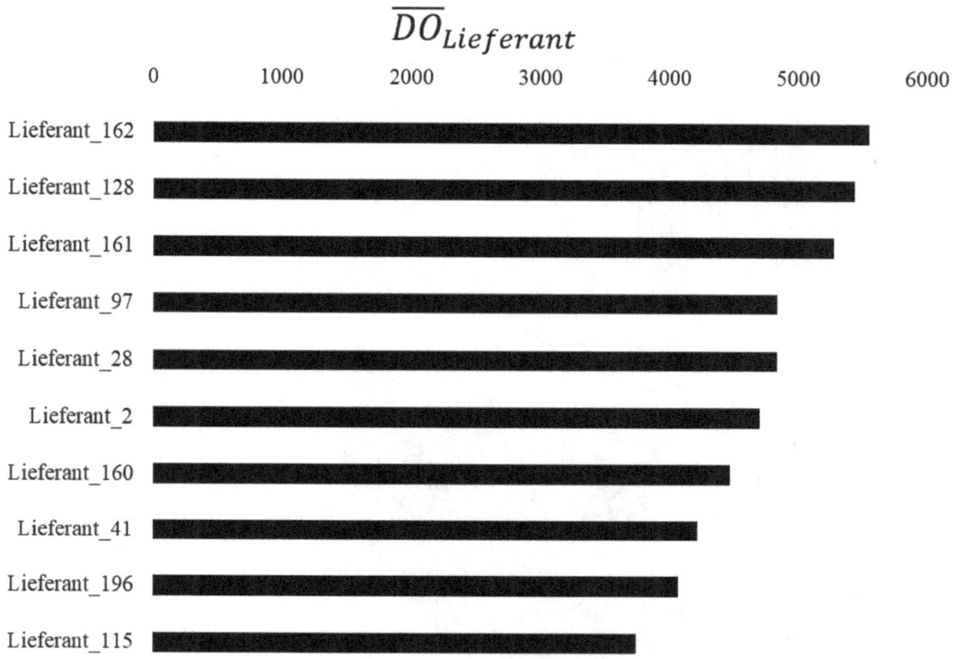

Abb. 4.4 Risikopotenzial der mittleren Lieferung eines Lieferanten

Neben solchen Aussagen über das Risikopotenzial, welches einer durchschnittlichen Lieferung dieses Lieferanten anhaftet, kann der Nenner auch auf das gesamte Einkaufsvolumen[7] des Unternehmens bezogen werden. Die resultierende Kenngröße informiert über den Anteil dieses Lieferanten am Gesamtrisiko und eignet sich für Quervergleiche verschiedener Lieferanten:[8]

$$\text{DO}-\text{Anteil}_{Lieferant} = \frac{\sum_{alle\,i\,des\,Lief.} DO_i \cdot EUR_i}{\sum_{alle\,i\,aller\,Lief.} DO_i \cdot EUR_i}$$

Die entsprechenden Berechnungen für die Lieferanten des Beispielunternehmens sind im folgenden Kreisdiagramm in Abb. 4.5 abgetragen. Der Kreisflächenanteil von Lieferant 162 bestätigt die vergleichsweise hohe Risikoexposition, welche sich bereits aufgrund des höchsten $\overline{DO}$ -Wertes aller Lieferanten andeutete. Allerdings ist Nr. 162 lediglich für etwas über zwei Prozent des Gesamtrisikos der Lieferkette des Beispielunternehmens verantwortlich, während Lieferant Nr. 160 fast 3,2 % der Risikoexposition zugerechnet werden kann.

[7] Das gesamte Einkaufsvolumen entspricht der Summe der EUR-Werte aller Lieferungen aller Lieferanten. Hierbei muss naturgemäß derselbe Referenzzeitraum gewählt werden; z. B. ein Geschäftsjahr.

[8] Die Größe ist dimensionslos.

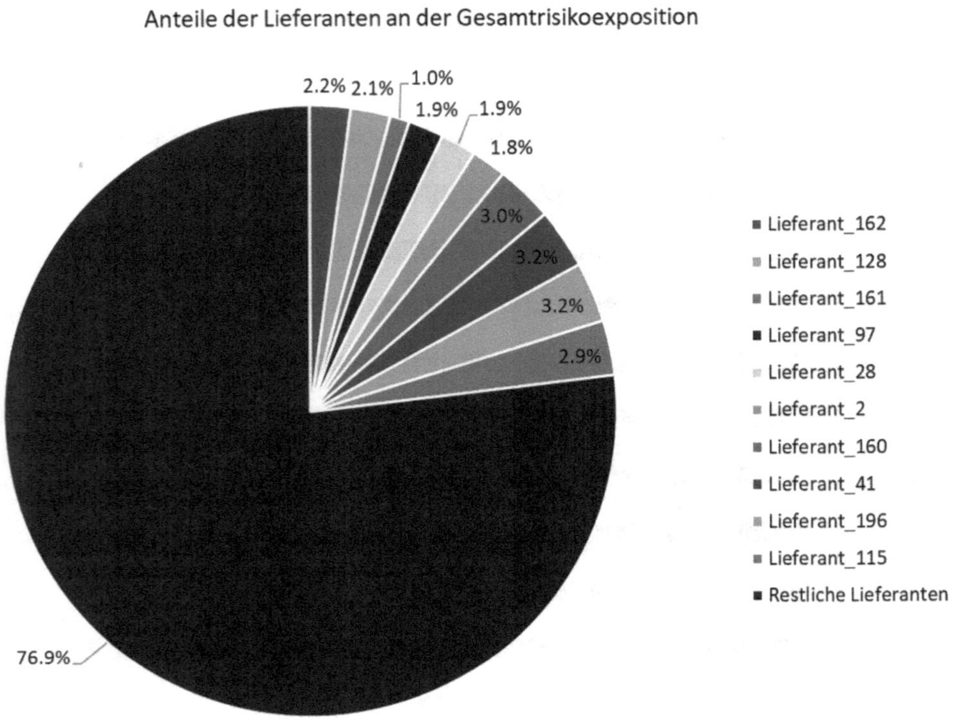

Abb. 4.5 Anteil der Top10-Liefanten an der Gesamtrisikoexposition

4.1.3 Das Gesamtrisiko für eine Materialgruppe DO_C

Analog zu $DO_{Lieferant}$ kann das Gesamtrisiko für eine Materialgruppe bzw. Chapter (DO_C) über eine wertgewichtete Aggregation aller Lieferungen aus dieser Materialgruppe bzw. Chapter erfolgen:[9]

$$DO_C = \sum_{alle\, i\, aus\, C} DO_i \cdot EUR_i$$

Das durchschnittliche, wertgewichtete Risiko einer Lieferung dieser Materialgruppe beträgt:

$$\overline{DO_C} = \frac{\sum_{alle\, i\, aus\, C} DO_i \cdot EUR_i}{\sum_{alle\, i\, aus\, C} EUR_i}$$

[9] Die Dimensionen der Terme ergeben sich analog zu denen im vorangegangenen, lieferantenbezogenen Teilkapitel.

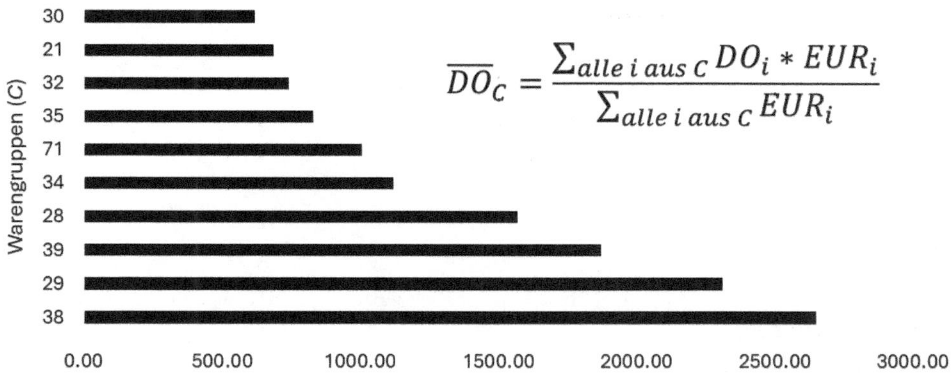

Abb. 4.6 Mittleres, wertgewichtetes Risiko einer Materialgruppe

Das Balkendiagramm in Abb. 4.6 zeigt für beispielhafte Materialgruppen (Chapter) der Lieferkette des Beispielunternehmens den zugehörten Wert $\overline{DO_C}$ und ermöglicht damit eine direkte Fokussierung auf diejenigen Chapter mit der größten Risikoexposition pro mittlerer Lieferung

4.1.4 Das Gesamtrisiko für ein Herkunftsland DO_{Land}

Analog zu $DO_{Lieferant}$ kann das Gesamtrisiko für ein Herkunftsland (DO_{Land}) über eine wertgewichtete Aggregation aller Lieferungen aus diesem Land erfolgen:[10]

$$DO_{Land} = \sum_{alle\ i\ aus\ Land} DO_i \cdot EUR_i$$

Das durchschnittliche, wertgewichtete Risiko einer Lieferung aus diesem Herkunftsland beträgt:

$$\overline{DO}_{Land} = \frac{\sum_{alle\ i\ aus\ Land} DO_i \cdot EUR_i}{\sum_{alle\ i\ aus\ Land} EUR_i}$$

Abb. 4.7 zeigt für beispielhafte Herkunftsländer der Lieferkette des Beispielunternehmens den zugehörten Wert $\overline{DO}_{Land}$ und ermöglicht damit eine direkte Fokussierung auf diejenigen Länder mit der größten Risikoexposition pro mittlerer Lieferung:

Parallel zum mittleren Risiko (dargestellt durch Rauten in Abb. 4.8 und größenordnungsmäßig an der linken Skala orientiert) ist auch ein Blick auf die gesamte Risikoexposition im jeweiligen Land ratsam (schwarz gefüllte Kreise; rechte Skala). Insbesondere wenn mehrere und auch heterogene Lieferungen aus ein und demselben Herkunfts-

[10] Die Dimensionen der Terme ergeben sich analog zu denen im vorangegangenen, lieferantenbezogenen Teilkapitel.

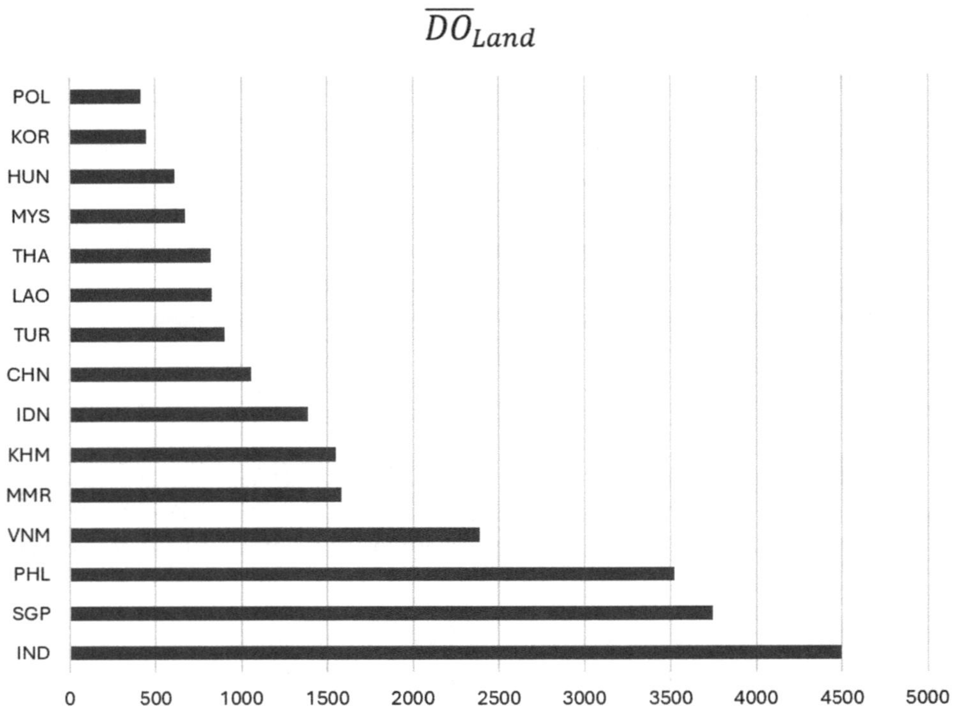

Abb. 4.7 Mittleres, wertgewichtetes Risiko eines Herkunftslandes

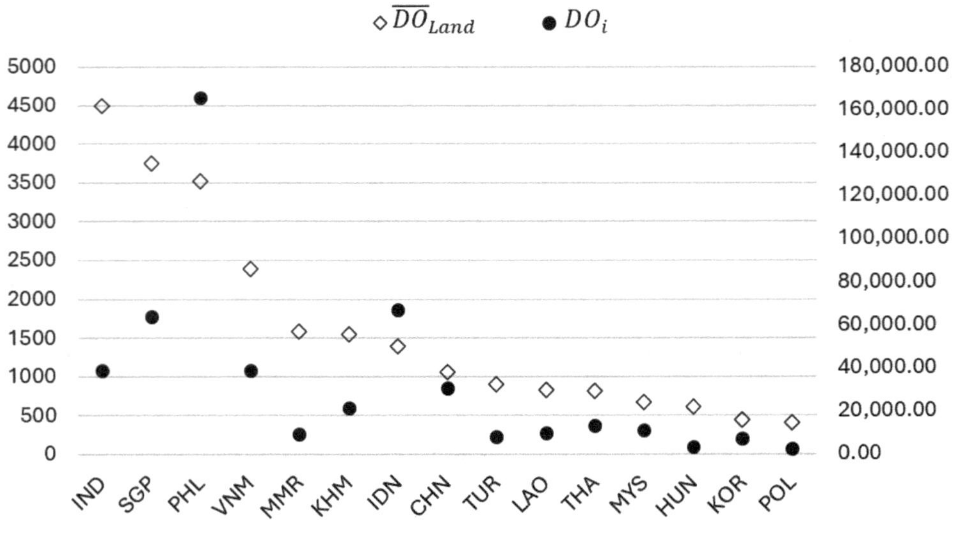

Abb. 4.8 Mittlere und gesamte Risikoexposition eines Herkunftslandes

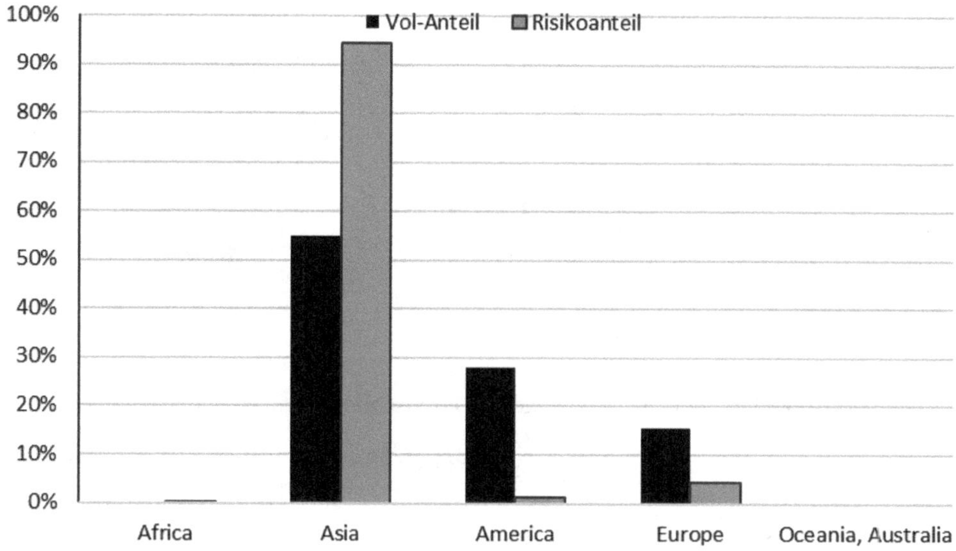

Abb. 4.9 Volumen- und Risikoanteil verschiedener Herkunftskontinente

land bezogen werden, können hier wichtige Einsichten gewonnen werden. So weist etwa das Beispielunternehmen in einigen Ländern nur leichte Abweichungen zwischen der Reihung beider Werte auf; allerdings stechen die Abweichungen für Indien und Singapur hervor und laden zu weiteren Analysen ein.

Analog zur Länderbetrachtung lassen sich die Daten auch auf regionaler Ebene zusammenfassen. Abb. 4.9 zeigt eine Zusammenfassung nach Kontinenten, in welcher die schwarze Säule für das anteilige Einkaufsvolumen im jeweiligen Kontinent steht und die graue Säule für den Anteil an der Risikoexposition.

4.1.5 Das Gesamtrisiko DO_{Hk} bzw. DO_{Ek}

Ist hingegen die Risikoexposition des Unternehmens bzgl. nur eines H_k bzw. E_k gefragt, so müssen die entsprechenden Wahrscheinlichkeits- und Auswirkungswerte dieses Einzelrisikos aller i aggregiert werden.

$$DO_{Hk} = \sum_{\text{über alle } i} p_{iHk} \cdot I1_{iHk} \,[\text{Pers}]$$

bzw.

$$DO_{Ek} = \sum_{\text{über alle } i} p_{iEk} \cdot I1_{iEk} \,[\text{Pers}]$$

Im Quervergleich aller H_k bzw. E_k werden somit schnell die für das Unternehmen wesentlichen Risikobereiche deutlich.

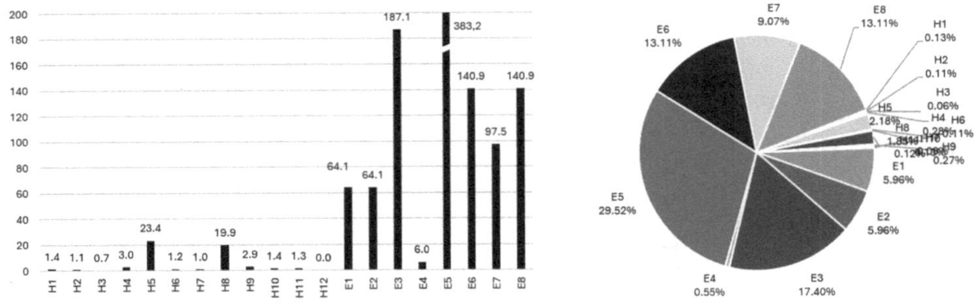

Abb. 4.10 Risikowerte einzelner Teilrisiken

Die korrespondierenden, wertgewichteten Durchschnittswerte ergeben sich über:

$$\overline{DO}_{Hk} = \frac{\sum_{\text{über alle } i} p_{iHk} \cdot I1_{iHk} \cdot EUR_i}{\sum_{\text{über alle } i} EUR_i} \left[\text{Pers}\right]$$

bzw.

$$\overline{DO}_{Ek} = \frac{\sum_{\text{über alle } i} p_{iEk} \cdot I1_{iEk} \cdot EUR_i}{\sum_{\text{über alle } i} EUR_i} \left[\text{Pers}\right]$$

Abb. 4.10 gibt einen Einblick in die entsprechenden Werte des Beispielunternehmens. Die erste Teilabbildung zeigt die Zahlenwerte im Vergleich, während die zweite Teilabbildung über Anteile an der Gesamtrisikoexposition informiert. Hierbei wird deutlich, dass die Risikoexposition der Lieferbeziehungen des Beispielunternehmens zu mehr als zwei Dritteln auf umweltbezogene Risikokategorien zurückzuführen ist.

4.1.6 Das Gesamtrisiko über alle Lieferbeziehungen DO

Analog zu $DO_{Lieferant}$ kann das Gesamtrisiko über alle DO_i über eine wertgewichtete Aggregation aller Lieferungen erfolgen:

$$DO = \sum_{\text{alle } i} DO_i \cdot EUR_i \left[\text{Pers·Euro}\right]$$

Das durchschnittliche, wertgewichtete Risiko einer Lieferung aus der Lieferkette des Unternehmens beträgt:

$$\overline{DO} = \frac{\sum_{\text{alle } i} DO_i \cdot EUR_i}{\sum_{\text{alle } i} EUR_i} \left[\text{Pers}\right]$$

Aufgrund der konsistenten Herleitung der verschiedenen Risikomaße, lässt sich die Zusammensetzung von DO jederzeit analysieren und in die zuvor vorgestellten Risikomaße oder Kombinationen hiervon zerlegen. Dies kann etwa im Sinne eines maßgeschneiderten Risikomanagements äußerst hilfreich sein.

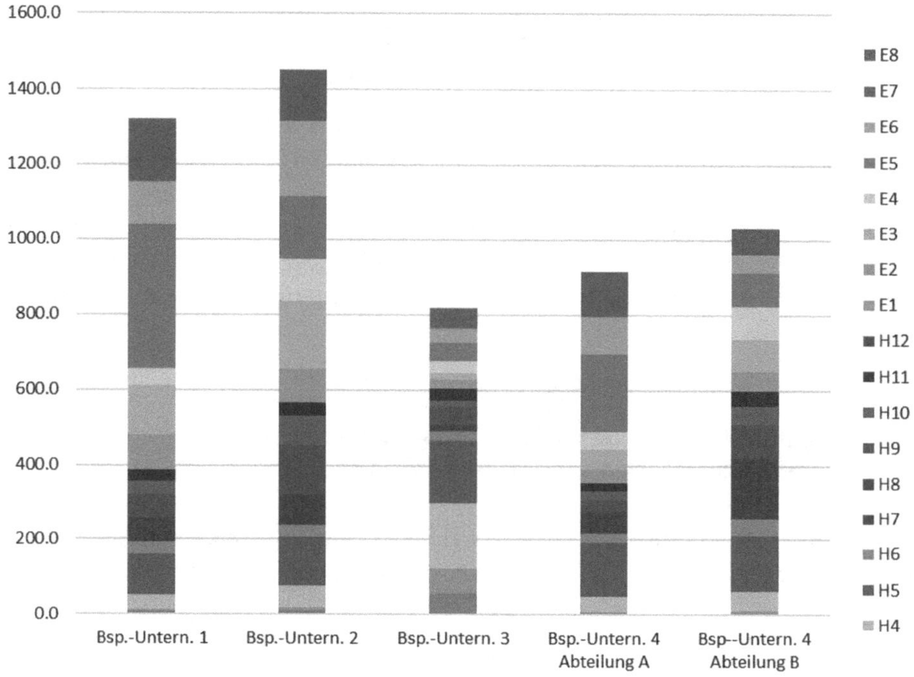

Abb. 4.11 Risikoexposition im Unternehmensvergleich

Abb. 4.11 zeigt für das Beispielunternehmen in der Säule ganz links den absoluten Zahlenwert für $\overline{DO}$ und dessen Zusammensetzung aus den einzelnen Risikobereichen. Daneben wurden die Ergebnisse von drei weiteren Beispielunternehmen abgetragen, wobei das Beispielunternehmen Nr. 4 für seine zwei Teile A und B getrennte Risikowerte ermittelt hat. Die Farbschichten der verschiedenen Säulen verdeutlichen, dass jedes Unternehmen seine eigene – evtl. sogar branchentypische – Zusammensetzung aufweist. Vor dem Hintergrund solcher branchentypischen Muster ergeben sich sowohl aus Sicht der Unternehmen als auch aus Sicht der Regulierungsbehörden wertvolle Ansatzpunkte für das Risikomanagement.

4.2 Mittlere Wahrscheinlichkeitsmaße

4.2.1 Die mittlere Risikoeintrittswahrscheinlichkeit p_{DOi}

Die mittlere Risikoeintrittswahrscheinlichkeit p_{DOi} über alle gewichteten H_{ki} und E_{ki} kann mittels folgender Modifikation im Nenner von DO_i berechnet werden, welche unter Beibehaltung der spezifischen Gewichte die enthaltenen I1-Informationen neutralisiert:[11]

[11] Ist dies nicht gewollt, könnte p_DOi auch als ungewichteter Mittelwert aller p_Hk bzw. P_Ek ermittelt werden. Die Wahrscheinlichkeitsmaße im Abschn. 4.2 sind alle dimensionslos angelegt.

$$p_{DOi} = \frac{\sum_{Hk=1}^{12} p_{iHk} \cdot I1_{iHk} \cdot w_{Hk} + \sum_{Ek=1}^{8} p_{iEk} \cdot I1_{iEk} \cdot w_{Ek}}{\sum_{Hk=1}^{12} I1_{iHk} \cdot w_{Hk} + \sum_{Ek=1}^{8} I1_{iEk} \cdot w_{Ek}}$$

Mathematisch ist dieses Maß homogen vom Grade null und damit (auswirkungs-) größenunabhängig. Dennoch bleibt es beeinflusst von den vormals enthaltenen Größenverhältnissen der einzelnen $I1_k$ zueinander. Dies ist aus Sicht der Autoren gewünscht, da es im Rahmen des LkSG insbesondere auch um den Vergleich und die Priorisierung von Risiken geht. Darüber hinaus verhindert dieses Vorgehen, dass die mittlere Eintrittswahrscheinlichkeit durch sehr kleine oder sehr große (absolute) Risikopotenziale unverhältnismäßig verzerrt wird.[12]

4.2.2 Die mittlere Risikoeintrittswahrscheinlichkeit der Lieferbeziehungen eines Lieferanten $p_{Lieferant}$

Die mittlere Risikoeintrittswahrscheinlichkeit über alle Lieferbeziehungen eines bestimmten Lieferanten könnte über folgende Formel approximiert werden:

$$p_{Lieferant} = \frac{\sum_{alle\, i\, des\, Lief.} p_{DOi} \cdot EUR_i}{\sum_{alle\, i\, des\, Lief.} EUR_i}$$

Abb. 4.12 listet alle Lieferanten des Beispielunternehmens in aufsteigender Reihenfolge ihres Wertes $\overline{DO}_{Lieferant}$. Die Lieferantennummern sind an der horizontalen Achse abgetragen und $\overline{DO}_{Lieferant}$ an der rechten, vertikalen Achse. Zusätzlich wurden die lieferantenspezifischen Wahrscheinlichkeiten in Rautenform an der linken vertikalen Achse abgetragen.

Beispielhaft seien die Lieferanten mit den Nummern 47 und 162 erläutert. Während die mittlere Lieferbeziehung mit Nr. 47 eine erhöhte Eintrittswahrscheinlichkeit von über 30 % aufweist, liegen der Risikowert $\overline{DO}_{47}$ im unteren und daher unkritisch erscheinenden Wertebereich. Nr. 162 fällt hingegen dadurch auf, dass der Risikoeintritt zwar äußerst unwahrscheinlich ist, dann aber umso höhere Folgen mit sich brächte.

4.2.3 Die mittlere Risikoeintrittswahrscheinlichkeit einer Materialgruppe p_C

Die mittlere Risikoeintrittswahrscheinlichkeit über alle Lieferbeziehungen einer bestimmten Materialgruppe bzw. eines bestimmten Chapters kann über folgende Formel approximiert werden:

[12] Bei weitestgehend homogenen Lieferungen stellt sich dieses Verzerrungsproblem nur in abgeschwächter Form, weswegen dort auf eine vereinfachte Form übergegangen werden könnte. Im Sinne der Allgemeingültigkeit und generellen Anwendbarkeit bleiben wir jedoch bei obiger Variante.

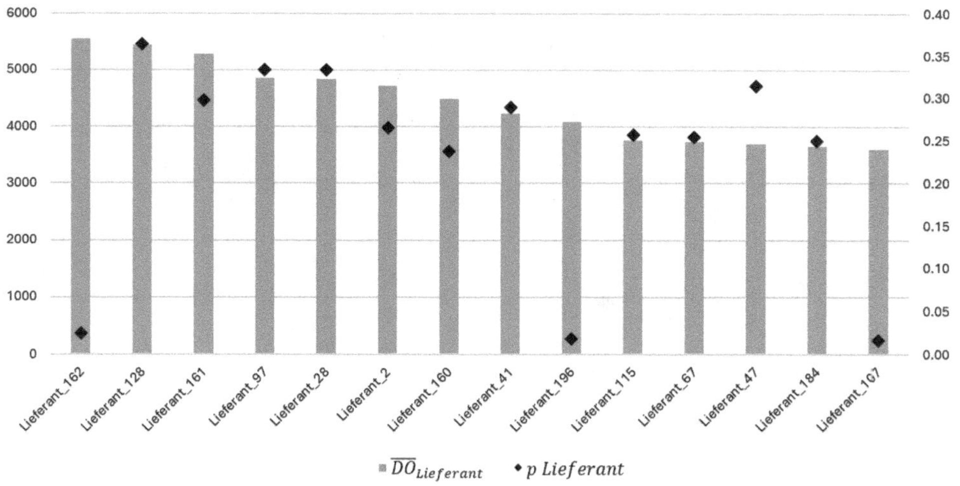

Abb. 4.12 Mittlere Risikohöhe und -wahrscheinlichkeit ausgewählter Lieferanten

$$p_C = \frac{\sum_{alle\, i\, aus\, C} p_{DOi} \cdot EUR_i}{\sum_{alle\, i\, aus\, C} EUR_i}$$

Abb. 4.13 listet ausgewählte Materialgruppen des Beispielunternehmens in absteigender Reihenfolge ihres Wertes $\overline{DO}_C$. Die Materialgruppen/Chapter sind an der horizontalen Achse abgetragen und $\overline{DO}_C$ an der rechten, vertikalen Achse. Zusätzlich wurden die materialgruppenspezifischen Wahrscheinlichkeiten p_C in Rautenform an der linken vertikalen Achse abgetragen.

Beispielhaft sei das Chapter 38 erläutert. Dieses weist sowohl die höchste Eintrittswahrscheinlichkeit als auch den höchsten Risikowert $\overline{DO}_{38}$ auf.

4.2.4 Die mittlere Risikoeintrittswahrscheinlichkeit p

Die mittlere Risikoeintrittswahrscheinlichkeit p über alle gewichteten H_k und E_k sowie über alle Lieferbeziehungen i kann mittels folgender Gleichung ermittelt werden:

$$p = \frac{\sum_{alle\, i} p_{DOi} \cdot EUR_i}{\sum_{alle\, i} EUR_i}$$

Für das Beispielunternehmen nimmt p den Wert 0,15 an, welcher insbesondere im Zeitverlauf oder auch im Quervergleich zu anderen Unternehmen wertvolle Einsichten ermöglichen kann. Wir greifen daher auf die Abbildung aus dem Abschnitt zu *DO* zurück und ergänzen diese um die jeweiligen p-Werte (siehe Abb. 4.14):

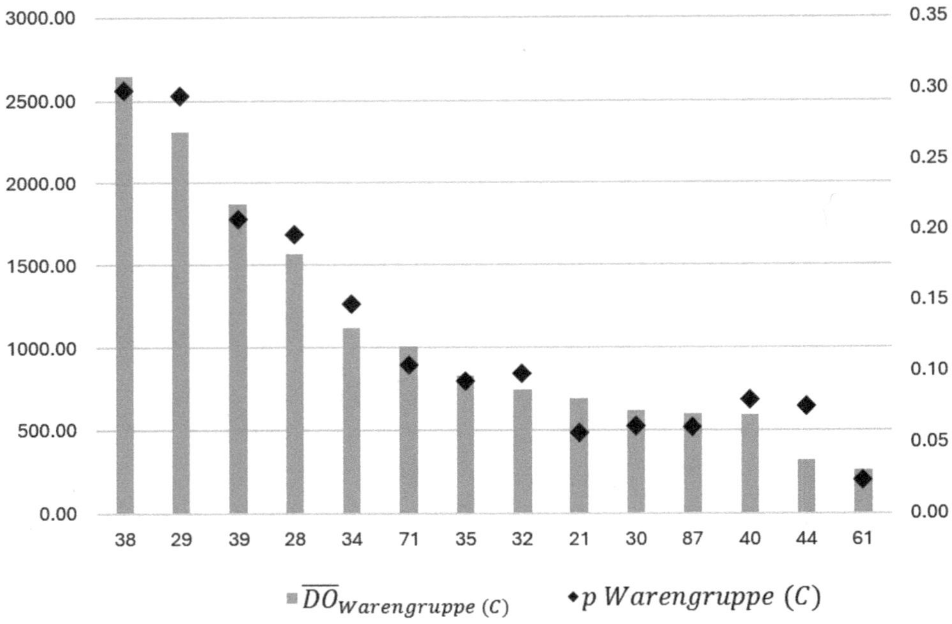

Abb. 4.13 Mittlere Risikohöhe und -wahrscheinlichkeit ausgewählter Warengruppen

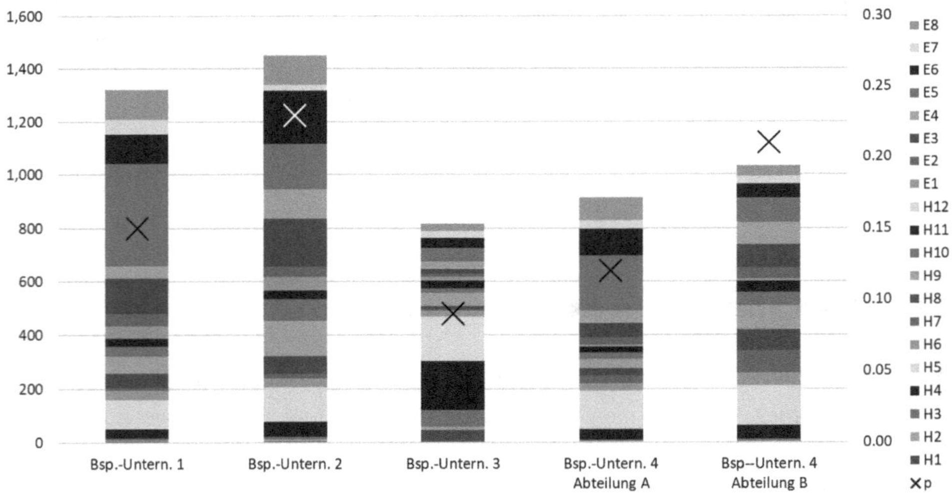

Abb. 4.14 Die mittlere Risikoeintrittswahrscheinlichkeit p

4.3 Gewichtung und Priorisierung von DO_i mit Hilfe des Maßes $w_{§5II}$

An dieser Stelle sollen die Überlegungen zum Maß $w_{§5II}$ für die Gewichtung und Priorisierung der Lieferverpflichtungen erneut aufgegriffen werden. Wir hatten oben definiert:[13]

$$w_{§5II} = \frac{w_{BA} \cdot BA + w_{AI} \cdot AI + w_S \cdot S + w_{CC} \cdot CC}{w_{BA} + w_{AI} + w_S + w_{CC}}$$

Oben wurde bereits betont, dass der Größe S eine besondere Stellung zukommt, da diese die typischerweise zu erwartende Schwere und Wahrscheinlichkeit charakterisiert und damit den eigentlichen Kern einer Risikoanalyse. Insofern könnte es geboten sein, w_S größer zu wählen als die anderen Gewichtungsfaktoren. Diesbezüglich muss aber bedacht werden, dass wir die Größen BA, AI und CC auf einen Wertebereich [0,1] normiert hatten, während für S die Berechnungsform $S_i = DO_i / \overline{DO}$ empfohlen wurde, welche im Fall von schwerwiegenden Risiken über das Intervall [0,1] hinausreichen kann. Darauf aufbauend soll zunächst auf eine gesonderte Aufwertung von w_s verzichtet werden. Stattdessen und mangels entgegenstehender Erkenntnisse soll hingegen gelten: $w_{BA} = w_{AI} = w_S = w_{CC} = 1$.

Das Säulendiagramm in Abb. 4.15 zeigt für alle Lieferbeziehungen des Beispielunternehmens den zugehörigen $w_{§5II}$-Wert. Es wird deutlich, dass $w_{§5II}$ die gewünschte Aufgabe erfüllt, indem es alle Lieferbeziehungen in eine klare Reihenfolge bringt und damit die Priorisierung ermöglicht.[14]

Die zwanzigste Lieferungsbeziehung in dieser Reihenfolge wurde hervorgehoben. In Tab. 4.2 wurden für das Beispielunternehmen die zwanzig Lieferbeziehungen mit den höchsten $w_{§5II}$-Werten dargestellt und parallel die zugehörigen Lieferantennummern, Materialgruppen/Chapter und Herkunftsländer aufgelistet. Die Hervorhebungen werden weiter unten erläutert.

Im nächsten Schritt sollen vergleichbare $w_{§5II}$-Werte für Lieferanten, Länder und Chapter gebildet werden. Diese ergeben sich für einen bestimmten Lieferanten über die Summe der $w_{§5II}$-Werte aller seiner Lieferbeziehungen DO_i:

$$w_{§5II\_Lieferant} = \sum_{alle\, i\, des\, Lief.} w_{§5II\_i}$$

Analog gilt für die Länder und Chapter:

$$w_{§5II\_Land} = \sum_{alle\, i\, des\, Landes} w_{§5II\_i}$$

$$w_{§5II\_Chapter} = \sum_{alle\, i\, des\, Chapters} w_{§5II\_i}$$

[13] Bei dieser Darstellung wird ganz bewusst auf weitere Subskripte verzichtet, welche die jeweilige Bezugsbasis verdeutlichen. Dies können Lieferverpflichtungen, Lieferanten, Länder, Materialgruppen usw. sein.

[14] Oben wurde eine monoton (aber nicht zwingend streng monotone) aufsteigende/fallende Reihung gefordert, sodass auch gleiche (genauer: bei der vorliegenden Messgenauigkeit ununterscheidbare) Werte zugelassen sind.

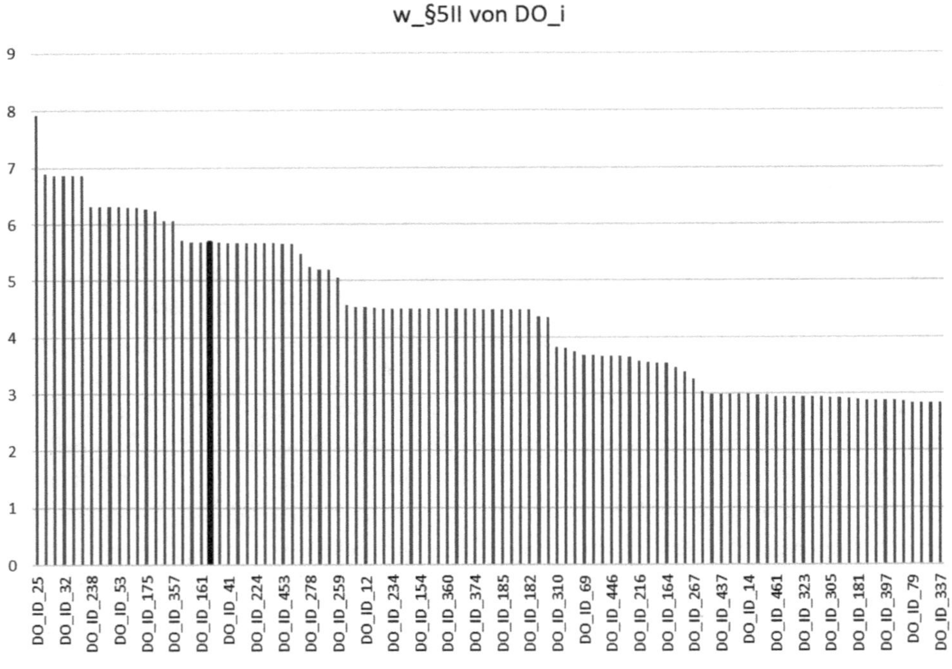

Abb. 4.15 Das Priorisierungsmaß w§5II

Tab. 4.2 20 Lieferbeziehungen mit den höchsten $w_{\S 5II}$-Werten für das Beispielunternehmen

DO_i	$w_{\S 5II}$	Lieferant	Chapter	Land	DO_i	$w_{\S 5II}$	Lieferant	Chapter	Land
25	7,92	**196**	**38**	SGP	43	6,31	**196**	**29**	SGP
387	6,90	128	**38**	PHL	110	6,29	158	**29**	SGP
85	6,87	**67**	**38**	PHL	175	6,27	13	**29**	SGP
32	6,86	103	**38**	PHL	40	6,23	160	87	IND
170	6,86	**176**	**38**	PHL	488	6,06	161	71	IND
353	6,86	101	**38**	PHL	357	6,06	1	44	IND
238	6,31	107	**29**	SGP	388	5,72	128	**29**	PHL
262	6,31	2	40	IND	255	5,69	181	**29**	PHL
48	6,31	162	**29**	SGP	161	5,69	181	**29**	PHL
53	6,31	162	**29**	SGP	42	5,68	184	**29**	PHL

In Tab. 4.3 werden die fünf Chapter, Länder und Lieferanten mit den höchsten $w_{\S 5II}$-Werten aufgelistet. Sofern diese jeweiligen Top-5 auch in der obigen Liste der zwanzig höchstpriorisierten DO_i enthalten sind, wurden sie dort hervorgehoben. Daraus wird ersichtlich, dass sich diese unterschiedlichen Perspektiven zwar teilweise überschneiden, aber dennoch eine völlig eigenständige Aussage beinhalten.

Diese Summenterme werden von der Höhe der einzelnen $w_{\S 5II}$-Werte, aber auch wesentlich von deren Anzahl beeinflusst. Daher können beispielsweise auch Länder, Chapter, Lieferanten mit vielen aber unkritischen Einzellieferungen dennoch eine hohe Summe er-

Tab. 4.3 Chapter, Länder, und Lieferanten mit den höchsten $w_{§5II}$-Werten für das Beispielunternehmen

Chapter	$\sum w_{§5II}$	Lieferant	$\sum w_{§5II}$	Land	$\sum w_{§5II}$
29	247,37	181	24,83	PHL	216,61
28	142,89	67	24,23	IDN	126,89
38	85,56	176	23,26	SGP	81,76
39	71,48	196	20,60	CHN	64,19
21	65,55	41	20,31	VNM	58,37

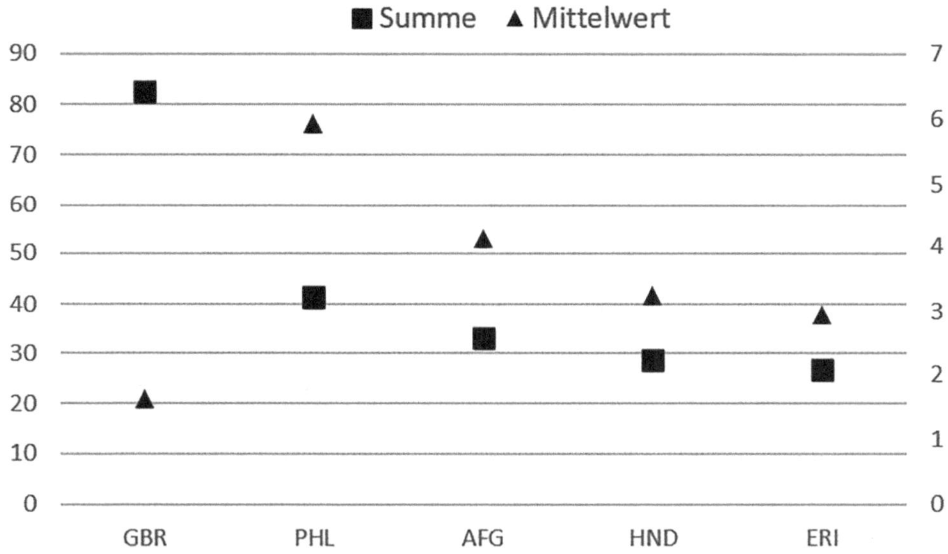

Abb. 4.16 Aggregierte und mittlere w§5II-Werte ausgewählter Länder

halten. Dies ist auch konsistent, da sich eine vergleichbare Gesamtrisikoexposition ebenso aus vielen kleinen, wie auch aus wenigen großen Risiken ergeben kann. Vor diesem Hintergrund kann es hilfreich sein, zusätzlich auf die wertgewichteten Mittelwerte zu blicken:

$$\overline{w}_{§5II\_Lieferant} = \frac{\sum_{alle\,i\,des\,Lief.} w_{§5II\_i} \cdot EUR_i}{\sum_{alle\,i\,des\,Lief.} EUR_i}$$

und analog für $\overline{w}_{§5II\_Chapter}$ und $\overline{w}_{§5II\_Land}$. In Abb. 4.16 wurden für die oben gelisteten fünf Länder die Summenwerte (schwarze Quadrate, linke vertikale Skala) und die Durchschnittswerte (schwarze Dreiecke, rechte vertikale Skala) abgetragen.

Hierbei fällt Großbritannien mit einem hohen Summenwert auf, der jedoch aus der Aggregation vieler, geringerer Mittelwerte entsteht, während die Lieferkettenanteile auf den Philippinen durch hohe Mittelwerte geprägt sind.

Ansätze zur Operationalisierung von I2

5

In diesem Kapitel wird dargelegt, wie sich auf Grundlage der in den vorherigen Kapiteln bestimmten Wahrscheinlichkeiten die finanziellen Auswirkungen von Lieferkettenrisiken für Unternehmen abschätzen lassen. Erst durch diese probabilistische Operationalisierung wird es möglich, eine belastbare Verbindung zum Risikomanagement herzustellen und die ökonomischen Effekte von Risiken quantitativ zu erfassen. Auf dieser Basis können zugleich die finanziellen Vorteile von Maßnahmen im Bereich Compliance, etwa zur Prävention oder Risikominderung, systematisch bewertet werden.

Wie bereits dargestellt, bestehen bei der Messung der Risikoauswirkung neben den in § 3 Abs. 2 Ziffer 3 angedeuteten Risikofolgen für betroffene Individuen (I1) auch potenzielle Risikoauswirkungen für das Unternehmen (I2) selbst. Unabhängig vom LkSG muss das sonstige unternehmensinterne Risikomanagement im Sinne des § 91 Abs. 2 Aktiengesetz beachtet werden. Auch wenn § 3 Abs. 3 LkSG eine zivilrechtliche Haftung durch das LkSG ausschließt, bleiben die Bußgeldvorschriften des § 24 LkSG und eine Vielzahl anderer lieferkettenbezogener Risikomöglichkeiten offen, welche zu negativen oder gar bestandsgefährdenden Auswirkungen auf das betroffene Unternehmen führen können. Diese Risikoszenarien könnten einzeln oder in Kombination zu Konstellationen führen, welche in den Worten des § 91 Abs. 2 Aktiengesetz als „... den Fortbestand der Gesellschaft gefährdende Entwicklungen ...“ zu bewerten sind.

Aus Sicht eines Unternehmens, d. h. einer auf kommerzielle Zwecke angelegten Organisation, betrifft dies insb. die Vermögens-, Finanz- und Ertragslage (VFE), weshalb es auch wenig überrascht, dass dies explizit in der Gesetzesbegründung erwähnt wird.[1] Ob sich eine nachteilige Beeinflussung der VFE letztlich tatsächlich existenzbedrohend auswirkt, hängt wesentlich von der Risikotragfähigkeit des Unternehmens ab. Diese zeigt sich

[1] Vgl. Bundestagsdrucksache 13/9712, S. 15, abrufbar unter folgendem Link (Stand: 19.03.2023): https://dserver.bundestag.de/btd/13/097/1309712.pdf.

M. Ebersoll et al., *QuaRisk – Risikomanagement für Lieferketten neu gedacht*,
https://doi.org/10.1007/978-3-658-51439-6_5

im vorhandenen Eigenkapital sowie finanziellen Mitteln in entsprechender Liquidität.[2] Hier erscheint eine Messung in Geldeinheiten erforderlich. Denn um bewerten zu können, ob ein Risiko geeignet ist, die VFE-Lage derart zu beeinflussen, ist es unerlässlich, die möglichen Auswirkungen in denselben Maßeinheiten zu messen, in denen auch die Vermögens-, Finanz- und Ertragslage abgebildet wird. Es ist also eine Quantifizierung in Geldeinheiten anzustreben. Oftmals ist dies unkritisch, da sich z. B. finanzielle Schäden unmittelbar in Geldeinheiten abschätzen lassen. Für andere Schadenskategorien, wie etwa Gesundheitsschäden, sind jedoch indirekte Ansätze, d. h. eine „Umrechnung" des erlittenen Schadens in Geldeinheiten erforderlich.

Die Auswirkungen auf das Unternehmen können vielfältiger Natur sein und sich beispielsweise auf Materialkosten, Personalkosten, Umsätze beziehen. In den folgenden Abschnitten werden Operationalisierungsansätze für unterschiedliche Auswirkungskategorien vorgeschlagen, welche im folgenden Tupel zusammenfassend symbolisiert sind und je nach Fragestellung einzeln oder aggregiert genutzt werden können.

$$I2 = \begin{pmatrix} I2_1 = I2_{\text{DOi}} \\ I2_2 = I2_{\text{Lieferant}} \\ I2_3 = I2_{\text{FK}} \\ I2_4 = I2_{\text{comp}} \\ I2_5 = I2_{\text{nocomp}} \\ I2_6 = I2_{\text{pers}} \\ I2_7 = I2_{\text{das}} \\ I2_8 = I2_{\text{ias}} \\ I2_9 = I2_{\text{fineLKSG}} \\ I2_{10} = I2_{\text{fine}} \end{pmatrix}$$

5.1 Kostensteigerungen der Lieferbeziehung $I2_{DO}$

Die erste Auswirkungskategorie soll den Wegfall bisheriger Preisvorteile abdecken, welche potenziell mit den Risiken H_k und E_k in Verbindung stehen, beispielsweise mit regelwidrig niedrigen Arbeitsschutzvorkehrungen oder Unterschreitungen eines eventuellen Mindestlohns. Die Behebung solcher Missstände bzw. die Auswahl alternativer, regelkonformer Lieferanten dürfte regelmäßig mit höheren Preisen einhergehen, welche über $I2_{DOi}$ abgebildet werden. Wir greifen auf die bereits bekannte Variable EUR zurück und definieren die relative Kostensteigerung als ΔEUR.[3]

$$I2_{DOi} = p_{DOi} \cdot EUR_i \cdot \Delta EUR_i$$

[2] Nicht ohne Grund fokussieren Regelungen der Finanzbranche auf die Risikotragfähigkeit in Form der Unterlegung von (Einzel-)Risiken mit Eigenkapital.

[3] Hierbei muss das von $I2_{comp}$ und $I2_{nocomp}$ betroffene Liefervolumen neutralisiert werden. Siehe hierzu die Ausführungen in den folgenden Abschnitten.

Die Kenngröße $I2_{DOi}$ bezieht sich explizit auf die einzelne Lieferbeziehung i, was auf den ersten Blick als mangelhaft erscheinen mag, da sich die zugrunde liegenden Risikopotenziale oft darüber hinaus erstrecken, wenn sie etwa eine gesamte Materialgruppe oder bestimmte Herkunftsländer betreffen. Dies ist jedoch implizit berücksichtigt, da auch diese betroffenen DO_i vor dem Hintergrund von I2 bewertet werden. Über alle Lieferbeziehungen hinweg ergibt sich für das Unternehmen:

$$I2_{DO} = \sum_{alle\,i} p_{DOi} \cdot EUR_i \cdot \Delta EUR_i$$

Die Kostensteigerung ΔEUR steht in Abhängigkeit von vielen Parametern, wie etwa der Materialgruppe, und muss diesbezüglich justiert werden. Als Ausgangspunkt für diese Justierung schlagen die Autoren einen Orientierungswert von $\Delta EUR \approx 10\,\%$ vor.[4]

5.2 Kostensteigerungen beim Lieferanten $I2_{Lieferant}$

Die Auswirkungskategorie $I2_{Lieferant}$ betrifft Ausstrahlungseffekt einer kritisch anzusehenden Lieferbeziehung über alle DO_i des betroffenen Lieferanten hinaus. Hiermit wird der Umstand berücksichtigt, dass die Anpassung des Lieferanten an den geforderten Rechtsrahmen meist mit umfangreicheren Eingriffen in dessen übergreifenden Unternehmensprozessen einhergehen kann. Diese können sich jenseits direkter Zusatzkosten für den ganz konkret betroffenen Liefergegenstand auch in indirekten Kosten niederschlagen, welche über Umlagen und Verrechnungen ganz allgemein in die generelle Preisgestaltung auch anderer Produkte dieses Lieferanten einfließen. Auch bestimmte Managementpraktiken oder etwa (externe) Auditierungen können sich leicht auf das gesamte Unternehmen/Produktportfolio des Lieferanten auswirken, auch wenn diese (zunächst) nur auf einem bestimmten Produktbereich fokussiert sind. Dies betrifft demnach potenzielle Kostensteigerungen auf das gesamte Einkaufsvolumen eines beispielhaften Lieferanten, welcher in der folgenden Formel mit x symbolisiert werden soll.[5]

$$I2_{Lieferant\_X} = p_{Lieferant\_X} \cdot EUR_{Lieferant\_X} \cdot \Delta EUR_{Lieferant\_X}$$

Über alle Lieferanten hinweg ergibt sich für das Unternehmen:

$$I2_{Lieferant} = \sum_{alle\,X} p_{Lieferant\_X} \cdot EUR_{Lieferant\_X} \cdot \Delta EUR_{Lieferant\_X}$$

[4] Zwar ist es wünschenswert diese Schätzung nah an der Empirie vorzunehmen, jedoch kommt es letztlich weniger auf einen vermeintlich „wahren“ Wert an als Vielmehr darauf, dass der kostensteigernde Effekt überhaupt systematisch berücksichtigt wird. Dies gilt auch für die in den Folgeabschnitten vorgestellten Abschätzungen.

[5] Hierbei muss das von $I2_{comp}$ und $I2_{nocomp}$ betroffene Liefervolumen neutralisiert werden. Siehe hierzu die Ausführungen in den folgenden Abschnitten.

Die relative Kostensteigerung $\Delta EUR_{Lieferant}$ steht in Abhängigkeit von vielen Parametern und Zusammenhängen und muss diesbezüglich justiert werden. Da die direkten Kostenzusammenhänge bereits in $I2_{DOi}$ abgebildet wurden, verbleiben nun nur noch indirekte Effekte. Hierbei stellt sich die nichttriviale Frage, ob derartige produktübergreifende Zusammenhänge für diesen Lieferanten existieren und ob sich der Aufwand, der mit dem Ziel der Regelkonformität betrieben werden muss, immer klar einem Produkt zurechnen lässt.

In der Berücksichtigung dieser Schwierigkeiten und unter der Annahme, dass die direkten Effekte dominieren, wird als Ausgangspunkt für die spezifische, durch den Nutzer vorzunehmende Justierung, ein Orientierungswert von $\Delta EUR \approx 1\ \%$ vorgeschlagen.

5.3 Effekte auf die Kapitalbeschaffung $I2_{FK}$

Verstöße gegen menschenrechtliche und umweltrechtliche Regelungen können maßgeblich auf die Reputation des Unternehmens durchschlagen. Dies trifft naturgemäß auf Verstöße zu, welche im eigenen Unternehmensbereich verursacht wurden; aber durchaus auch auf Verstöße von unmittelbaren oder mittelbaren Zulieferern, da externe Dritte nicht immer trennscharf zwischen den verschiedenen Produktionsstufen unterscheiden, sondern zuweilen auch die gesamte vorgelagerte Wertschöpfungskette mit dem Unternehmen bzw. seinen Produkten und Dienstleistungen in Verbindung bringen. Insofern können sich derartige Verstöße in der Lieferkette auch dann negativ auf das Unternehmen auswirken, wenn sich dieses aus juristischer Perspektive nichts vorzuwerfen hat.

Diese potenziellen, negativen Effekte betreffen auch die Kapitalbeschaffung. Unternehmen sind auf eine auskömmliche Kapitalausstattung angewiesen, welche in Form von Eigen- oder Fremdkapital aufgebracht werden kann. Obwohl langfristig Effekte auf beide Kapitalarten denkbar sind, konzentrieren wir uns im Folgenden auf das Fremdkapital. Insbesondere bei börsennotierten Unternehmen können kritische Ereignisse auch das Eigenkapital betreffen oder die Volatilität der Aktienkurse erhöhen, aber es bestehen für die Anteilseigner/Gesellschafter nur geringe Möglichkeiten, dem Unternehmen das vorab gewährte Eigenkapital unmittelbar zu entziehen.

Auch im Fremdkapitalbereich sind zu bestimmten Anteilen langfristige Finanzierungsformen zu finden; allerdings sind diese insbesondere bei größeren Unternehmen meist auf eine Vielzahl von Finanzierungsinstrumenten und Tranchen verteilt, sodass ein fast kontinuierlicher Bedarf an mittel- und langfristigen Refinanzierungen besteht, welcher im kurzfristigen Bereich oft durch Kontokorrent-, Lieferanten- oder Kundenkredite ergänzt ist. Darüber hinaus stellen bestimmte Finanzierungsinstrumente die liquiden Mittel nur unter bestimmten Kriterien zur Verfügung, welche etwa auch in der rechtskonformen Ausgestaltung der Lieferkette bestehen könnten.[6]

[6] Beispielhaft seien institutionelle Investoren genannt, welche das ihnen anvertraute Geld entsprechend bestimmter Kriterien verwenden müssen. Weitere Beispiele findet man unter den Schlagworten Sustainable-Finance oder ESG-Finanzierung, welche die Kapitalbereitstellung an bestimmte nichtmonetäre Faktoren binden.

Verstöße können sich in mangelndem Vertrauen der Kapitalmärkte oder schlechteren Unternehmensratings niederschlagen und die externe Kapitalbeschaffung damit spürbar erschweren und verteuern. Diesen Effekt drücken wir im Folgenden als Änderung des zu zahlenden Zinses ($\Delta EUR_{FK} = \Delta Zins$) für Fremdkapital (FK) aus. Da $I2_{FK}$ nicht auf eine bestimmte Lieferbeziehung, einen bestimmten Lieferanten usw. eingegrenzt ist, ziehen wir den etwas breiter angelegten Wahrscheinlichkeitswert p heran.

Die vorläufige Abschätzung von $I2_{FK}$ lautet dann:

$$I2_{FK\_vorläufig} = p \cdot FK \cdot \Delta Zins$$

Die Intensität derartiger Reputationsschäden dürfte wesentlich davon abhängen, welche Bedeutung das zugrundeliegende Ereignis in der öffentlichen Wahrnehmung einnimmt und wie oft, wie lange und in welchem regionalen Umkreis die mediale Berichterstattung stattfindet. Derartige Fragen können selbst in Bezug auf konkrete Szenarien meist nur ungenau antizipiert werden. Insofern werden die Nutzer des Operationalisierungsmodells ermutigt, die Berechnungen (in für Dritte nachvollziehbar dokumentierter Weise) an die Besonderheiten der eigenen Branche und des eigenen Unternehmensbereichs anzupassen. Als Ausgangspunkt hierfür wird eine Abschätzung vorgeschlagen, welche sich diesen Fragen über I1-basierte Kenngrößen nähert. Dieser Ansatz wird in Abschn. 5.11 vorgestellt und im Folgenden mit $I1^*$ symbolisiert.

$$I2_{FK} = p \cdot FK \cdot \Delta Zins \cdot I1^*$$

Die Nutzer des Operationalisierungsmodells können die zur Berechnung notwendigen Kenngrößen für ihren Anwendungsfall justieren. Um auch ohne umfängliche Datensammlungen bereits I2-Werte ermitteln zu können, schlagen die Autoren als Ausgangspunkt für diese Justierung den Rückgriff auf bereits bekannte Werte vor, indem für die mittlere Eigenkapitalquote in Deutschland ca. 30 % angesetzt und die zur Rechnung notwendige Bilanzsumme entweder direkt herangezogen wird oder bei Unkenntnis grob über den Jahresumsatz approximiert wird; für $\Delta Zins$ wird bis zum Vorliegen genauerer Erkenntnisse ein Wert von einem Prozentpunkt unterstellt.

$$FK \approx Umsatz \cdot (1 - 30\%)$$

5.4 Kompensierbare Lieferausfälle $I2_{comp}$

Den Größen $I2_{DOi}$ und $I2_{Lieferant}$ lag implizit der Gedanke zugrunde, dass etwaige Risikorealisierungen kostenwirksam mitigiert werden können und die jeweilige Lieferbeziehung fortgesetzt werden kann. Stattdessen kann es jedoch vorkommen, dass bisher mit Umweltrisiken oder menschenrechtlichen Risiken kontaminierte Lieferbeziehungen ganz oder zum Teil nicht geheilt und nicht fortgesetzt werden können.

Es geht also um Fälle, in denen der bisherige Lieferant nicht mehr liefern kann bzw. das Unternehmen dessen Lieferung nicht mehr wünscht. Das Unternehmen sucht hier also nach alternativen Lieferquellen, was insbesondere bei kurzfristig und überraschend entstehendem Handlungsdruck zu höherem Finanzbedarf bis hin zu Einschränkungen der Produktion bis zum Produktionsstillstand aufgrund abreißender Lieferketten führen kann. Der von der Suche nach alternativen Lieferquellen betroffene Anteil des Liefervolumens wird mit ΔVol bezeichnet.

Bzgl. ΔVol sind zwei grundverschiedene Entwicklungen möglich: Wenn mittels alternativer Lieferquellen die Kompensation des wegfallenden Liefervolumens gelingt, resultieren die Auswirkungen $I2_{comp}$, welche im vorliegenden Abschnitt operationalisiert werden. Gelingt die Kompensation nicht, resultieren die Auswirkungen $I2_{nocomp}$, die sich u. a. in Produktions- und Umsatzausfällen niederschlagen und im nächsten Teilkapitel adressiert werden. Der kompensierbare Anteil wird mit ΔVol_{comp} symbolisiert und der nicht kompensierbare Anteil mit ΔVol_{nocomp}.

$$\Delta Vol = \Delta Vol_{comp} + \Delta Vol_{nocomp}$$

Der Gesamtwert ΔVol, muss in den Auswirkungskategorien $I2_{DOi}$ und $I2_{Lieferant}$ neutralisiert werden, da die Effekte nur alternativ, nicht aber parallel auftreten können.

Wir gehen davon aus, dass ausbleibende Lieferungen aus dem bisherigen, Lieferantenkreis zum Anteil ΔVol_{comp} durch kurzfristige Zukäufe bei alternativen Lieferanten kompensiert werden können. Erfahrungsgemäß werden hierbei aufgrund der Kurzfristigkeit und vermutlicher zeitgleicher Anfragen anderer betroffener Unternehmen höhere Preise anfallen, die wir mit ΔEUR_{comp} symbolisieren. Die Größe $I2_{comp}$ kann daher wie folgt ermittelt werden:

$$I2_{comp} = \sum_{alle\, i} p_{DOi} \cdot EUR_{DOi} \cdot \Delta Vol_{comp} \cdot \Delta EUR_{comp}$$

In der Formel und den zugehörigen Ausführungen wurden die beiden Parameter ΔVol_{comp} sowie ΔEUR_{comp} unabhängig von speziellen Lieferverpflichtungen festgelegt, was zugunsten eines geringen Datenerfassungsaufwandes pragmatische und einfache Berechnungen ermöglicht. Soll die Herangehensweise stattdessen verfeinert werden, so können beide Parameter auch auf Ebene der Materialgruppen (ΔVol_{comp_C}, ΔEUR_{comp_C}), Lieferanten ($\Delta Vol_{comp\_Lieferant}$, $\Delta EUR_{comp\_Lieferant}$) oder gar einzelner Lieferbeziehungen DO_i (ΔVol_{comp_i}, ΔEUR_{comp_i}) definiert werden. Derartige Differenzierungen bieten sich insbesondere bei sehr heterogenen Lieferverpflichtungen an.

Handelt es sich um weitgehend standardisierte Produkte auf kurzfristig liquiden Märkten mit vielen Anbietern, so kann davon ausgegangen werden, dass gilt:

$$\Delta Vol \approx \Delta Vol_{comp} \text{ und } \Delta Vol_{nocomp} \approx 0$$

Damit entfällt für diese Produkte die Relevanz von $I2_{nocomp}$.

Darüber hinaus üben die Charakteristika des entsprechenden Produktmarktes einen entscheidenden Einfluss auf ΔEUR_{comp} aus. Die beiden Größen ΔVol_{comp} sowie ΔEUR_{comp} könnten daher in Abhängigkeit solcher Charakteristika, wie der kurzfristigen Produktverfügbarkeit operationalisiert werden. Werden beide Größen im Werteintervall [0,1] definiert, so lägen leichter zu kompensierende Werte näher an der unteren Intervallgrenze und schwerer zu kompensierende am oberen Rand. Quantitative Abschätzungen könnten an typische (Vor-)Laufzeiten von Bestellungen anknüpfen.

Da derartige Modellverfeinerungen erst bei genauer Kenntnis des Unternehmens, seiner Branche sowie der konkreten Lieferkette vorgenommen werden können, werden als Initialwerte und Ausgangspunkte für die weitere Justierung folgende Werte vorgeschlagen:

$$\Delta EUR_{comp} = 10\%$$

$$\Delta Vol_{comp} = 0,2$$

$$\Delta Vol_{nocomp} = 0,1$$

5.5 Nicht kompensierbare Lieferausfälle $I2_{nocomp}$

Da eine Kompensation für den Anteil ΔVol_{nocomp} nicht möglich ist (siehe Abschn. 5.4), sind Produktionsstopps und Umsatzreduzierungen die Folge. Insbesondere in Multiproduktunternehmen ist der in Folge einer ausbleibenden Einzellieferung wegfallende Umsatz a priori schwer zu schätzen.

Als Hilfskonstrukt schätzen wir diese Umsatzeinbußen über den Anteil der ausfallenden Lieferumfänge am gesamten Einkaufsvolumen. Der Wert für $I2_{comp}$ kann daher wie folgt abgeschätzt werden:[7]

$$I2_{comp} = \sum_{alle\,i} p_{DOi} \cdot \frac{EUR_{DOi}}{EUR} \cdot \Delta Vol_{nocomp} \cdot Umsatz$$

5.6 Effekte auf die Personalbeschaffung $I2_{pers}$

Analog zu den Reputationsüberlegungen im Zusammenhang mit $I2_{FK}$ können sich auch für das Unternehmenspersonal erhöhte Personal-/Beschaffungskosten ergeben. Werden Personengruppen beschäftigt, welche auf bestimmte Ereignisse empfindlich reagieren, so muss diese Sensitivität des Bewerbermarktes adressiert werden. Neben der Risikomitigie-

[7] Diesbezüglich gelten auch die Ausführungen zur möglichen Detaillierung und Quantifizierung der verschiedenen Parameter aus dem vorangegangenen Abschnitt.

rung – welche für dieses Teilkapitel nicht relevant ist – verbleibt die Erhöhung der Personalkosten PK[8] um den Prozentsatz ΔEUR_{Pers} als Möglichkeit.

$$I2_{Pers} = p \cdot PK \cdot \Delta EUR_{Pers} \cdot I1^*$$

5.7 Effekte durch direkt betroffene Umsätze $I2_{das}$

Das Symbol $I2_{das}$ steht für direkt betroffene Umsätze (directly affected sales) und beziffert Absatzrisiken für solche Produkte, welche tatsächlich oder auch nur in der öffentlichen Wahrnehmung mit regelwidrigen Produktionsmethoden in Verbindung gebracht werden. Die Folgen können z. B. den Verlust von bestimmten Kundengruppen, ganz allgemeine Nachfragerückgänge, den Ausschluss von öffentlichen Vergabeverfahren und ähnliches umfassen.

Insbesondere in Multiproduktunternehmen können sich stark unterschiedliche Effekte ergeben, wenn bspw. einige Produkte bzw. ihre Herstellung auf Lieferungen aus hochriskanten Lieferbeziehungen mit evtl. bereits materialisierten Risiken angewiesen ist, während andere Produkte nicht auf diese Lieferbeziehungen zurückgreifen. Erstere sollen als direkt betroffene Umsätze in $I2_{das}$ einbezogen werden, während letztere im Folgenden Abschnitt zu $I2_{ias}$ als peripher bzw. indirekt betroffene Umsätze behandelt werden.

Der für vom Risiko betroffene Umsatzanteil soll in den folgenden Formeln mit „das" symbolisiert werden und der indirekt betroffene Umsatzanteil mit „ias" („indirectly affected sales") Diese Parameter müssen für das jeweilige Unternehmen festgelegt werden. Als Ausgangspunkt für diese Festlegung und weitere Justierung wird von einem Unternehmen mit drei großen Geschäftsbereichen ausgegangen, die vom Risiko direkt, indirekt und nicht betroffen sind. Daher legen wir als Ausgangspunkt fest:

$$ias = das = 1/3$$

Analog zu den bereits angestellten Reputationsüberlegungen soll in $I1_{das}$ auch der Faktor I1* einbezogen werden. Darüber hinaus muss nun der potenzielle Rückgang des betroffenen Umsatzes ($\Delta Umsatz_{das}$) geschätzt werden. Analog zu obigen Parametern sind hierfür unternehmensspezifische Überlegungen anzustellen, welche am Ausgangspunkt $\Delta Umsatz_{das}$ = 0,2 und $\Delta Umsatz_{ias}$ = 0,1 ansetzten können. Die Kenngröße $I2_{das}$ kann anschließend über folgende Formel ermittelt werden:

$$I2_{das} = p \cdot das \cdot \Delta Umsatz_{das} \cdot I1^*$$

Wie oben bereits angemerkt wurde, sollten Überlappungen mit Umsatzeinbußen durch nicht kompensierbare Lieferausfälle neutralisiert werden, um Doppelzählungen zu vermeiden.

[8] Die Größe PK muss vom Nutzer des Modells als Parameter hinterlegt werden. Solange dies nicht erfolgt, wird sie approximiert über PK $\approx$ EUR.

5.8 Effekte durch peripher betroffene Umsätze $I2_{ias}$

Anknüpfend an $I2_{das}$ sollen nun die Effekte für den Anteil lediglich indirekt betroffener Umsätze betrachtet werden. Analog zur dort bereits skizzierten Vorgehensweise ermitteln wir diese Effekte über:

$$I2_{ias} = p \cdot ias \cdot \Delta Umsatz_{ias} \cdot I1^{*}$$

5.9 Bußgelder auf Basis des LkSG $I2_{fine}$

Diese Kenngröße betrifft angeordnete Bußgelder aufgrund der Missachtung der Pflichten des LkSG oder vergleichbarer Gesetze (z. B. auf europäischer Ebene). Hierbei geht es um Bußgelder in Bezug auf das am gesetzlichen Anspruch als nicht ausreichend erachtete Lieferanten- bzw. Lieferkettenmanagement. Nicht umfasst sind Bußgelder im Zusammenhang mit Vergehen gegen die jeweiligen menschenrechtlichen und umweltrechtlichen Vorschriften; diese sind in $I2_{fine}$ enthalten soweit sie das Unternehmen betreffen.

Das LkSG sieht in § 24 Geldbußen vor, welche je nach Konstellation bis zu achthunderttausend Euro oder – falls höher – einen Wert in Höhe von bis zu zwei Prozent des durchschnittlichen Jahresumsatzes erreichen können.

Mittels einer systematischen Risikoanalyse ist die Grundlage für ein rechtskonformes Lieferkettenmanagement gegeben, womit jedoch nicht automatisch alle weiteren Anforderungen des LkSG erfüllt sind. Insofern verbleiben hier theoretisch bestimmte Risikopotenziale, welche wie folgt abgeschätzt werden sollen:[9]

$$I2_{fineLkSG} = 0{,}02 \cdot p \cdot Umsatz.$$

5.10 Bußgelder wegen menschen- und umweltrechtlicher Verstöße $I2_{fine}$

$I2_{fine}$ betrifft angeordnete Bußgelder aufgrund der entsprechenden menschenrechtlichen bzw. umweltrechtlichen Verstöße. Derartige treffen den jeweiligen Verursacher und sind für das Unternehmen daher nur relevant, wenn dieser im eigenen Unternehmensbereich anzutreffen ist.

[9] Da hier das gesamte Unternehmen angesprochen ist, wird die in Abschn. 4.2.4 definierte Größe p für die mittlere Eintrittswahrscheinlichkeit herangezogen.

5.11 Der Intensitätsfaktor I1*

Oben wurde argumentiert, dass die Intensität verschiedener Risikoauswirkungen der Kategorie I2 wesentlich davon abhängen kann, welche Bedeutung das zugrundeliegende Ereignis in der öffentlichen Wahrnehmung einnimmt. Je mehr diese öffentliche Wahrnehmung für das Unternehmen relevante Stakeholder erreicht, desto kritischer und intensiver dürften die Folgen I2 ausfallen. Zu diesen Stakeholdern gehören die oben bereits erwähnten Kapitalgeber, (potenzielle) Mitarbeiter, Kunden usw.

Derartige Reputationseffekte weisen eine Korrelation mit der medialen Aufmerksamkeit für ein bestimmtes Thema bzw. Ereignis auf, also etwa der Frage, wie oft, wie lange und in welchem regionalen Umkreis die mediale Berichterstattung stattfindet. Hierbei stellt sich jedoch die Frage, ob die Intensität dieser medialen Berichterstattung tatsächlich ein genuiner Faktor ist, oder ob diese durch andere Aspekte determiniert wird. Zu diesen Determinanten könnte etwa zählen, welches Ausmaß die Risikofolgen annehmen und wie viele Personen hiervon betroffen sind. Weiterhin dürfte die Rezeption des jeweiligen Publikums davon abhängen, welche räumliche oder kulturelle Nähe zum Ort des Risikoereignisses bzw. zu den Risikobetroffenen besteht.

Gesucht ist also ein möglichst abstraktes und universell nutzbares Maß zur Abschätzung der reputationsgetriebenen Risikoauswirkungen, welches wir mit dem Symbol I1* versehen. Das Maß soll jedoch nicht konkrete Auswirkungen eines ganz konkreten, bereits materialisierten Risikos abbilden, sondern stattdessen eine querschnittliche Aussage ermöglichen über die für das Unternehmen abgeschätzte Risikoexposition seiner Lieferbeziehungen und die hieraus im langfristigen Mittel zu erwartenden Effekte auf reputationsgetriebene Risiken.

Ginge es um Ereignisse, welche sich tatsächlich bereits realisiert haben, könnte zur Abschätzung auf Maße im Sinne von I1 zurückgegriffen werden, welche direkt auch auf die Betroffenenzahlen referenzieren. Im Gegensatz zu ganz konkreten Ereignissen in der tagtäglichen medialen Berichterstattung zielen wir jedoch auf querschnittliche Abschätzungen zukünftiger, unsicherer Ereignisse ab. Das Maß I1* sollte daher nicht identisch, wohl aber abhängig sein von Eintrittswahrscheinlichkeiten und den potenziellen Auswirkung I1.

Der Faktor I1* kommt überwiegend in unternehmensweiten Fragestellungen zum Tragen, daher scheidet ein Wertetupel (z. B. verschiedener DO_i, Länder, Lieferanten, ...) zunächst aus. Vielmehr ist für eine robuste, initiale Risikoanalyse ein im Mittel über die kombinierten verschiedenen Risikokategorien und Perioden repräsentativer, skalarer Wert auf Unternehmensebene gefragt. Diese Eigenschaften erfüllen die Risikokenngrößen DO oder $\overline{DO}$. DO kann über die Zeit und in verschiedenen räumlichen und sachlichen Situationen recht volatil sein, da es u. a. auch allein mit der reinen Anzahl von Lieferbeziehungen schwankt. Während es durchaus valide Risikoaussagen ermöglicht und insofern wertvolle Ansatzpunkte für das Risikomanagement bieten kann, stellt es keinen vorteilhaften Vergleichsmaßstab für „die typische Lieferbeziehung und deren Risikoexposition“ zur Verfügung. Eine solche Aussage bietet jedoch $\overline{DO}$, welches zudem dem oben gewünschten Charakter von I1* zuträglich sein dürfte.

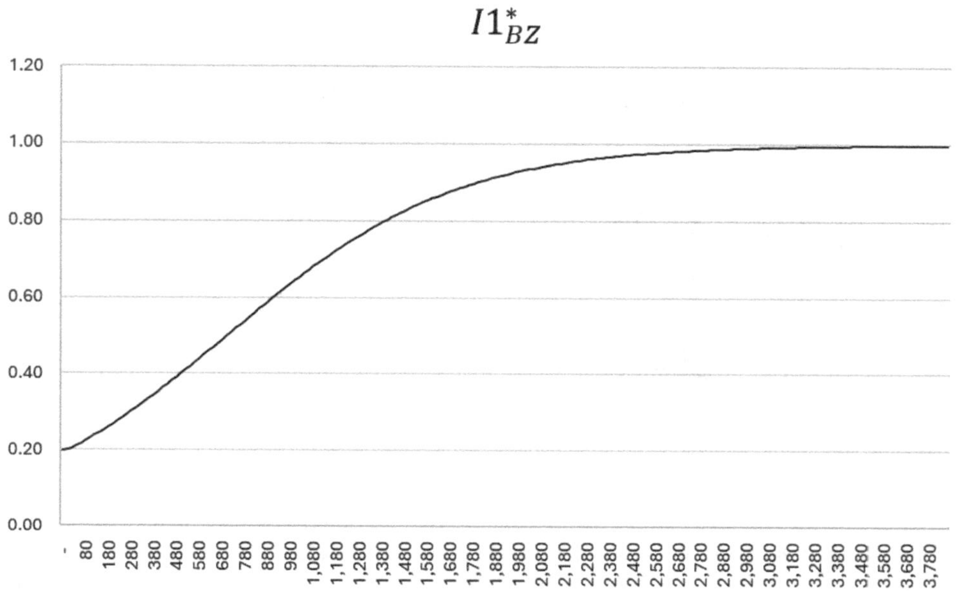

Abb. 5.1 Der Intensitätsfaktor $I1^*_{BZ}$

Daher konstruieren wir den ersten Bestandteil von I1* in Abhängigkeit von $\overline{DO}$, d. h. von mittleren Betroffenenzahlen (BZ), wobei wir annehmen, dass hier ein ähnliches Transformationsgesetz wie bei der Abschätzung der Wahrscheinlichkeiten greift, welches erst bei Überschreitung einer bestimmten „Wahrnehmungsschwelle“ eine signifikante Steigerung erfährt, die dann asymptotisch gegen den Wert 1 ausläuft (siehe Abb. 5.1):

$$I1^*_{BZ} = 1 - 1 / e^{-0{,}002 \cdot \left(2000 - \overline{DO}\right)}$$

Jedem Kontinent wurde zudem ein Faktor für die empfundene kulturelle Nähe ($CN_{Continent}$) zugeordnet; für detailliertere Analysen kann diese Zuordnung auch auf Länderbasis erfolgen. Diese Faktoren wurden dann mit der jeweiligen Risikoexposition der im zugehörigen Territorium ansässigen Lieferanten gewichtet, um einen für das Unternehmen global repräsentativen Mittelwert (CN) zu erhalten.

$$I1^*_{CN} = \sum \frac{CN_{Continent} \cdot DO_{Continent}}{DO}$$

Für die konkrete Datenkonstellation des Beispielunternehmens ergeben sich die in Abb. 5.2 abgetragenen Werte für die einzelnen Kontinente und in Summe $I1^*_{CN} = 0{,}705$.

Da für die Wirksamkeit von I1* beide Größen gleichzeitig Werte ungleich null annehmen müssen, wählen wir eine multiplikative Verknüpfung. Die direkte Multiplikation beider Kenngrößen

$$Produkt = I1^*_{BZ} \cdot I1^*_{CN}$$

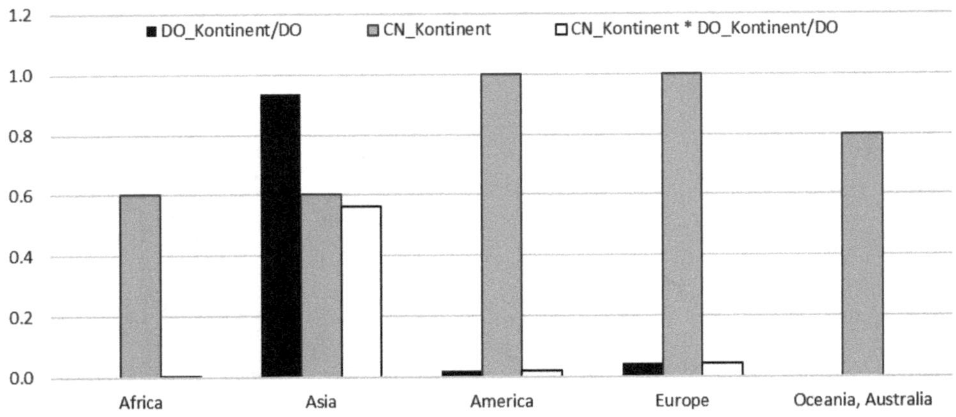

Abb. 5.2 Risikowerte je Kontinent

erzeugt eine insbesondere im mittleren Wertbereich unterhalb der Symmetrieachse signifikant gekrümmte Kurve (siehe Abb. 5.3). Die Kurve in der nachfolgenden Abbildung verdeutlicht dies für alle Kombinationen der Form $I1^*_{BZ} = I1^*_{CN}$. Soll dies vermieden werden, so bietet sich statt des Produkts ein geometrischer Mittelwert an, welcher für alle Kombinationen der Form $I1^*_{BZ} = I1^*_{CN}$ keine solche Krümmung aufweist:

$$geom.Mittel = \sqrt[2]{I1^*_{BZ} \cdot I1^*_{CN}}$$

In der dreidimensionalen Darstellung über den komplett möglichen Kombinationsbereich wird deutlich, dass die Differenz beider Alternativen insbesondere für Kombinationen der Art $I1^*_{BZ} = 1 - I1^*_{CN}$ hoch ausfällt, da beide Flächen dort die größten vertikalen Abstände aufweisen (siehe Abb. 5.4).

Da es hierfür aus fachlicher Sicht keine zwingende Begründung gibt und stattdessen ein „neutralerer" Verlauf entlang der Symmetrieachse als vorzugswürdig angesehen wird, wählen wir bis auf weiteres:

$$I1^* = \sqrt{I1^*_{BZ} \cdot I1^*_{CN}} \quad [/]$$

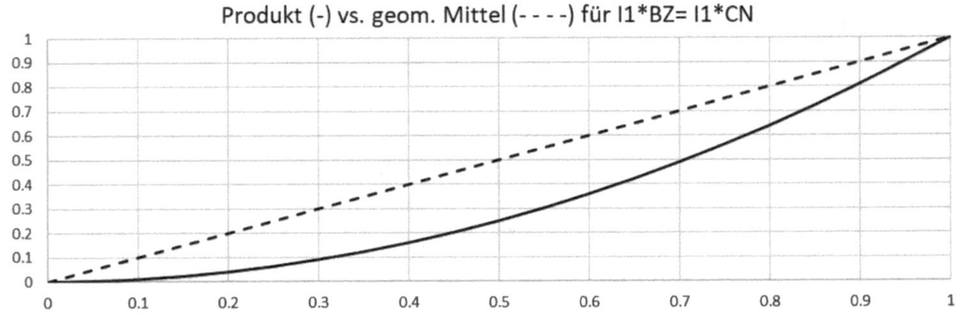

Abb. 5.3 Optionen für die Verknüpfung der Risikokenngrößen

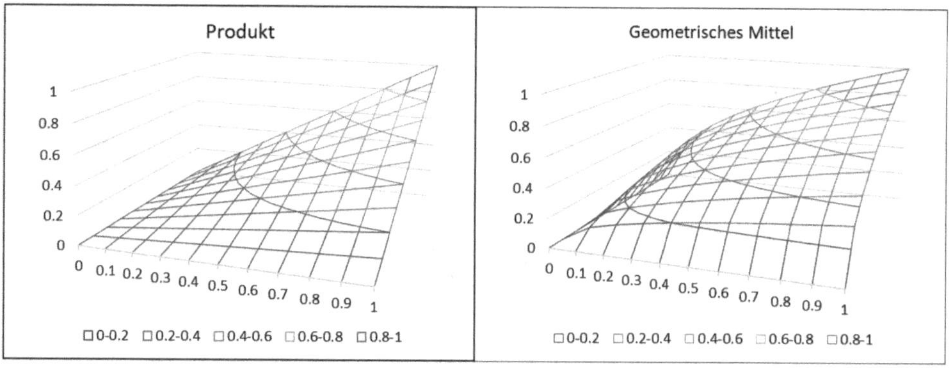

Abb. 5.4 Optionen für die Verknüpfung der Risikokenngrößen in 3D

5.12 Aggregierte Risikomaße auf Basis von I2

Alle I2-Kategorien

$$I2 = \begin{pmatrix} I2_1 = I2_{\text{DOi}} \\ I2_2 = I2_{\text{Lieferant}} \\ I2_3 = I2_{\text{FK}} \\ I2_4 = I2_{\text{comp}} \\ I2_5 = I2_{\text{nocomp}} \\ I2_6 = I2_{\text{pers}} \\ I2_7 = I2_{\text{das}} \\ I2_8 = I2_{\text{ias}} \\ I2_9 = I2_{\text{fineLKSG}} \\ I2_{10} = I2_{\text{fine}} \end{pmatrix}$$

wurden in Währungseinheiten gemessen und können daher über eine Addition verknüpft werden, um den Gesamteffekt zu ermitteln.

$$I2 = \sum_{i=1}^{10} I2_i$$

Die konkreten Werte des Beispielunternehmens sind im folgenden Diagramm in Abb. 5.5 wiedergegeben.

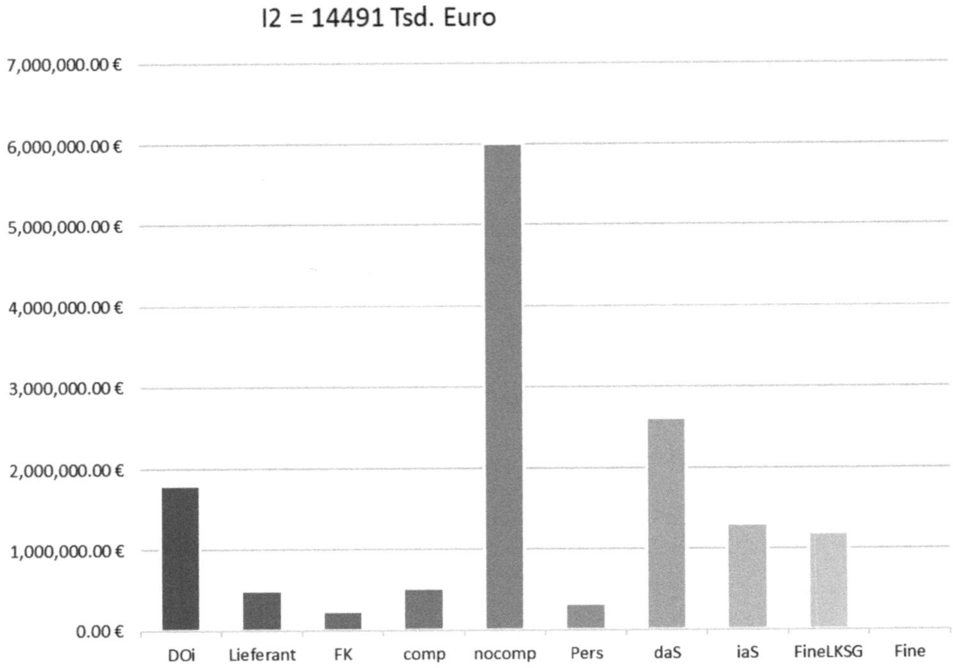

Abb. 5.5 Risikowerte der I2-Kategorien

6 Simulationen

Die bisher dargestellten Berechnungen basieren auf den ermittelten Eintrittswahrscheinlichkeiten und sind als Erwartungswerte zu interpretieren. Deren inhaltlicher Aussagegehalt ist für die Zielrichtung des LkSG als überaus hilfreich anzusehen, um die typischerweise zu erwartende Risikoexposition abzuschätzen, (Teil-)Risiken zu priorisieren und entsprechende Maßnahmen für das Risikomanagement abzuleiten.

Wird nun auf konkrete Zeitpunkte oder Zeiträume in der Vergangenheit geblickt, so kann festgestellt werden, ob sich ein bestimmtes Risiko dort verwirklicht hat oder nicht. Anstatt der relativen Eintrittswahrscheinlichkeit von bspw. 0,25 kann dann in absoluten Häufigkeiten angegeben werden, dass sich das Risiko bspw. im Zeitraum t_1 realisiert hat (absolute Häufigkeit 1), während dies z. B. in t_2, t_3 und t_4 nicht erfolgte (absolute Häufigkeit jeweils 0). Im Mittel über alle Zeiträume ergibt sich wieder die relative Häufigkeit, welche $p = 0{,}25$ entspricht. Die im Mittel zu erwartende Risikoexposition kann also in konkreten Zeitpunkten oder Zeiträumen sowohl oberhalb als auch unterhalb des Erwartungswertes liegen. Dies gilt umso mehr, wenn Lieferketten mit vielen Lieferbeziehungen, vielen Einzelrisiken und unter Beteiligung vielfältiger Länder und Materialgruppen vorliegen. Hierbei können sich im Einzelfall auch zeitgleiche Realisierungen von vielen, kleinen Risiken als kritisch erweisen.

Um derartige Effekte besser abschätzen zu können, empfehlen sich Simulationen, d. h. ein vielfaches, gedankliches Durchspielen von bestimmten Zeitpunkten oder Zeiträumen (z. B. Geschäftsjahren).[1] Hierzu werden in jedem Simulationsschritt Zufallszahlen mit

[1] Der IDW (2000) vertritt die Auffassung, dass zur Aggregation von Einzelrisiken geeignete Verfahren einzusetzen sind, wie z. B. die Monte-Carlo-Simulation. Obwohl Monte-Carlo-Simulationen im deutschsprachigen Raum bislang nur begrenzt genutzt werden, zeigen empirische Studien, dass sowohl das Interesse daran als auch die in Unternehmen vorhandenen Kompetenzen vergleichsweise hoch ausgeprägt sind (vgl. Grisar und Meyer 2015). Für einen allgemeinen, praxisorientierten Überblick (vgl. Romeike und Spitzner 2013).

M. Ebersoll et al., *QuaRisk – Risikomanagement für Lieferketten neu gedacht*, https://doi.org/10.1007/978-3-658-51439-6_6

sachlich geeigneten Verteilungen generiert, deren Werte bestimmen, ob sich das jeweilige Einzelrisiko in diesem Durchlauf realisiert oder nicht.[2] Mit zunehmender Anzahl von Simulationsdurchläufen, tendieren die Einzelwerte über die jeweiligen Simulationsergebnisse asymptotisch gegen die mittleren Risikomaße, welche in den vorangegangenen Kapiteln vorgestellt wurden.

Der eigentliche Erkenntnisgewinn der Simulation liegt jedoch darin, dass die vom Erwartungswert abweichenden Ergebnisse und deren statistische Verteilung analysiert werden können. Die folgende Abbildung zeigt eine Häufigkeitsverteilung der I2-Werte, welche aus 200 Simulationsläufen resultiert. Der analytisch ermittelte Erwartungswert von I2 lag für dieses Beispielunternehmen bei ca. 14,491 Mio. €. Der Mittelwert der Simulationsergebnisse liegt mit ca. 14,450 Mio. € nah am zuvor errechneten Erwartungswert. Die Verteilung der Simulationsergebnisse offenbart, dass dieser Mittelwert in vielen Fällen über- oder unterschritten wird. Im Simulationsbeispiel lagen 75 aller 200 Simulationsdurchläufe außerhalb der dunkel eingefärbten Klassen und damit mehr als 10 % vom Erwartungswert entfernt. Während die Unterschreitungen im Sinne des Risikomanagements als unkritisch eingestuft werden können, sollten die 43 Überschreitungen für die Bestimmung des angemessenen Maßes als Risikovorsorge herangezogen werden.

Darüber hinaus lassen sich auch zwei Value-at-Risk Maße aus Abb. 6.1 ablesen – der 95 % Value-at-Risk mit einem Wert von 11.18 Mio. € und der 99 % Value-at-Risk mit einem Wert von 12.49 Mio. €. Diese Werte sagen aus, dass mit einer Wahrscheinlichkeit von 95 % bzw. 99 % der ökonomische Schaden in der Betrachtungszeitraum unter 11.18 Mio. € bzw. 12.40 Mio. € liegt. Oder anders formuliert: Mit 5 % oder 1 % Wahrscheinlichkeit treten höhere Schadenssummen auf.

Entsprechend liefert die Methode auch eine Grundlage, um verschiedene Risikokennzahlen für die Lieferkette zu berechnen. Wie im Beispiel in der Einleitung gezeigt, kann beispielsweise der Value at Risk bestimmt werden. Ebenso lassen sich extreme Szenarien im Rahmen von Stresstests analysieren. Denkbare Maße für die Quantifizierung wären hier etwa der Expected Tail Loss (ETL). In der dargestellten Grafik würde hierfür der Mittelwert des oberen 5 %-Perzentils der Verteilung berechnet.

Neben der Anschlussfähigkeit an bestehende Konzepte im Risikomanagement ist vor allem der Einfluss der Simulation auf die Perspektive und Denkweise des Managements hervorzuheben. Modelle sind nie eine reine Abbildung der Realität, sondern beinhalten

---

[2] Aus methodischer Sicht ist hervorzuheben, dass im Rahmen jedes einzelnen Simulationsdurchlaufs für jedes Hki bzw. Eki gleichverteilte Zufallszahlen gezogen werden (im Folgenden und in den Datentabellen symbolisiert mit randpHi bzw. randpEi), welche im Abgleich piHk bzw. piEk festlegen, ob sich das jeweilige Risiko für diese Lieferbeziehung realisiert hat oder nicht. Aus sachlichen Erwägungen heraus greifen einige Teilrisiken auf ein und dieselbe Zufallszahl zurück, weil die dahinterliegenden Ursachen miteinander gekoppelt sind und daher keine voneinander unabhängigen Zufallszahlen rechtfertigen. Dies gilt nach aktuellem Kenntnisstand für: randpH1 = randpH2, randpE1 = randpE2 = randpE3, randpE6 = randpE7 = randpE. Abgesehen davon sind die Zufallszahlen unabhängig voneinander.

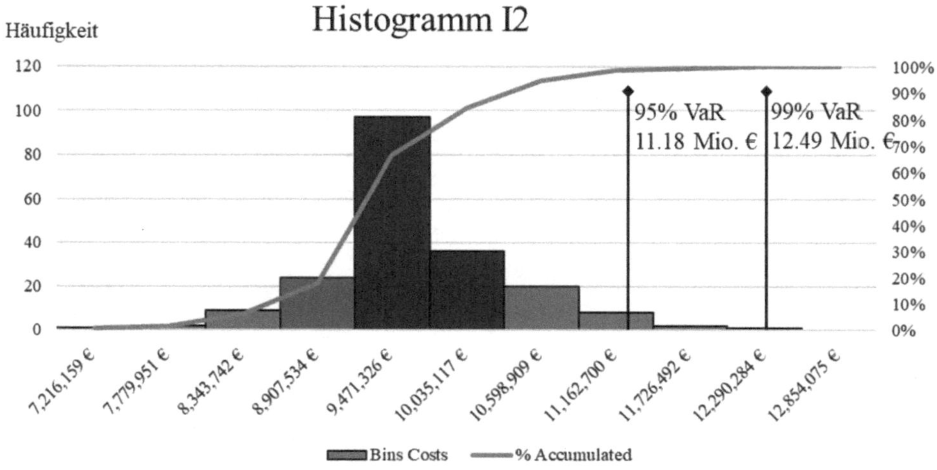

Abb. 6.1 Verteilung der Simulationsergebnisse

immer auch eine bestimmte Konzeptualisierung des Problems.[3] Der zentrale Vorteil von Simulationen liegt darin, dass sie zu einem Denken in Bandbreiten statt in Punktwerten anregen. Nutzer der Ergebnisse sehen damit nicht nur den Erwartungswert eines Risikos, sondern auch den gesamten möglichen Wertebereich. So wird beispielsweise erkennbar, dass bisherige Schadensfreiheit auch schlicht Glück gewesen sein kann.

Zudem lassen sich auf diese Weise der Nutzen und die Wirksamkeit von Risikomanagementmaßnahmen quantifizieren.[4] Häufig besteht deren Ziel darin, extreme Risiken zu vermeiden. Durch die Gegenüberstellung der resultierenden Reduktion von Varianz (und Erwartungswert) mit den Kosten einzelner Maßnahmen können Entscheidungen umfassender begründet und getroffen werden. Maßnahmen zur Reduktion von Umwelt- und Menschenrechtsrisiken erhalten dadurch einen klaren Business Case und können im Unternehmen solide begründet werden. Compliance und Risikomanagement in der Lieferkette werden somit nicht mehr als reiner Kostenfaktor gesehen, sondern können, über die Reduktion von Unternehmensrisiken, aktiv zur Steigerung des Unternehmenswerts beitragen.

Damit führt die Methode bislang getrennt arbeitende Funktionen – etwa Rechtsabteilungen, Risikomanagement und Controlling – zusammen und übersetzt ihre jeweiligen Perspektiven in eine gemeinsame, betriebswirtschaftlich anschlussfähige Sprache. So entsteht ein integrierter, abteilungsübergreifender Ansatz für das Lieferketten- und Unternehmensrisikomanagement.

[3] Vgl. hierzu mit ausführlicher Begründung (Meyer 2003, 2004).

[4] Vgl. Gleißner et al. (2021) und Duscher et al. (2012).

CSDDD und Ausblick

7

Ausgangspunkt dieses Buches war die verstärkte Auseinandersetzung nationaler und internationaler Gesetzgeber mit der Frage, wie Umweltschutz und Menschenrechte in globalen Lieferketten gewährleistet werden können. In diesem Zusammenhang wurden verschiedene Regelwerke, wie z. B. das LkSG oder die CSDDD auf den Weg gebracht.

Jedoch wird inzwischen der damit verbundene Umsetzungsaufwand nicht nur seitens der Unternehmen kritisiert, sondern mittlerweile auch auf nationaler und europäischer Ebene hinterfragt. Dies betrifft keineswegs nur einzelne Parteien, sondern schließt die Staatsführungen wichtiger europäischer Länder, wie z. B. Frankreich, Deutschland, Dänemark, Belgien ein. Die Forderungen reichen von einer vollständigen Abschaffung der Regelwerke bis hin zu Vorschlägen für effizienzsteigernde Nachjustierungen. Darüber hinaus wird eine standardisierte und digitalisierte Umsetzung zunehmend als Voraussetzung für Wirksamkeit und Praktikabilität diskutiert.[1]

Es zeichnet sich ab, dass es einer Anpassung der gesetzgeberischen Ambitionen und Detailvorgaben auf pragmatische Ansätze bedarf, die Unternehmen nicht über Gebühr beanspruchen. In diesem Zusammenhang wird auch zu diskutieren sein, ob eine „Rückübertragung“ der gesetzgeberischen Verantwortung für die Implementierung menschen- und umweltrechtlicher Standards an die jeweiligen (lokalen) Gesetzgeber des Lieferlandes er-

[1] Deutlich wird dieses Spannungsverhältnis auch im Bericht des federführenden Berichterstatters des Europäischen Parlaments, Jörgen Warborn, vom 26.05.2025 (https://www.europarl.europa.eu/doceo/document/JURI-PR-774282_EN.pdf), welcher sich für die Beibehaltung der CSDDD ausspricht, um eine fragmentierte Regulierungslandschaft in den Mitgliedstaaten zu vermeiden, während gleichzeitig die aktuellen Vereinfachungsvorschläge der Europäischen Kommission als nicht ausreichend bewertet werden. Konkrete Änderungsvorschläge beinhalten z. B. eine Einschränkung des Anwendungsbereichs auf weniger Unternehmen bzw. geringere Anforderungen an kleinere Unternehmen, einen effizienteren Ansatz in der Risikoanalyse oder auch den Verzicht auf die Verabschiedung eines „Climate Transition Plan“.

M. Ebersoll et al., *QuaRisk – Risikomanagement für Lieferketten neu gedacht*,
https://doi.org/10.1007/978-3-658-51439-6_7

folgen sollte. Der deutsche Gesetzgeber scheint beim LkSG (und analog auf europäischer Ebene) den Anspruch (gehabt) zu haben, eigene Ambitionen auch anderen (Lieferanten-) Ländern außerhalb des eigenen Zuständigkeitsbereichs aufzuzwingen. Der Export eigener Ansprüche in andere Länder mittels Verantwortungsübertragung an grenzüberschreitend tätige Unternehmen kann jedoch nur teilweise gelingen. Er kann einen Impuls setzen, nicht aber den eigentlich verantwortlichen Gesetzgeber des Lieferantenlandes zum Handeln zwingen. Hier erscheinen internationale (Handels-)Abkommen und zwischenstaatliche diplomatische Instrumente als direktere und wirksamere Mittel.

Darüber hinaus sind standardisierte, möglichst weit automatisierte und effiziente Methoden zur Analyse und Steuerung von Lieferkettenrisiken erforderlich. Unsere Methode unterstützt insbesondere auch diese beiden Aspekte.

Unsere QuaRisk-Methode bietet hierzu mehrere Vorteile. Sie basiert auf einem standardisierten Grundmodell, das sofort einsatzfähig ist. Dieses ist modular aufgebaut, erweiterbar und kann dort, wo notwendig oder erwünscht, auf die Besonderheiten des jeweiligen Unternehmens angepasst werden. Zudem nutzt es Quantifizierungsmethoden auf hohem Skalenniveau, d. h. jenseits einer reinen Ampellogik, und vermeidet sonst versteckte, subjektive Einschätzungen und Verzerrungen, wie sie in vielen qualitativen Ansätzen enthalten sind. Stattdessen wird ein objektiviertes Modell mit transparenter Offenlegung sämtlicher Parameter und Grundannahmen angeboten. Darüber hinaus ist unser Ansatz vollständig in das sonstige unternehmerische Risikomanagement integrierbar und erfüllt demnach nicht nur die gesetzlichen Ansprüche, sondern bildet auch einen neuen Fokus auf Lieferkettenrisiken aus unternehmerischer Sicht.

Das hier beschriebene Modell wurde beispielhaft anhand des LkSG erläutert, ist jedoch auch erweiterbar und wiederverwendbar. Darüber hinaus kann es durch den modularen Aufbau auf andere Regelwerke mit gleichem Zielbereich angepasst werden. Besonders die europäische CSDDD-Richtlinie bietet sich hier an. Beide Regelwerke weisen eine signifikante Überlappung auf und die Unterschiede beschränken sich auf wenige Detailbereiche.

Aufgrund der anhaltenden politischen Diskussionen über die Zukunft und Reformbedürftigkeit dieser Regelwerke, sollen hier keine detaillierten Gegenüberstellungen erfolgen und stattdessen nur einige beispielhafte Aspekte benannt werden. Statt von Risiken und Verletzung im LkSG spricht die CSDDD von potenziellen und tatsächlichen negativen Verletzungen. Parallel dazu, bezieht sich das LkSG auf direkte Geschäftspartner, während die CSDDD sowohl direkte als auch indirekte Geschäftspartner abdeckt, soweit diese der Aktivitätskette potenziell zuzuordnen sind. Diese Zuordnung und die hierfür maßgeblichen Kriterien werden zu definieren sein. Im Rahmen der Priorisierung zielt die CSDDD lediglich auf Wahrscheinlichkeit und Schweregrad der negativen Verletzung ab, während das LkSG auch weitere Priorisierungskriterien einbezog (z. B. Verursachungsbeitrag, Einflussvermögen etc.). Die CSDDD harmonisiert zudem stark mit dem CSRD. So kann eine Berichterstattung gemäß CSDDD auch durch Veröffentlichung eines CSRD-Berichts erfüllt werden. Dies ist in Bezug zum LkSG auch im Gesetzesentwurf zur Umsetzung der CSRD vorgesehen, welcher aber noch nicht verabschiedet wurde. Die beiden Gesetzestexte haben zudem leicht abweichende und zeitlich gestaffelte Anwendungsbereiche, welche in der Berichterstattung berücksichtig werden müssen. Im Gegensatz dazu haben CSDDD und LkSG weitgehend gleiche internationale Rechtspositionen und Regelungen, wobei die CSDDD etwas über den Scope des LkSG hinausgeht, z. B. durch Einbeziehung von Klimaaspekten. Ein weiterer deutlicher Unterschied beruht auf der Einbeziehung nachgelagerter Geschäftstätigkeiten („downstream") im CSDDD in den Anwendungsbereich, wenn diese Tätigkeiten für das verpflichtete Unternehmen erfolgen.

In Bezug auf die geplante Einführung der CSDDD im Jahr 2027 kann die hier vorgestellte Methode daher als vielversprechende Ausgangsbasis verstanden werden. Sie bietet durch einige ausgewählte Anpassungen auch einen guten Ansatzpunkt für eine Quantifizierung von CSDDD-Risiken. Demnach wird die Methode daher nicht obsolet, wenn etwa das LkSG auf das CSDDD angepasst wird. Auch eine Anwendung für weitere, ähnlich gelagerte Regelwerke (auch außerhalb der EU) erscheint möglich und praktikabel.

Unabhängig davon, ob sich die regulatorischen Rahmenbedingungen in den kommenden Jahren weiterentwickeln, zwischenzeitlich stagnieren oder erst zeitverzögert angepasst werden, sind wir davon überzeugt, dass der in diesem Buch entwickelte Ansatz weiter an Relevanz gewinnen wird. Die zentrale Herausforderung, Nachhaltigkeit und Menschenrechte entlang globaler Lieferketten glaubwürdig und wirksam umzusetzen, bleibt bestehen. Zugleich zeigt sich zunehmend, dass Unternehmen gut beraten sind, über reine Compliance hinauszugehen und den Schutz von Umwelt und Menschenrechten als strategische Leitlinie zu begreifen. Wer heute in diesen Feldern Verantwortung übernimmt, stärkt nicht nur seine Resilienz und Reputation, sondern gestaltet aktiv die Lieferketten der Zukunft mit.

8 Anhang

8.1 Skalenniveaus

Für den hier verfolgten Zweck ist es wünschenswert, die Risikoausmaße möglichst in quantitativer Form offenzulegen. Hierbei stellt sich die zunächst trivial erscheinende Frage: Was ist qualitativ/quantitativ? Letztendlich ist hiermit das Niveau einer Skala Ω angesprochen und die Frage, wie das Messverfahren ein Merkmal α auf einen Skalenwert von Ω abbildet.[1]

Nominalskalen: Erfolgt diese Abbildung kategorial, so können Aussagen der Form $a = b$ oder $a \neq b$ getroffen werden. Für das Merkmal „Farbe" sind Gelb, Rot usw. mögliche Skalenpunkte.[2]

Ordinalskalen: Können die Merkmalsausprägungen zusätzlich nach ihrer rangmäßigen Stellung unterschieden werden (wie bspw. militärische Dienstgrade), so kann das Ungleichheitszeichen in $a \neq b$ aufgelöst werden zu $a < b$ oder $a > b$.[3]

Intervallskalen: Werden nun zwischen den rangmäßig geordneten Merkmalsausprägungen zusätzlich bestimmte Abstände definiert, so können gleich große Merkmalsunterschiede über äquidistante Zahlen abgebildet werden; es resultiert also Quantifizierbarkeit im umgangssprachlichen Sinne. Zusätzlich zu der Aussage, ein Merkmal sei stärker ausgeprägt ($a > b$), liegen nun auch Informationen darüber vor, um wie viel stärker es ausgeprägt ist ($a - b = x$).[4]

[1] Vgl. zu den unterschiedlichen Skalenniveaus (Bortz und Döring 2003, S. 68 ff.; Kromrey 2000, S. 228 ff.; Höher 1983, S. 4 ff.).

[2] Nominalskalen sind invariant gegenüber Bijektionen und Umbenennungen beliebiger Form.

[3] Auch Ordinalskalen können Bijektionen von Ω zu Ω' unterworfen werden, allerdings sind sie nur invariant gegenüber streng monoton steigenden Transformationen.

[4] Intervallskalen sind nur invariant gegenüber positiven affin-linearen Transformationen.

M. Ebersoll et al., *QuaRisk – Risikomanagement für Lieferketten neu gedacht*,
https://doi.org/10.1007/978-3-658-51439-6_8

Verhältnisskalen besitzen darüber hinaus noch einen absoluten Nullpunkt, was Verhältnisaussagen der Form a : b = y ermöglicht.[5]

Zur Verdeutlichung von Intervall und Verhältnisskalen hier noch ein Thermometerbeispiel: Eine gemessene Temperatur lässt sich problemlos auf verschiedene Temperaturskalen umrechnen; z. B. im Fall 1: 10°C = 50°F = 283°K und im Fall 2: 20°C = 68°F = 293°K. Mit Blick auf den Wert in Grad Celsius könnte man dem Irrtum erliegen, die Temperatur im Fall 2 sei doppelt so hoch wie im Fall 1. Wer jedoch in Grad Fahrenheit denkt, der käme zu dem – ebenso irrtümlichen – Schluss, die Temperatur wäre nur ca. 1,4-mal so hoch. Beide Aussagen sind falsch, weil es sich bei °C und °F um Intervallskalen handelt, in denen solche Verhältnisaussagen nicht möglich sind.

8.2 Messung

Im Rahmen der Operationalisierung steht die Messbarmachung bestimmter (auch qualitativer) Phänomene der „Wirklichkeit" (W) im Mittelpunkt.[6] Basierend auf Beobachtungen der Wechselwirkungen und Handlungsabläufe in W, bilden sich Menschen typischerweise Theorien, also Zusammenfassungen fachspezifischer Aussagen über W:

$$T : W \rightarrow T(W)[\text{„Theorie"}]$$

Über die „Richtigkeit" oder den Wahrheitsgehalt der Theorie T(W) ist damit noch nichts ausgesagt, da es zu einer Wirklichkeit W mehrere Theorien T(W) geben kann.[7]

Um die Vorgänge in W zu beschreiben, bietet sich ein operationalisierbares und möglichst algorithmisierbares Modell an, welches durch Angabe der zu nutzenden „Bausteine" und mathematischen Struktur so festzulegen ist, dass ein virtuelles Abbild unter Berücksichtigung der Kausalbeziehungen in T(W) entsteht. Wir bezeichnen die Modellvorschrift mit V.[8]

$$V : T(W) \rightarrow V(T(W))[\text{„Modell"}]$$

Die Ausgestaltung derartiger Modelle kann mit Hilfe von mathematischen und statistischen Verfahren erfolgen. Die Theorien, welche eher als verbal und qualitativ charakterisiert werden können, liegen also letztlich in quantitativer Form vor; sie wurden in die for-

[5] Intervall- und Verhältnisskalen werden auch als metrische Skalen bezeichnet.

[6] Hierbei spielt es für unsere Zwecke keine Rolle, ob eine objektive und für alle Individuen identische Wirklichkeit unterstellt wird oder diese als Resultat individuell potentiell unterschiedlicher Sinneswahrnehmungen und darauf aufbauender geistiger Verarbeitungsprozesse interpretiert wird (so z. B. Eccles und Popper 1994, S. 336).

[7] Vgl. Ebersoll (2006, S. 29).

[8] Vgl. Ebersoll (2006, S. 30).

male Sprache der Mathematik „übersetzt“.[9] „Definitionsgemäß ist ein Modell keineswegs ein vollständiges und genaues Abbild der Realität, es ist nicht mehr als eine Analogie oder ein Gleichnis. Es behauptet die Existenz von logischen und mathematischen Beziehungen, die mit dem zu erklärenden Gegenstand viele Ähnlichkeiten gemeinsam haben, die jedoch nicht vollständig damit identifiziert werden können … Im Anfang ist ein Modell nicht mehr als eine Denkhilfe, ein Rahmen für die mathematische Deutung von unerklärbaren Erscheinungen.“[10]

In dieser Form kann die Theorie nun über Experimente und statistische Tests überprüft werden – sie wird damit der wissenschaftlichen Forderung nach einer quantitativen Überprüfbarkeit von Theorien gerecht.[11]

Vor der quantitativen Analyse des jeweiligen Erkenntnisobjekts müssen die wesentlichen, den Nutzer interessierenden Merkmale festgelegt werden. Die Zusammenstellung dieser Merkmale findet zwar noch im „vormathematischen“ Raum statt, hat aber weitreichende Folgen für das gesamte quantitative Modell, da sich alle hier begangenen „Fehler“ durch die gesamte spätere Arbeit ziehen werden.[12] Die Menge A der identifizierten Merkmale a kann nun auf mathematische Objekte G abgebildet werden.[13] Dieses Vorgehen bezeichnen wir als Variablenbildung f_v.

$$f_v : \left\{a^{(1)}, a^{(2)}, \ldots, a^{(i)}, \ldots, a^{(n+1)}\right\} = A \rightarrow G$$

$$f_v\left(a^{(i)}\right) = X_i \in G \text{ mit } i = 1, 2, \ldots, n.$$

Für die Operationalisierung müssen derartige theoretische Konstrukte A ggf. in ihre Bestandteile zerlegt und im Zuge iterativer Ursache-Wirkungs-Analysen auf solche Aspekte zurückgeführt werden, welche einer Messung auf dem gewünschten Skalenniveau zugänglich sind.

Die Messung selbst erfolgt dann anhand ausgewählter Indikatoren, welche den jeweiligen (Teil-)Aspekt der Realität repräsentieren. Genau in dieser Auswahl geeigneter Indikatoren liegt die Hauptschwierigkeit des Prozesses. Dabei ist es keineswegs so, dass ein theoretisches Konstrukt immer zwingend auf ein und dieselbe Weise operationalisiert werden muss; vielmehr bestehen vielfache Freiheitsgrade, welche mit Rücksicht auf die jeweilige Fragestellung und den Operationalisierungszweck genutzt werden können und müssen.

[9] Lauster (1997, S. 15 f.) gibt als Grund die Verschwommenheit und Mehrdeutigkeit in der Alltagssprache an, welche diese Kommunikationsform als ungeeignet zum Transport wissenschaftlicher Erkenntnis erscheinen lässt.

[10] Ziman (1982, S. 19 ff.).

[11] Ebersoll (2006, S. 30).

[12] Vgl. Lauster (1997, S. 25).

[13] Vgl. Falk (1990, S. 239).

Die Operationalisierung der „Bedeutung des Gerichtsverfahrens x“ könnte aus juristischer Sicht etwa daran gemessen werden, welche und wie viele Rechtsvorschriften berührt sind oder ob evtl. solche Rechtsfragen betroffen sind, welche bisher noch keine höchstrichterliche Klärung erfahren haben. Der Soziologe wird evtl. Fragen wie Anzahl, familiärer, sozialer, kultureller Hintergrund der Beteiligten und deren Motivation für die Operationalisierung der „Bedeutung“ vorziehen. Aus ökonomischer Sicht hingegen, könnten die infrage stehenden Gelder zur Operationalisierung herangezogen werden.[14]

Es ist also möglich, dass für bestimmte Problemstellungen – auf das jeweilige Erkenntnisziel abgestimmt – auch nur bestimmte Elemente aus A oder G betrachtet werden.[15] Rein formal werden die nicht betrachteten Elemente hierbei entweder als konstant bzw. mit dem „neutralen“ numerischen Wert null oder eins angenommen oder aber sie werden als nicht weiter spezifizierte Restgröße r behandelt, d. h. erklärt wird durch das betroffene Modell dann nicht mehr ein bestimmtes Merkmal $a^{(i)}$, sondern eben $a^{(i)}$-r. Die zweite Möglichkeit ist hierbei immer dann vorzuziehen, wenn keine Kenntnis darüber vorliegt, ob tatsächlich Konstanz bzgl. eines oder mehrerer $a^{(i)}$ vorliegt. Im Rahmen einer solchen Vorgehensweise sollte jedoch stets darauf geachtet werden, dass die Systembeschreibung nur in einer Form beschnitten wird, welche das interessierende Merkmal nicht übermäßig verzerrt. Auch wenn diese Aussagen den Anschein erwecken, ist der angesprochene Sachverhalt nur scheinbar trivial, denn in vielen wissenschaftlichen Betätigungsfeldern werden sehr komplexe Realitäten betrachtet, welche nicht von vornherein auf die spezifische Relevanz einzelner Bestandteile für ganz konkrete Anwendungsfälle schließen lassen. Mit anderen Worten: Wie schon in den vorangegangenen Kapiteln besprochen, nimmt also die Auswahl der Größen und ihre Operationalisierung eine entscheidende Rolle im Rahmen der modellhaften Abbildung der Realität ein.[16]

William Thomson, Lord Kelvin: "… when you can measure what you are speaking about, and express it in numbers, you know something about it; but when you cannot measure it, when you cannot express it in numbers, your knowledge is of a meagre and unsatisfactory kind: it may be the beginning of knowledge, but you have scarcely, in your thoughts, advanced to the stage of science, whatever the matter may be."[17]

---

[14] Als anschauliches Beispiel für die Operationalisierung von Rechtsstrukturen aus makroökonomischer Perspektive sei hier auf (Gansneder 2001) verwiesen.

[15] Vgl. Lauster (1997, S. 25).

[16] Dies gilt unabhängig vom gewählten Skalenniveau, d. h. insbesondere auch für niedrigskalige, qualitative Beschreibungsansätze.

[17] Thomson (1889, S. 73 f.).

8.3 Alternative Abschätzung der Mitarbeiterzahl Emp

In der Praxis treten gelegentlich Fälle auf, in denen die Mitarbeiterzahl Emp eines Lieferanten nicht oder nicht genau bekannt ist. Für solche Fälle werden in diesem Abschnitt alternative Abschätzungsmethoden vorgeschlagen. Für jede Alternative werden zudem potentielle Vor- und Nachteile skizziert.

Jenseits möglicher Nachteile, welche mit solchen alternativen Ansätzen verbunden sein können, ist stets zu bedenken, dass selbst eine mit hohen Unsicherheiten behaftete grobe Abschätzung qualitativ hochwertiger bewertet werden muss als die Unterlassensalternative.

8.3.1 Abschätzung durch das Unternehmen

Wenn die tatsächlichen Zahlen nicht vorliegen, so kann das Unternehmen eine eigene Abschätzung über die Mitarbeiterzahl eines Lieferanten durchführen. Oftmals bestehen zwischen eigenem Unternehmen und Lieferant Verbindungen, z. B. über die jeweiligen Einkaufs- bzw. Vertriebsverantwortlichen, welche im Rahmen von Vertragsverhandlungen, Vertragsmanagement, Audits, Projektgesprächen und anderen Gelegenheiten Informationen austauschen. Bei solchen Gelegenheiten lassen sich direkt oder indirekt Indizien über die Mitarbeiterzahl gewinnen.

8.3.2 Unternehmensdatenbanken

Alternativ können die gesuchten Mitarbeiterzahlen unter Umständen aus Internetdatenbanken entnommen werden, welche von kommerziellen Anbietern zur Verfügung gestellt werden.

Deren Hauptzweck besteht jedoch oft darin, generelle Informationen über mögliche Geschäftspartner zur Verfügung zu stellen, um Geschäftsanbahnungsprozesse zu unterstützen. Die Datenbanken versuchen daher oft, einen groben Blick auf das Unternehmen zu ermöglichen, wobei insbesondere in größeren Unternehmensverflechtungen/Konzernen leicht die Trennschärfe verloren geht. Daten aus verschiedenen Konzerngesellschaften in diversen Ländern und Geschäftsbereichen werden gelegentlich – mangels besseren Wissens – der Konzernmutter oder auch anderen Konzernteilen zugeschlüsselt, ohne dass eine Validierung erfolgt. Dies ist auch dem Umstand geschuldet, dass die Daten oftmals nicht vom betroffenen Unternehmen selbst stammen, sondern aus vielfältigen mehr oder weniger verlässlichen dritten Quellen zusammengetragen werden.

Derartig unsichere Datenquellen müssen daher mit Vorsicht angewendet werden, auch wenn die Nutzung solcher Daten sicherlich als besser beurteilt werden kann, als wenn komplett auf Daten verzichtet würde.

8.3.3 UNIDO-Datenbank

Liegen beim Unternehmen keine Informationen zu den Mitarbeiterzahlen vor und können diese auch nicht über die oben skizzierten Wege abgeschätzt werden, so bietet sich ein Rückgriff auf die Datenbanken der United Nations Industrial Development Organization (UNIDO) an.[18]

Basierend auf NACE Industry Codes enthält die Datenbank Informationen zu der Anzahl an Unternehmen („Enterprises") und Mitarbeiter („Employees") und Umsätzen („Output") pro NACE-Code Branche.

Die NACE-Codes wurden mit Hilfe einer Übersetzungstabelle zum Harmonized System (HS) transformiert, welches im Modell vorrangig Anwendung findet. Zusätzlich wurden die Servicekategorien berücksichtigt, welche im HS initial nicht enthalten sind. Siehe hierzu die entsprechenden Ausführungen im Abschn. 3.1.2 zu materialgruppenspezifischen Indikatoren. Die Daten basieren auf Erhebungen vom Statistischen Bundesamt, Eurostat und OECD und werden von der UNIDO zusammengetragen.

Die UNIDO-Datenbank erlaubt für bestimmte Kombinationen von Ländern und Materialgruppen die Berechnung von durchschnittlichen Mitarbeiter- und Umsatzzahlen. Diese Mittelwerte geben einen guten Einblick in typische Unternehmensgrößen für die jeweilige Kombination und bieten sich an, um entweder direkt im Modell genutzt zu werden oder aber auf dieser Basis nochmals eine Plausibilisierung über die oben skizzierten Wege vorzunehmen.

Da die UNIDO-Datenbank jedoch nicht alle theoretisch möglichen Länder-Materialgruppenkombinationen abdeckt, soll in diesen Fällen auf eine alternative Approximation zurückgegriffen werden, in welcher länderspezifische, materialgruppenunabhängige Mittelwerte berechnet werden.

Derartige Abschätzungen sind zwar bei Repräsentativität der Datenbankinhalte im Mittel (d. h. im Sinne einer statistischen Betrachtung über alle Unternehmen) zutreffend, allerdings dürften sie im konkreten Einzelfall, d. h. im Abgleich mit einem bestimmten Unternehmen dieser Kombination auch Abweichungen aufweisen. Dennoch hat eine solche Approximation im Gegensatz zu oben geschilderten, eher subjektiv geprägten Methoden den Vorteil, dass ein transparenter, systematischer Fehler vorliegt und die Methodik intersubjektiv nachvollziehbar ist. Damit ist der Verdacht willkürlicher Datensetzungen adressiert, und gleichzeitig können natürlich dennoch manuelle Anpassungen vorgenommen und nachvollziehbar dokumentiert werden, wenn valide Gründe vorliegen.

[18] https://stat.unido.org/data/table?dataset=indstat&revision=4.

8.4 Alternative Abschätzung des Gesamtumsatzes eines Lieferanten über UNIDO

Im Rahmen der Abschätzung des „Einflussvermögnes des Unternehmens" auf seine Lieferanten wurde in einem Teilaspekt auf die Kenngröße „Gesamtumsatz des Lieferanten" zurückgegriffen. Dies bezieht sich auf den Umsatz dieses Lieferanten mit allen Kunden, d. h. auch außerhalb des hier betrachteten Unternehmens, welche im Fokus der Risikoanalyse steht.

In der Praxis treten gelegentlich Fälle auf, in denen der Gesamtumsatz eines Lieferanten nicht oder nicht genau bekannt ist. Für solche Fälle wird in diesem Abschnitt eine alternative Abschätzungsmethode vorgeschlagen. Jenseits möglicher Nachteile, welche mit solchen alternativen Ansätzen verbunden sein können, ist stets zu bedenken, dass selbst eine mit hohen Unsicherheiten behaftete grobe Abschätzung qualitativ hochwertiger bewertet werden muss als die Unterlassensalternative.

Liegen beim Unternehmen keine Informationen zum Gesamtumsatz vor und können diese auch nicht über andere Wege abgeschätzt werden,[19] so bietet sich ein Rückgriff auf die Datenbanken der United Nations Industrial Development Organization (UNIDO) an.[20]

Basierend auf NACE Industry Codes enthält die Datenbank Informationen zu der Anzahl an Unternehmen („Enterprises") und Mitarbeiter („Employees") und Umsätzen („Output") pro NACE-Code Branche.

Die NACE-Codes wurden mit Hilfe einer Übersetzungstabelle zum Harmonized System (HS) transformiert, welches im Modell vorrangig Anwendung findet. Zusätzlich wurden die Servicekategorien berücksichtigt, welche im HS initial nicht enthalten sind (siehe hierzu die entsprechenden Ausführungen im Abschn. 3.1.2 zu materialgruppenspezifischen Indikatoren). Die Daten basieren auf Erhebungen vom Statistischen Bundesamt, Eurostat und OECD und werden von der UNIDO zusammengetragen.

Die UNIDO-Datenbank erlaubt für bestimmte Kombinationen von Ländern und Materialgruppen die Berechnung von durchschnittlichen Mitarbeiter- und Umsatzzahlen. Diese Mittelwerte geben einen guten Einblick in typische Unternehmensgrößen für die jeweilige Kombination und bieten sich an, um entweder direkt im Modell genutzt zu werden oder aber auf dieser Basis nochmals eine Plausibilisierung von alternativen Abschätzungen vorzunehmen.

Da die UNIDO-Datenbank jedoch nicht alle theoretisch möglichen Länder-Materialgruppenkombinationen abdeckt, soll in diesen Fällen auf eine alternative Approximation zurückgegriffen werden, in welcher länderspezifische, materialgruppenunabhängige Mittelwerte berechnet werden. Obwohl hiermit meist alle in der üblichen Praxis vorkommenden Kombinationen abgedeckt werden, kann es sich bei exotischen Datenkonstellationen als hilfreich erweisen, auf die nächsthöhere Aggregationsebene auszuweichen und kontinentspezifische Mittelwerte zu nutzen.

[19] Siehe hierzu die Ansätze im Kapitel zur Abschätzung von Mitarbeiterzahlen.

[20] https://stat.unido.org/data/table?dataset=indstat&revision=4.

Derartige Abschätzungen sind zwar bei Repräsentativität der Datenbankinhalte im Mittel (d. h. im Sinne einer statistischen Betrachtung über alle Unternehmen) zutreffend, allerdings dürften sie im konkreten Einzelfall, d. h. im Abgleich mit einem bestimmten Unternehmen dieser Kombination auch Abweichungen aufweisen. Dennoch hat eine solche Approximation im Gegensatz zu eher subjektiv geprägten Methoden den Vorteil, dass ein transparenter, systematischer Fehler vorliegt und die Methodik intersubjektiv nachvollziehbar ist. Damit ist der Verdacht willkürlicher Datensetzungen adressiert, und gleichzeitig können natürlich dennoch manuelle Anpassungen vorgenommen und nachvollziehbar dokumentiert werden, wenn valide Gründe vorliegen.

8.5 Datenmodell inkl. Risikoregister, Priorisierung, Gewichtung

Die nachfolgenden Übersichten bilden das Datenmodell ab, welches der vorgestellten Methodik zugrunde liegt. Aus Gründen der Übersichtlichkeit wurden die diversen Datenpunkte in Tabellen zusammengefasst. Die Darstellung des Datenmodells verfolgt den Zweck, dem interessierten Leser eine Nachbildung des Modells in einer Tabellenkalkulations-Software zu ermöglichen; die Darstellung dient hingegen nicht dem Zweck, die fachlichen Grundlagen der Methodik zu erläutern, denn derartige Erläuterungen finden sich bereits im Haupttext.

8.5.1 User Input: Datentabelle Lieferant

Diese Tabelle wird mit den Daten des Unternehmens befüllt. Die Tabelle enthält folgende Informationen:

- Lieferanten ID
- Name, Gesellschaft
- Ländername/ISO-3166 Code
- Mitarbeiteranzahl
- Gesamtumsatz des Lieferanten mit allen seinen Kunden
- EV4
- Einkaufsvolumen des Unternehmens mit dem Lieferanten (kann aus Tab. Lieferverpflichtungen berechnet werden)

8.5.2 User Input: Datentabelle Lieferverpflichtungen

Diese Tabelle wird mit den Daten des Unternehmens befüllt. Die Tabelle enthält folgende Informationen:

- ID der Lieferverpflichtung (DO_i)
- ID des Lieferanten von DO_i
- Materialgruppe von DO_i
- Herkunftsland von DO_i (kann aus der Lieferantentabelle abgeleitet werden)
- Liefervolumen von DO_i in Währungseinheiten
- Lieferzeitraum/Datum (falls die obigen Werte nicht ohnehin bereits auf einen repräsentativen Zeitraum (z. B. ein Jahr) bezogen sind)

8.5.3 User Input: Daten zum Unternehmen

Diese Tabelle wird mit den Daten des Unternehmens befüllt. Die Tabelle enthält folgende Informationen:

- Name, Gesellschaft
- Umsatz des Unternehmens
- Einkaufsvolumen (kann aus Tabelle Lieferverpflichtungen abgeleitet werden)
- Ländername/ISO-3166 Code
- Bilanzsumme
- Eigenkapitalquote
- Personalkosten
- Anzahl Mitarbeiter (optional)
- Art der Produkte/Dienstleistungen und jeweiliger Umsatz pro Produkt-/Dienstleistungsart, falls für Teilunternehmen Analysen durchgeführt werden sollen (optional)
- Marktanteil des Unternehmens im jeweiligen Absatzmarkt des Produkts / der Dienstleistung (MS1)
- Anzahl Zulieferer (kann aus Tab. Lieferverpflichtungen entnommen werden)
- Anzahl der in der Lieferkette eingebundenen Länder (kann aus Tab. Lieferverpflichtungen entnommen werden)

8.5.4 Quarisk Input: Datentabelle Länder

Diese Tabelle wurde durch die Autoren vorbefüllt und sollte in regelmäßigen Abständen aktualisiert werden. Die Tabelle enthält folgende Informationen:

- Kontinent
- country_code
- Land Country
- Country_version1
- ilo138_status
- ilo138_age

- ilo138_date
- ilo138_modified_quarisk
- ilo138_modified_quarisk_comment
- child_labour_index
- child_labour_index_modified_quarisk
- child_labour_index_modified_quarisk_comment
- RoL
- RoL_modified_quarisk
- RoL_modified_quarisk_comment
- ilo182_status
- ilo182_date
- ilo182_modified_quarisk
- ilo182_modified_quarisk_comment
- ilo29_date
- ilo29_modified_quarisk
- ilo29_modified_quarisk_comment
- ilo105_date
- ilo105_modified_quarisk
- ilo105_modified_quarisk_comment
- global_slavery_index
- global_slavery_index_modified_quarisk
- global_slavery_index_modified_quarisk_comment
- ilo155_date
- ilo155_modified_quarisk
- ilo155_modified_quarisk_comment
- ilo187_date
- ilo187_modified_quarisk
- ilo187_modified_quarisk_comment
- ilo87_date
- ilo87_modified_quarisk
- ilo87_modified_quarisk_comment
- ilo98_date
- ilo98_modified_quarisk
- ilo98_modified_quarisk_comment
- freedom_house_E
- ilo111_date
- ilo111_modified_quarisk
- ilo111_modified_quarisk_comment
- ilo100_date
- ilo100_modified_quarisk
- ilo100_modified_quarisk_comment
- environmental_performance_index
- environmental_performance_index_modified_quarisk
- environmental_performance_index_modified_quarisk_comment

- corruption_perception_index
- corruption_perception_index_modified_quarisk
- minamata_state
- minamata_date
- minamata_signdate
- minamata_modified_quarisk
- stockholm_status
- stockholm_convention_succession_date
- stockholm_into_force_date
- stockholm_modified_quarisk
- basler_status
- basler_convention_succession_date
- basler_into_force_date
- basler_modified_quarisk
- RoL4.8
- RoL4.8_modified_quarisk
- health_security_index
- health_security_index_modified_quarisk
- freedom_house_e_index
- freedom_house_e_index_modified_quarisk
- RoL4.1
- RoL4.1_modified_quarisk
- RoL6.5
- RoL6.5_modified_quarisk
- RoL4
- RoL4_modified_quarisk
- RoL5
- RoL5_modified_quarisk
- RoL6
- RoL6_modified_quarisk
- wsi_minimum_wage
- wsi_minimum_wage_modified_quarisk
- pl_6,85
- pl_6,85_modified_quarisk
- epi_heavy_metals
- epi_heavy_metals_modified_quarisk
- epi_environmental_health
- epi_environmental_health_modified_quarisk

8.5.5 Quarisk Input: Datentabelle Materialgruppen

Diese Tabelle wurde durch die Autoren vorbefüllt und sollte in regelmäßigen Abständen aktualisiert werden. Die Tabelle enthält folgende Informationen:

- Auflistung aller Materialgruppen
- Einkaufsvolumen pro Materialgruppe und Jahr (kann aus Tab. Lieferverpflichtungen entnommen werden)
- CM-Faktoren, für alle Risiken H_k und E_k

8.5.6 Quarisk Input: Datentabelle Zeitfunktion ILO

Diese Tabelle wurde durch die Autoren vorbefüllt und enthält die im Haupttext dargestellte Funktion zur Abschätzung der vollumfänglichen ILO-Implementierungen in den Nationalstaaten in Abhängigkeit von der seit der Ratifizierung verstrichenen Zeit.

8.5.7 Quarisk Input: Datentabelle LoG

Diese Tabelle wurde durch die Autoren vorbefüllt und sollte in regelmäßigen Abständen aktualisiert werden. Die Tabelle enthält die Kriterien der im Haupttext beschriebenen „List of Goods" sowie die Überleitung zur Klassifikation der World Customs Organisation.

8.5.8 Quarisk Input: Datentabelle Population Density

Diese Tabelle wurde durch die Autoren vorbefüllt und sollte in regelmäßigen Abständen aktualisiert werden. Die Tabelle enthält Bevölkerungszahlen, Bevölkerungsdichten sowie die Abschätzungen für die Größen RP.

8.5.9 Quarisk Input: Datentabelle I1-I2

Diese Tabelle wurde durch die Autoren vorbefüllt und enthält die im Haupttext beschriebenen Rechnungen zur Herleitung von I2.

8.5.10 Input Berechnung: H1 bis H12 und E1 bis E8

Diese Tabellen enthalten für die jeweiligen Einzelrisiken die Zusammenstellung relevanter Inputdaten aus den obigen Inputtabellen sowie die im Haupttext erläuterten Berechnungen länderspezifischer Kenngrößen.

8.5.11 Output: Priorisierung

Diese Tabelle gibt einen ersten Einblick in ausgewählte Ergebnisse der Risikoanalyse. Es werden die am meisten risikobehafteten

- Lieferverpflichtungen
- Chapter
- Lieferanten
- Länder

im Überblick dargestellt.

8.5.12 Output: Simulation

Diese Tabelle enthält die Simulationsergebnisse für I2 und kann daher für die Adjustierung der Risikovorsorge herangezogen werden.

8.5.13 Output: Hx_aggregated

Diese Tabelle enthält aggregierte Risikowerte der Lieferkette pro Teilrisiko.

8.5.14 Output: Kontinent_aggregated

Diese Tabelle gibt die aggregierten Risikowerte für die Anteile der Lieferkette in verschiedenen Kontinenten wieder.

- Kontinent
- Einkaufsvolumen
- Aggregierte DO_i-Werte
- Aggregierte $EUR*DO_i$-Werte
- P
- Anzahl Lieferungen
- $\overline{DO}$
- $w_{\S 5II}$
- Summe $w_{\S 5II}$

8.5.15 Output: Country_aggregated

Diese Tabelle gibt die aggregierten Risikowerte für die Anteile der Lieferkette in verschiedenen Ländern wieder.

- Kontinent
- Einkaufsvolumen
- Aggregierte DO_i-Werte
- Aggregierte EUR*DO_i-Werte
- P
- Anzahl Lieferungen
- $\overline{DO}$
- $w_{\S 5II}$
- Summe $w_{\S 5II}$

8.5.16 Output: Lieferant_aggregated

Diese Tabelle gibt die aggregierten Risikowerte für die einzelnen Lieferanten wieder.

- Lieferanten ID
- Einkaufsvolumen
- Aggregierte DO_i-Werte
- Aggregierte EUR*DO_i-Werte
- P
- Anzahl Lieferungen
- $\overline{DO}$
- MS3
- Anteil dieses Lieferanten an der Gesamtrisikoexposition
- AI3
- $w_{\S 5II}$
- Summe $w_{\S 5II}$

8.5.17 Output: Chapter_aggregated

Diese Tabelle gibt die aggregierten Risikowerte für die einzelnen Chapter wieder.

- Chapter ID
- Einkaufsvolumen
- Aggregierte DO_i-Werte
- Aggregierte EUR*DO_i-Werte

- p
- Anzahl Lieferungen
- $\overline{DO}$
- Gesamtvolumen des mit dem Chapter korrespondierenden Beschaffungsmarktes
- MS2
- AI2
- $w_{\S 5II}$
- Summe $w_{\S 5II}$

8.5.18 Output: DO_i

Diese Tabelle stellt die Grundlage praktisch aller anderen Outputtabellen dar, da hier auf Ebene der einzelnen Lieferverpflichtungen wesentliche Parameter und Inputgrößen dargestellt und sämtliche Risikogrößen berechnet werden. Auch die hierzu notwendigen Zwischenrechnungen und Teilergebnisse finden sich hier.

- DO_ID, Lieferant, Volumen, Country, Warengruppe, Emp_Lieferant, RP5, RP10, RP20
- Je Teilrisiko Hk bzw. Ek werden die folgenden Daten aufgelistet
  - Country_p_Hki (aus den Tabellen „Input Berechnung …“)
  - LoG
  - p_Hki
  - I1
  - Hki
  - Hki*w_Hki
  - w_Hki
- Sum Hx*wx
- Sum Ex*wx
- wx*I1
- DOi
- pDOi
- pEUR_Land
- DOiEUR
- pEUR_Lieferant
- pEUR_Chapter
- volumengewichtete Risikogrößen
  - H1*EUR, H2*EUR, …, H12*EUR
  - E1*EUR, E2*EUR, …, E3*EUR
- I2DOi
- pLieferant
- EURLieferant
- I2Lieferant

- I2comp
- I2nocomp
- AI1
- AI2
- AI3
- AI4
- AI
- S(max)
- S(mittel)
- CC
- BA
- h bzw e
- Prüfvariable LoG
- h bzw e * EUR

8.5.19 Output: I2

Diese Tabelle fasst wesentliche Inputgrößen für I2 zusammen und stellt die Ergebnisse für jede der I2-Komponenten sowie das Gesamtergebnis für I2 dar.

Literatur

Anger H (2021) Denunzianten oder wichtige Hinweisgeber? Wer sich wirklich als Whistleblower in Unternehmen meldet. https://www.handelsblatt.com/politik/deutschland/neuer-report-denunzianten-oder-wichtige-hinweisgeber-wer-sich-wirklich-als-whistleblower-in-unternehmen-meldet/27679018.html. Zugegriffen am 01.09.2024

Bell J, Nuzzo J (2021) Global health security index: advancing collective action and accountability amid global crisis. Zugegriffen am 20.05.2026. www.GHSIndex.org

Bellora-Bienengräber L, Harten C, Meyer M (2023) The effectiveness of risk assessments in risk workshops: the role of calculative cultures. J Risk Res 26(2):163–183. https://doi.org/10.1080/13669877.2022.2108120

Bort J, Döring N (2003) Forschungsmethoden und Evaluation für Human- und Sozialwissenschaftler. Springer, Berlin/Heidelberg

Bureau of International Labor Affairs (2022) List of goods produced by child labor or forced labor. https://www.dol.gov/agencies/ilab/reports/child-labor/list-of-goods. Zugegriffen am 18.04.2023

Duscher I, Meyer M, Spitzner J (2012) Volatilität kalkulieren und steuern im Sinne eines wertorientierten Investitionscontrollings. Zeitschrift für Controlling & Management (ZfCM), Sonderheft 2 56:46–51. https://doi.org/10.1365/s12176-012-0382-x

Ebersoll M (2006) Die Alternative Wirtschaftstheorie. Beitrag zu den Grundlagen einer quantitativen Theorie dynamischer ökonomischer Systeme, Der Andere Verlag GmbH, Tönning/Lübeck/Marburg. ISBN: 978-3-89959-510-9

Ebersoll M (2012) Die Messung von Compliancerisiken in Unternehmen, Der Andere Verlag GmbH, Uelvesbüll. ISBN: 978-3-86247-230-7

Ebersoll M (2013) How to quantify compliance risk – a new approach to legal risk management, AV Akademikerverlag, Saarbruecken. ISBN: 978-3-639-46068-1

Ebersoll M, Stork F (2016) Smart Risk Assessment – Effiziente Risikoidentifizierung und -bewertung. Erich Schmidt Verlag, Berlin

Ebersoll M, Stork F (2023) Kapitel zum Risikomanagement in: Beck'sches Formularbuch für die Rechtsabteilung, 2., Akt. u. erw. Aufl. C.H.BECK, München

Ebersoll M, Hanke-Ebersoll M, Junkermann T, Federmann J (2022) Quantifizierung des Gesundheitszustandes im Hinblick auf makroökonomische Analysen. In: Ebersoll M, Grinblat R, Hanke-Ebersoll M, Junkermann T (Hrsg) Das Gesundheitswesen und seine volkswirtschaftliche Bedeutung. Springer Gabler, Wiesbaden, S 229–330. ISBN: 978-3-658-36939-2

M. Ebersoll et al., *QuaRisk – Risikomanagement für Lieferketten neu gedacht*, https://doi.org/10.1007/978-3-658-51439-6

Ebersoll M, Meyer M, Schmidt M, Tschauder A (2024a) From law to metrics: quantifying and managing risks related to human rights and the environment in global supply chains. Inte In-House Counsel J 17(67), Spring 2024, Print issue pages 9114-9129. ISSN 1754-0607-print
Ebersoll M, Meyer M, Schmidt M, Tschauder A (2024b) Jenseits der Ampellogik beim LkSG – Quantifizierung Steuerung menschenrechts- und umweltbezogener Lieferkettenrisiken. Controller Magazin, Ausgabe 1/2025, Verlag für ControllingWissen AG, Etterschlag. ISSN (Print), 1616-049
Eccles JC, Popper KR (1994) Das Ich und sein Gehirn. Piper, München
Eurostat (Hrsg) (2008) NACE Rev. 2, Statistische Systematik der Wirtschaftszweige in der Europäischen Gemeinschaft, ISBN 978-92-79-04740-4, ISSN 1977-0383, Katalognummer: KS-RA-07-015-DE-N, Reihe: Allgemeine und Regionalstatistiken, Thema: Methodologies and working papers, Luxemburg
Fahrmeir L, Künstler R, Pigeot I, Tutz G (2001) Statistik. Springer, Berlin/Heidelberg
Falk G (1990) Physik, Zahl und Realität – Die begrifflichen und mathematischen Grundlagen einer universellen quantitativen Naturbeschreibung. Birkhäuser, Basel
Gansneder M (2001) Operationalisierung von Rechtstrukturen in ökonomischen Systemen. München. Bei dem Werk handelt es sich um die Dissertation von Martin Gansneder aus dem Jahr 2001, die an der Universität der Bundeswehr in München vorgelegt wurde. Das PDF der Arbeit ist über die Defense Technical Information Center abrufbar: https://apps.dtic.mil/sti/tr/pdf/ADA409232.pdf, Stand 20.05.2026.
Gleißner W (2023) Grundlagen des Risikomanagements. Verlag Franz Vahlen, München
Gleißner W, Meyer M, Spitzner J (2021) Simulationsbasierte Investitionsrechnung. Kalkulation mit Unsicherheit und risikoadäquater Bewertung. Controlling 33(Heft 2):22–29
Grisar C, Meyer M (2015) Use of Monte Carlo simulation: an empirical study of German, Austrian and Swiss controlling departments. J Manag Control 26(2–3):249–273. https://doi.org/10.1007/s00187-015-0213-2
Handreichung (2023) Risiken ermitteln, gewichten und priorisieren – Handreichung zur Umsetzung einer Risikoanalyse nach den Vorgaben des Lieferkettensorgfaltspflichtengesetzes, Bundesamt für Wirtschaft und Ausfuhrkontrolle. https://www.bafa.de/SharedDocs/Downloads/DE/Lieferketten/handreichung_risikoanalyse.pdf;jsessionid=1E2704D174D70E9ED51FA8C3D4F35CF0.intranet671?__blob=publicationFile&v=2. Zugegriffen am 03.03.2023
Harten C, Meyer M, Bellora-Bienengräber L (2022) Talking about the likelihood of risks: an agent-based simulation of discussion processes in risk workshops. J Account Organ Chang 18(1):153–173. https://doi.org/10.1108/JAOC-11-2020-0197
Hirsch B, Meyer M (2010) Integrating soft factors into the assessment of cooperative relationships between firms: accounting for reputation and ethical values. Bus Ethics Eur Rev (now Business Ethics, the Environment and Responsibility) 19(1):81–94
Höher K (1983) Quasi-metric Information on distances in ordinal scales,– three essays on ordinal scales and non-metric indicators. CIRET (Centre for International Research on Economic Tendency Surveys), München, S 2–38
Institut der Wirtschaftsprüfer (IDW) (2000) IDW PS 340 – Die Prüfung des Risikofrüherkennungssystems nach § 317 Abs. 4 HGB, Stand: 11.09.2000
Jolliffe D, Mahler DG, Lakner C, Atamanov A, Tetteh Baah SK (2017) Assessing the impact of the 2017 PPPs on the International Poverty Line and Global Poverty (English). Policy Research working paper, no. WPS 9941,Paper is funded by the Knowledge for Change Program (KCP). World BankGroup,Washington,D.C.http://documents.worldbank.org/curated/en/353811645450974574/Assessing-the-Impact-of-the-2017-PPPs-on-the-International-Poverty-Line-and-Global-Poverty
Kromrey H (2000) Empirische Sozialforschung. Modelle und Methoden der standardisierten Datenerhebung und Datenauswertung, Verlag Leske u. Budrich, Opladen

Lauster M (1997) Beitrag zu den statistischen Grundlagen einer quantitativen Systemtheorie. Verlag Shaker Aachen, 1998. Basierend auf internen Forschungsberichten/Teilveröffentlichungen aus dem Jahr 1997.

Meyer M (2003) F.A. von Hayek und die heuristische Dimension ökonomischer Modelle. In: Pies I, Leschke M (Hrsg) F.A. von Hayeks konstitutioneller Liberalismus, Konzepte der Gesellschaftstheorie, Bd 9. Mohr Siebeck, Tübingen, S 199–224

Meyer M (2004) Prinzipale, Agenten und ökonomische Methode: von einseitiger Steuerung zu wechselseitiger Abstimmung, Mohr Siebeck: Tübingen

Meyer M, Grisar C, Kuhnert F (2011) The impact of biases on simulation-based risk aggregation: modeling cognitive influences on risk assessment. J Manag Contr 22(1):79–105 https://doi.org/10.1007/s00187-011-0127-6

Pies I, Hielscher S, Beckmann M (2009) Moral als Produktionsfaktor. Warum Unternehmen in Corporate Social Responsibility investieren. Z Wirtsch Unternehm (zfwu) 10(3):346–369

Romeike F, Spitzner J (2013) Von Szenarioanalyse bis Wargaming: Betriebswirtschaftliche Simulationen im Praxiseinsatz. Wiley-VCH Verlag, Weinheim

Santkiewitsch L, Seifert W (2012) Der Weg zur Arbeit – kurzer Sprung oder lange Reise? Herausgegeben von: Information und Technik Nordrhein-Westfalen (IT.NRW), Geschäftsbereich Statistik, Düsseldorf. https://www.statistischebibliothek.de/mir/servlets/MCRFileNodeServlet/NWAusgabe_derivate_00000071/Z259201403_A.pdf. Zugegriffen am 05.10.2023

TaylorWessing (Hrsg) (2021) Praktischer Leitfaden für die Risikoanalyse nach §5 Lieferkettensorgfaltspflichtengesetz, Dezember 2021. München/Düsseldorf/Frankfurt am Main

Thomson W (1889) Popular lectures and addresses. Macmillan and Co., London/New York

United Nations (2015) Central Product Classification (CPC) Version 2.1, Department of Economic and Social Affairs, Statistics Division, Statistical Papers Series M No. 77, Ver.2.1, New York, 2015. https://unstats.un.org/unsd/classifications/unsdclassifications/cpcv21.pdf. Zugegriffen am 11.09.2024

Weber J, Hirsch B, Matthes A, Meyer M (2004) Kooperationscontrolling – Beziehungsqualität als Erfolgsfaktor unternehmensübergreifender Zusammenarbeit. Schriftenreihe Advanced Controlling, Bd. 39. Wiley-VCH, Weinheim

Weißenberger B, Angelkort H (2011) The mediating influence of a consistent financial language on controllership effectiveness. Manag Account Res 22(3):160–180. https://doi.org/10.1016/j.mar.2011.03.003

WJP – World Justice Project (Hrsg. 2022) Rule of Law Index 2022, Washington D.C. ISBN (print version): 978-1-951330-51-4. https://worldjusticeproject.org/rule-of-law-index/downloads/WJPIndex2022.pdf (Stand 26.09.2023)

Wolf MJ, Emerson JW, Esty DC, de Sherbinin A, Wendling ZA et al (2022) 2022 Environmental Performance Index. Yale Center for Environmental Law & Policy. epi.yale.edu, New Haven

World Customs Organisation (2021) Correlation between the product coverage of selected international conventions and the harmonized system, October 2021. https://www.wcoomd.org/-/media/wco/public/global/pdf/topics/nomenclature/instruments-and-tools/interconnections/interconnection-table.pdf?db=web. Zugegriffen am 22.10.2023

World Customs Organisation (2023) https://www.wcoomd.org/en/topics/nomenclature/instrument-and-tools/interconnection-table.aspx. Zugegriffen am 22.10.2023

Ziman J (1982) Wie zuverlässig ist wissenschaftliche Erkenntnis? Facetten der Physik, Bd. 7. Vieweg+Teubner Verlag, Braunschweig

Kolibri 360 GmbH
Ferdinand-Jühlke-Straße 7
99095 Erfurt, Deutschland
produktsicherheit@kolibri360.de